Exploring the Little Book of

THE SEVEN THUNDERS

纸牌科学

|全|探|索|

罗伯特·李·坎普 / 著
Robert Lee Camp

霖风 / 译

作者序

　　我非常荣幸将整个纸牌体系推荐给中国的朋友们。我曾去过北京，我发现很多中国人对这套传承下来的古老科学很感兴趣，很愿意了解和学习，并且发现大家学习纸牌的态度勤勉认真。中国的朋友们特别友好，在中国的文化里蕴藏着如此多神秘而古老的知识。

　　我尤其想要感谢霖风（Alix）对于翻译和出版此书的贡献。她已经出色地掌握了本书的内容和思想，是完成翻译工作的完美人选。

　　我衷心希望通过这本书将纸牌这门古老的科学带给可爱的中国人，给你们以思想上的启迪，帮助大家更加深刻地认识自己，了解自己的人生周期和业力模式。

罗伯特·李·坎普

目录

目录

7

第一章

关于你的牌

前言

"当七雷之声响彻，我欲将这些记录下来；但一个来自天堂的声音对我说，请不要这样做，它们已被七雷封印。"

"我从天使的手中接过这本小小的书，甘之如饴地品读它、体验它，我感觉它像蜜一样的甘甜；然而在这甘甜的尽头，我尝到了苦涩，这苦涩深深地进入我的内在。"

"祂对我说，你必须当着众人、众民族、众多语言和众多统治者的面，再发布这个预言。"

——《启示录》修订版第 10 章《诗篇》4、10、11

据奥尔尼·里奇蒙（Olney H. Richmond）所说，这些来自圣经的片段是给守护神秘科学先知们的祷语，以便先知们完整地保存纸牌系统的秘密，直到正确的时候才公诸于众。很显然，在数千年之后这个时机到来了。1894 年，奥尔尼出版了《神秘预言书》（The Mystic Test Book），首次将寻常纸牌背后的科学透露给大众。他的书揭示了很多东西，但远远不是关于纸牌科学的全部，在 1894 年到 1989 年之间，似乎只出版过两本关于纸牌科学的书：由佛罗伦斯·坎贝尔（Florence Campbell）和伊迪丝·兰德尔（Edith Randall）所著的《古老的神秘符号》（Sacred Symbols of the Ancients），以及出自阿恩·雷恩（Arne Lein）之手的《你的牌是什么？》（What's Your Card）。1988 年，别人把《古老的神秘符号》这本书介绍给我，它彻底改变了我的人生。是阿恩·雷恩向我充分展示了这门科学的潜力，让我开始了新的职业，这份职业到已经持续了 30 年之久。

在这本书中，我希望和你分享关于我使用这套系统后我的人生变得多么的不同。我觉得这里面仍然有很多需要探索和学习的，到目前我们只掌握了一些比较浅显的东西。希望你能在这本书的协助之下，继续探索和发现这个神秘系统更多的奥秘。

纸牌科学全探索

欢迎你的到来

　　欢迎来到七雷之书，这本书的内容是关于探索古老的纸牌科学的神秘内涵。在下面列有两个最重要的牌阵。你会看到一整副牌排列成两个最首要也是最关键的牌阵。每个牌阵有 7 行和 7 列，外加最上面的三张牌。一个人可能穷尽一生也难以发掘这两个牌阵的所有奥秘。在 30 余年的学习之后我已经发现了内中的很多东西，并且仍然在继续探寻。我写这本书的用意是为了激发你的思考，帮助你进一步研究纸牌系统。我会把所有我了解到关于这些牌阵的知识都分享给你，包括我以前从未发表过的新东西。在一开始，我们会先普及一些基础知识。即便你认为自己对此已经了解很多也还是请复习一下，你会发现一些从来没有意识到或以前不知道的新知识。

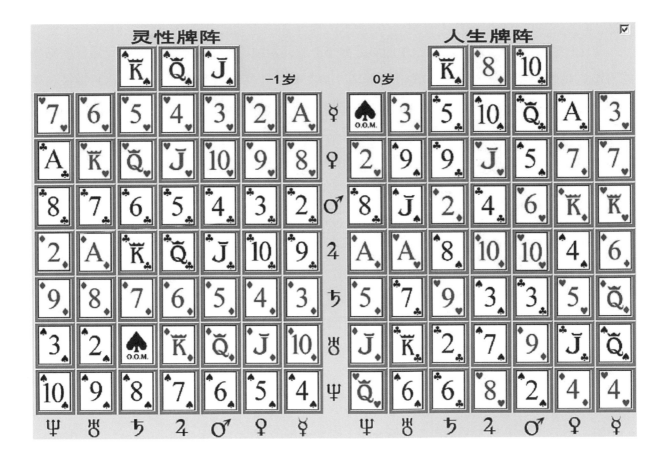

你的牌是什么？

　　生命牌是什么？这个重要的主题非常值得探究，因为它是整个系统的基础。在《神秘预言书》中，奥尔尼·里奇蒙讨论了在我们生活的世界中，万物都有自己的数字和磁场能量。他说："一切万有存在，或大或小，都有用数学阐释和表现自我的方式，那就是属于自己的数字。如果事物的本质是复杂的，那么对应的行星数字就是复杂的。如果本质是简单的，那么行星数字就是简单的。"

他继续解释道，即便是抽象的事物，如日期、时间也有星数。他也谈到了灵性数字，它们是行星数字的基本派生，是奥秘的根本所在。一年中的每一天、牌阵中的每一张牌都有相关的行星数字和灵性数字。这说明每一天的牌都和那一天的行星数字和灵性数字一致。在《神秘预言书》的 61～63 页，奥尔尼描述了把月份和日期的星数联合在一起，可以得到统治每一天的牌。尽管这不是找到日期统治牌唯一的办法，但他的方法是奏效的。其实使用先知公式是更快速的方法。奥尔尼的办法是利用月份、日期对应的行星数字，以展示出对时间能量的计量和对物质世界中实体能量的计算，就像对实物、化学物、混合物的计算一样，并没有不同。

以上所述的意思是说，我们出生的那天被 53 个元素中的一个所统治，这些元素都有独特的性能，就像化学元素周期表中的化学元素一样，每个化学元素有它自己的性质和特征。某些元素结合起来很容易，但其他的却恰恰相反。有一些元素长于在某些领域的应用，但另外的一些在这个领域却没有那么擅长。这就是关于我们生日的真相，就像元素周期表中的各个元素一样。

魔法公式——从你的生日来确定你的生命牌

这个方法是弗兰克·科恩（Frank Koenig）传授给我的，弗兰克是 20 世纪 90 年代的守护神秘科学组织中的首席大师。他告诉我一个口口相授，但没有被文字记载的方法，这很可能也是这个方法没有出现在《神秘预言书》里的原因。在你没有书可参考的时候，这个公式非常便于你找到一个人的生命牌。

第一步：用生日月份的数字乘以数字 2，即生日月份✖2。

例：如果你出生在 12 月，就用 12✖2=24，

如果你出生在 7 月，就用 7✖2=14，

如果你出生在 11 月，就用 11✖2=22。

第二步：查看你出生在那个月的第几天，用天数的数字和第一步的得数相加。

例：如果你出生在 7 月 4 日，就用 4+7✖2=18，

如果你出生在 11 月 7 日，就用 7+11✖2=29。

第三步：用 55 减去第二步的得数，得到的就是你生命牌的太阳值。接下来，我们就可以根据太阳值去找到对应的那张牌。我们还用上面的例子。

> 例：如果你出生在 7 月 4 日，用 55-18=37，那么 7 月 4 日生日对应的生命牌，它的太阳值就是 37，
>
> 如果你出生在 11 月 7 日，用 55-29=26，那么 11 月 7 日生日对应的生命牌，它的太阳值就是 26。

第四步：从下面的图表中找到牌所对应的太阳值。纸牌的太阳值是按照数字的自然顺序来顺承，从 A ♥（1）开始，到 K♠（52）结束。小丑牌的太阳值是零。

从下面的图表中看到，7 月 4 日的太阳值是 37，对应的牌是 J♦。而 11 月 7 日，太阳值 26，对应的牌是 K♣。

这个图表非常好记，你可以随时随地使用以上的公式，只要知晓一个人的生日，就能算出他的生命牌。

所有牌的大太阳值							
小丑牌	0						
A♥	1	A♣	14	A♦	27	A♠	40
2♥	2	2♣	15	2♦	28	2♠	41
3♥	3	3♣	16	3♦	29	3♠	42
4♥	4	4♣	17	4♦	30	4♠	43
5♥	5	5♣	18	5♦	31	5♠	44
6♥	6	6♣	19	6♦	32	6♠	45
7♥	7	7♣	20	7♦	33	7♠	46
8♥	8	8♣	21	8♦	34	8♠	47
9♥	9	9♣	22	9♦	35	9♠	48
10♥	10	10♣	23	10♦	36	10♠	49
J♥	11	J♣	24	J♦	37	J♠	50
Q♥	12	Q♣	25	Q♦	38	Q♠	51
K♥	13	K♣	26	K♦	39	K♠	52

你不等于你的牌

你不等于你的牌，你的牌不是你。你的牌是你的个性特征和业力特质的集中展现，但很显然，那不是真正的你。你的牌能够帮助你看清，在人生中你选择了什么样的个性特点去表达自己。同时也让你认识到自己生命中那些一遍又一遍不断重复的模式。纸牌这个工具最大的用处之一就是帮你加深对生命的理解，并让你以自己早就选好的方式充分发挥对生活的激情。你甚至可以通过提升自己来超越你的牌，因为你远远高于你的牌。最终，我们都可以活成整副牌中的任意一张牌。尽管如此，你还是不能忽视与生俱来的模式和范型。从某种程度上说，在今生出生之前，我们选择了最完美的出生时间，在这一时点出生可以提供对我们最有帮助的课题，使我们在自我认知的道途上升级和进阶。这样，我们的生命牌就成为了代表我们这一生必做功课的鲜活符号。我们所生活的这个世界的本质是必须作出选择。我们只能出生在某一天。因此，一旦做出了这个选择，这一生经验人生的模式就被设置好了，之后这模式便不能被解除。现在，我们已然做出了那个选择，我们最终会超越自己的牌的模式影响。但重点是，只有我们完全拥抱和接纳这一人生重要抉择，超越才能发生。那些想要超越牌的模式却不打算先拥抱和接纳它的人就大错特错了。这样的话，超越绝不可能发生。只有爱能让这种改变成为事实。当我们选择了那个特定的日子出生，就是在告诉我们必须要去爱的是什么。我们必须要爱我们自己，爱我们选择出生的那个日子所伴随的具有个人偏好的特殊业力模式。生命牌是一种符号象征，它充分展示了我们所做的选择。

行星守护牌

生命牌并不是这个系统中唯一使用的牌，我们也会使用其他能够表达和阐释你特质的牌，比如行星守护牌、黄道区间牌、业力牌。行星守护牌是这几种牌中最重要的，从占星学上讲，它是根据你的生命牌、生命牌的人生牌阵、太阳星座推导出来的。下面的表格说明了找到行星守护牌的方法。

首先，你要知道你的本命牌阵[1]中包含哪些牌。本命牌阵是统御我们整个人生的基本牌阵。在我写的另一本书《爱情之书》[2]中，曾详细探讨过这方面的知识，如果没有那本书，你可以参考下面的表格，它列出了每一张生命牌的本命牌阵中的牌。现在，在下面的表格中找

[1] 译者注：在此为了区别大太阳牌阵中的人生牌阵和个人的人生牌阵，将个人的人生牌阵称为本命牌阵。
[2] 译者注：《生命之书》和《爱情之书》为作者早年所著，介绍讲解纸牌基础知识的两本重要书籍，原名为《Destiny Cards》和《Love Cards》。

到你的太阳星座，看看是哪一个（或两个）行星守护着这个太阳星座。在你生命牌的本命牌阵中找到守护行星对应的牌，这就是你的行星守护牌。

太阳星座的守护行星			
太阳星座	守护行星	太阳星座	守护行星
白羊座	火星	天秤座	金星
金牛座	金星	天蝎座	冥王星，火星*
双子座	水星	射手座	木星
巨蟹座	月亮	摩羯座	土星
狮子座	太阳	水瓶座	天王星
处女座	水星	双鱼座	海王星
*火星是天蝎座的第二个守护行星			

举例来说，如果你的生日是 12 月 12 日，你的生命牌就是 6♣，太阳星座是射手座。因为射手座被木星所统治，你可以在下一页找到你本命牌阵中的木星牌，那就是 8♦，因此你的行星守护牌就是 8♦。要特别记住的是，狮子座的行星守护牌和生命牌是同一张牌，而天蝎座由两个行星所守护，因此天蝎座有两张行星守护牌。一般情况下，我通常会把两张守护牌一起使用，但是会把火星牌作为重点考虑对象。

月亮牌	生命牌	水星牌	金星牌	火星牌	木星牌	土星牌	天王星牌	海王星牌	冥王星牌	宇宙回报牌	宇宙功课牌
8♣	A♥	A♦	Q♦	5♥	3♣	3♠	9♥	7♣	5♦	Q♠	J♣
9♠	2♥	K♥	K♦	6♥	4♣	2♦	J♠	8♣	6♦	4♥	10♥
K♣	3♥	A♣	Q♣	10♠	5♣	3♦	A♠	7♥	7♦	5♣	J♥
J♦	4♥	4♦	2♦	8♥	6♣	6♠	Q♥	10♣	8♦	K♦	3♥
Q♦	5♥	3♣	3♠	9♥	7♣	5♦	Q♠	J♣	9♦	7♠	2♣
K♦	6♥	4♣	2♠	J♥	8♣	6♦	4♠	10♥	10♦	8♣	A♥
A♦	7♥	7♣	5♠	J♦	9♣	9♠	2♥	K♥	K♦	6♥	4♣
2♣	8♥	6♣	6♠	Q♥	10♣	8♦	K♠	3♥	A♣	Q♦	10♠
3♣	9♥	7♣	5♦	Q♣	J♠	9♦	7♠	2♣	K♣	J♦	4♥
4♣	10♥	10♦	8♦	A♥	A♠	Q♦	5♠	3♣	3♦	9♥	7♠
5♣	J♥	9♦	9♠	2♥	K♥	K♦	6♥	4♠	2♦	J♠	8♣
6♣	Q♥	10♣	8♠	K♥	3♥	A♠	Q♦	10♣	5♦	3♠	A♣
2♥	K♥	K♦	6♠	4♥	2♦	J♠	8♣	6♦	4♠	10♥	10♦
3♥	A♣	Q♣	10♠	5♣	3♦	A♠	7♥	7♦	5♣	J♦	9♠
7♠	2♣	K♣	J♦	4♥	4♦	2♠	8♥	6♣	6♦	Q♥	10♣
5♥	3♣	3♠	9♦	7♥	5♦	Q♣	J♠	9♦	7♠	2♣	K♣
6♥	4♣	2♠	J♣	8♥	6♦	4♠	10♥	10♦	8♣	A♥	A♦
10♠	5♣	3♦	A♠	7♥	7♦	5♣	J♥	9♦	9♠	2♥	K♥
8♥	6♣	6♠	Q♥	10♣	8♦	K♠	3♥	A♣	Q♦	10♠	5♣
9♥	7♣	5♦	Q♠	J♣	9♦	7♠	2♣	K♣	J♦	4♥	4♦
J♠	8♣	6♦	4♠	10♥	10♦	8♣	A♥	A♦	Q♣	5♥	3♣
J♥	9♣	9♠	2♦	K♥	K♦	6♠	4♥	2♥	J♠	8♥	6♦
Q♥	10♣	8♠	K♦	3♥	A♠	Q♣	10♣	5♦	3♦	A♥	7♠
Q♠	J♣	9♦	7♠	2♥	K♣	J♦	4♥	4♦	2♦	8♥	6♣
A♠	Q♣	10♣	5♦	3♠	A♦	7♥	7♦	5♠	J♥	9♦	9♠
2♠	K♣	J♦	4♥	4♦	2♠	8♥	6♣	6♦	Q♥	10♣	8♦
A♥	A♠	Q♦	5♠	3♣	3♦	9♥	7♣	5♦	Q♠	J♥	9♦
4♦	2♦	J♠	8♣	6♦	4♠	10♥	10♦	8♠	A♥	A♦	Q♣
5♠	3♦	A♣	7♥	7♦	5♣	J♥	9♠	9♦	2♥	K♥	K♦
4♥	4♦	2♠	8♥	6♣	6♦	Q♥	10♠	8♥	K♦	3♥	A♠
7♣	5♠	Q♣	J♣	9♠	7♦	2♣	K♣	J♦	4♥	4♦	2♠
8♣	6♦	4♥	10♥	10♦	8♦	A♥	A♦	Q♣	5♥	3♣	3♠
7♥	7♦	5♣	J♥	9♠	9♦	2♥	K♥	K♦	6♥	4♣	2♦
10♣	8♦	K♣	3♥	A♣	Q♦	10♠	5♣	3♦	A♠	7♥	7♦
J♣	9♦	7♠	2♠	K♦	J♥	4♥	4♦	2♥	8♠	6♣	6♦
10♥	10♦	8♠	A♥	A♦	Q♦	5♠	3♣	3♦	9♥	7♠	5♦
K♠	J♦	4♥	4♦	2♦	8♥	6♣	6♠	Q♥	10♦	8♦	K♦
A♦	Q♠	5♥	3♦	3♠	9♥	7♣	5♠	Q♣	J♦	9♦	7♦
K♥	K♦	6♥	4♠	2♦	J♠	8♣	6♦	4♦	10♥	10♦	8♠
3♦	A♠	7♥	7♦	5♦	J♥	9♠	9♦	2♥	K♥	K♦	6♥
4♦	2♠	8♥	6♣	6♦	Q♥	10♦	8♦	K♠	3♥	A♣	Q♦
3♣	3♠	9♦	7♠	5♦	Q♣	J♥	9♦	7♠	2♦	K♣	J♦
6♦	4♠	10♥	10♦	8♦	A♥	A♦	Q♦	5♥	3♣	3♠	9♥
7♦	5♣	J♥	9♠	9♦	2♥	K♥	K♦	6♥	4♣	2♦	J♠
6♠	6♦	Q♥	10♣	8♦	K♣	3♥	A♠	Q♣	10♣	5♣	3♦
9♦	7♠	2♣	K♣	J♦	4♥	4♦	2♠	8♥	6♣	6♦	Q♥
10♦	8♠	A♥	A♦	Q♦	5♥	3♣	3♦	9♥	7♠	5♦	Q♠
9♠	9♦	2♥	K♥	K♦	6♥	4♣	2♦	J♠	8♣	6♦	4♦
Q♣	10♣	5♦	3♦	A♠	7♥	7♦	5♠	J♥	9♦	9♠	2♦
2♦	J♠	8♣	6♦	4♠	10♥	10♦	8♠	A♥	A♦	Q♦	5♥
5♦	Q♣	J♣	9♠	7♦	2♣	K♣	J♥	4♥	4♦	2♠	8♥
8♦	K♠	3♥	A♣	Q♦	10♣	5♣	3♦	A♠	7♥	7♦	5♠

纸牌科学全探索

18

范例:

  <u>两张行星守护牌的情况:</u>一个生日是 10 月 31 日的人,生命牌是 4♥,太阳星座是天蝎座。在上面的表格中查找行星守护牌,我们可以看到天蝎座有两个守护行星,即火星和冥王星。在这个人的本命牌阵中,他的行星守护牌就是 8♥和 8♦。

  <u>行星守护牌和生命牌相同的情况:</u>太阳星座是狮子座的人,相当于有两张生命牌,即生命牌和行星守护牌是同一张牌,我相信这也是狮子座的人格特质如此地有戏剧性和引人注目的原因。狮子座的生日大概在 7 月 22 日~8 月 22 日之间,确切的日期要依据具体的年份来判断。

  <u>一张行星守护牌的情况:</u>一个出生在 2 月 26 日的人,生命牌是 Q♣,太阳星座是双鱼座。双鱼座被海王星所守护,因此他的行星守护牌就是他本命牌阵中的海王星牌 5♠。

  如果你能记住整个人生牌阵,就能在不查牌阵表格的情况下确定其他人的生命牌和行星守护牌。

出生在宫头日

  行星守护牌是由你的生命牌和太阳星座决定的,你必须先确定太阳星座才能知道你的守护牌是什么。很多人出生在"宫头日",出生在这个期间,你的太阳星座可能是这相邻的两个星座当中的一个。在一年中每个月都有 2~4 天,太阳会从一个星座转换到另一个星座,出于对闰年和其他因素的考虑,这个时间跨度每年会在 3~4 天的范围内。当你出生在宫头日的这几天中,你需要通过占星中的星盘去确定太阳星座,宫头日一般会在每个月的 20~23 日,确定太阳星座这一步要由你自己来完成。这一步非常重要,你一定也很想知道自己精确的太阳星座。我建议你去这个网站查看自己的星盘 www.astro.com,这是免费的。你也可以为你的解读对象查询。当你输入他们的出生日期、出生时间和出生地点,就可以精准地确定太阳星座。行星守护牌和生命牌具有同等的重要性,因此确定正确的行星守护牌是非常值得的。大部分出生在宫头日的人不知道他们是两个星座中的哪一个,他们就会把两个都告诉你。但从纸牌上来说,他们不可能同时是两个星座。他们可能是这个星座,也可能是另一个,这必须通过查看他们的星盘获知。

  行星守护牌表现得更像是第二张生命牌。与生命牌相比,你遇到的很多人看起来更像他们的行星守护牌。仅是这一点就在告诉你,它在你为别人所做的解读中具有非常重要的意义。我告诉我的学生们，如果你不知道一个人的行星守护牌，那么可以说你还没有真正了解他。生命牌不足以代表一个人的全部。

你的生日元素告诉你是谁

并不是只有你生命牌的花色和数字才能定义你的个性特征和业力责任。花色和数字占了很大的比重，但它们不足以为每一个人揭示所有细微的个体差别。除了花色和数字，还有一个生日元素可以进一步透露我们的相关信息，那就是我们生命牌在大太阳牌阵中所处的位置。在大太阳牌阵中有 52 个位置，也代表每一张牌坐落位置的 52 种可能，每一个位置可以称为一个小房子，任意一个小房子都被一个或两个行星所统御。我们要重点关注的是两个主要的大太阳牌阵——人生牌阵和灵性牌阵，这是大太阳牌阵中最初始的两个牌阵。在本书的后面我会详细讲解这些，现在你只需要知道，你的生命牌在人生牌阵和灵性牌阵中拥有独一无二的位置，而这个位置被一些行星的能量所影响。这些行星的能量帮你定义了你生命牌独有的本质，而且详细说明它在你的人生课程中扮演怎样的角色。在下面的牌阵中你可以找到自己生命牌所处的位置。

另一种元素是你人生路径或者说人生牌阵中的所有牌，当我使用人生牌阵的说法时，我的意思是指大太阳牌阵中的第一个牌阵，请见下面的牌阵图。

下图中右边的牌阵就是人生牌阵，从这里我们可以得到 52 张生命牌对应人生牌阵中的牌。小丑牌也是一张生命牌，但它在完全不同的层面运作。我们稍后再去讨论生命牌，现在请你翻开《爱情之书》，找到你的本命牌阵，用下面的牌阵和你找到的本命牌阵做一下对比，仅仅是这个对比就能为你揭示很多内容。那本书中本命牌阵的牌来自于下图中右边的牌阵图中。在你的本命牌阵中有 20～21 张牌，每一张都从不同侧面说明了你的人格特质和业力责任。当然，还有一些其他的元素也在帮助阐释说明同样的内容。

要记住，我们本命牌阵中的每一张牌都被两个因素影响，那就是这张牌本身的符号（数字和花色）以及这张牌所在的位置。本命牌阵中的大部分牌都会被行星所影响，比如水星牌、金星牌、火星牌。但也有一些不被这些行星统治，比如宇宙功课牌、宇宙月亮牌、自我转化牌。后面我会讨论这些牌产生的能量影响，并且讲解它们如何发挥作用。

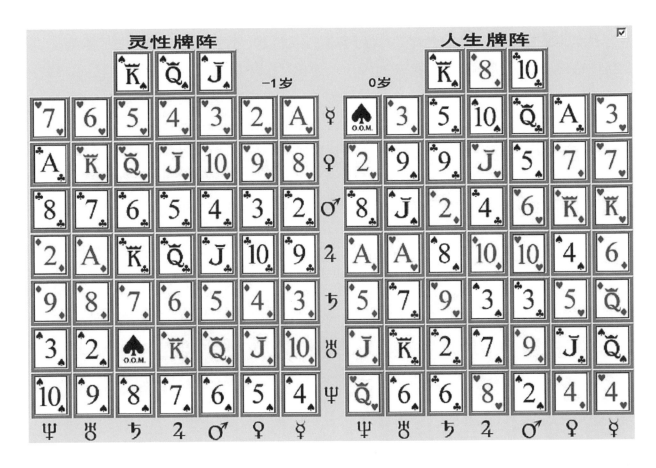

　　还有一个元素是你的业力牌。需要注意的是，有一些生命牌没有业力牌，但大部分牌都有业力牌。这些业力牌揭示了更多关于你的信息，而且对于我们的人生以及我们来到这里的课题来说业力牌往往很重要。关于怎样找到业力牌，怎样解读它们，在本书的后面再做详细讲解。

　　最后，我们必须结合生日的真正意义去考虑行星守护牌这个元素。除了太阳星座是狮子座的人，其他所有的生日都会有至少一张行星守护牌，而这张牌的意义非常重大。稍后我们会讨论怎么找到行星守护牌，并阐述守护牌的重要意义。行星守护牌是你的另一个象征符号，它同样由生日来确定，它带来更多属于你的生命讯息，包括你此生的人生设定、你的个性化特质，还有你携带至此的业力。

你的黄道区间牌

　　有一张牌我从来没有过多讨论过，但我发现它包含了大量的重要信息。我越多地使用这张牌，就越发觉察到它的重要性，特别是用在亲密关系的领域。这张牌叫做黄道区间牌，和行星守护牌一样，这张牌也来自于你的本命牌阵，属于你人生路径中的一员。但它并不是你太阳星座的守护行星牌，而是你出生的时刻所处黄道 10 度区间之下的牌。

在你的出生星盘中，你出生时太阳位于黄道的哪个 10 度区间？首先，你要了解黄道 10 度区间对应的星座从哪里找到。黄道中的每一个星座（或宫位）在星盘中是 30 度区间，12 个星座一共是 360 度，形成了包围着地球的环形。每一个星座的 30 度被平均分成 3 个区间，每个区间是 10 度。3 个 10 度区间中的第一个 10 度被掌管那个星座的行星所统治。举例来说，如果你的生日是 6 月 24 日，在一年中的这个时间里太阳落在巨蟹座，在巨蟹座的 2 度左右，这在你的出生星盘上会清晰地显示出来。这样的话，你就处在巨蟹座的第一个 10 度区间，它也被巨蟹所统治。当以自然的秩序行进通过黄道时，每个星座的第二个黄道 10 度区间被同样元素[3]的下一个星座所统治。

下面的表格列举出了每一个星座的 3 个 10 度区间。在使用这个表格之前，你务必要清楚你太阳星座的精确度数。如果不是很确定，你可以到这个网站 www.astro.com 使用网站上的出生星盘（免费）查找特定的太阳星座下太阳的具体度数。一旦你知道了在你的星座中太阳的度数，就可以用下面的表格去确定你的太阳位于哪一个 10 度区间，以及哪颗行星统治这个 10 度区间。

星座	第一个区间 （0～9.59 度）	第二个区间 （10～19.59 度）	第三个区间 （20～29.59 度）
白羊座	白羊座	狮子座	射手座
金牛座	金牛座	处女座	摩羯座
双子座	双子座	天秤座	水瓶座
巨蟹座	巨蟹座	天蝎座	双鱼座
狮子座	狮子座	射手座	白羊座
处女座	处女座	摩羯座	金牛座
天秤座	天秤座	水瓶座	双子座
天蝎座	天蝎座	双鱼座	巨蟹座
射手座	射手座	白羊座	狮子座
摩羯座	摩羯座	金牛座	处女座
水瓶座	水瓶座	双子座	天秤座
双鱼座	双鱼座	巨蟹座	天蝎座

---

[3] 译者注：同样元素是指同为火象、风象、水象或土象元素。

纸牌科学全探索

举例来说，如果你的生日是 12 月 6 日，你的太阳星座位于射手座的 16 度左右，你就处在射手座的第二个 10 度区间，在这种情况下，就会轮转到由火星主宰的白羊座。对于出生在这一天的人来说，黄道区间牌就是位于他的本命牌阵中火星位置的那张牌。12 月 6 日的生日，对应的生命牌是 Q♣，Q♣本命牌阵中的火星牌是 3♦。由此可知，一个太阳射手、生命牌 Q♣的人的黄道区间牌就是 3♦，而他的行星守护牌是 A♠。我请所有你们这些太阳射手、生命牌 Q♣的人都把黄道区间牌 3♦看作第二张守护牌，去细致地观察它的特质，去感受是否和这张牌有着共振。但如果一个人出生于 12 月 18 日，太阳就会位于射手座超过 20 度的位置，这时就到了第三个黄道 10 度区间，被太阳统治的狮子座所主宰。既然生命牌就是太阳牌，位于射手座第三个黄道 10 度区间的人，他的黄道区间牌和他的生命牌就是完全相同的。

　　如果你的生日落在了星盘中太阳星座的第一个黄道 10 度区间，你的黄道区间牌就会和你的守护牌一样，看起来就像你拥有两个同样的守护牌。这就能够解释，位于第一个黄道 10 度区间的人展现自己牌的特质时为什么那么激烈和充满戏剧性。我经常会发现这样的事实。位于太阳星座的第一个黄道 10 度区间的人，我叫他们黄道上的"早期阶段"的人类。这些人经常把他们的牌展现得夸张而且极端，就好像太阳星座是狮子的人，因为狮子们生命牌和守护牌的双重加倍影响让他们总是表现出戏剧性的一面。

　　事实上，也有其他两张黄道区间牌会以这种方式运作，就是那些黄道区间牌被狮子座所统治的人。这些牌包括太阳星座白羊座的第二个黄道 10 度区间，还有太阳星座射手座的第三个黄道 10 度区间。尽管不是在何种情况下都那么显著，但你会注意到这些人的个性特质同样非常极端而有戏剧性，这是他们与生俱来的天分。罗素·克洛（Russell Crowe）的生日是 4 月 7 日，布拉德·皮特（Brad Pitt）的生日是 12 月 18 日，这两个明星就是很好的例子。很多出生在 12 月 18 日的人，最后都去了好莱坞发展，或者扮演颇具狮子特质的角色，包括斯蒂芬·斯皮尔伯格（Steven Spielberg），凯蒂·赫尔姆斯（Katie Holmes），基斯·理查兹（Keith Richards），克里斯蒂娜·阿奎莱拉（Christine Aguilera），DMX，雷·利奥塔（Ray Liotta）。你要知道，这个生日对应的生命牌是 K♥，本身就是一张国王牌，如果黄道区间牌也被狮子统御，那结果就可想而知了，这个人的王者气势会加倍展现。

黄道区间牌与亲密关系

　　就我自己而言，我有两张黄道区间牌，因为我位于巨蟹座的第二个黄道 10 度区间，被天蝎座统治，天蝎座有两个主宰行星——火星和冥王星，因此我的黄道区间牌也有两张，分别是 3♠和 J♣。我一遍又一遍地仔细观察这两张牌，随着观察的深入，特别是当我看到我与其他人的亲密关系连结时，我发现了这样一个情况。我妻子德西蕾（Desiree）的生命牌是 K♣，守护牌是 2♠，而我的生命牌是 Q♦，守护牌是 A♦。在我的 A♦ 和她的 K♣ 之间已经有了一个日月连结，除此之外，我的黄道区间牌 3♠ 和她的守护牌 2♠ 之间还有一个日月连结。她的黄道区间牌是 4♦，4♦ 和我的第一张业力牌 3♦ 又是一个日月连结。

我还注意到，即便某个人跟我的生命牌和行星守护牌没有直接的亲密连结，仍然会通过我的黄道区间牌与他产生重要的关系连结。就像 10♣，我和 10♣ 的人有一个很重要的亲密关系连结。你可以从我的黄道区间牌 J♣ 看到根源所在，为什么这个连结如此明显地起作用，那是因为他们是我的月亮牌。我始终都知道，当我遇到 10♣ 的人，我可以跟他们相处得很愉快，而他们会因为我的一次解读或者我书里的某些信息而对我欣赏有加、充满感激之情，这都要归结为这个连结的作用。

3♠ 和 J♣ 作为我的黄道区间牌也指出很多我人生中关于参与创造的方面。我曾经是一名专业的音乐家和艺术家。我会设计珠宝，还在很多乐队中担当演奏。总而言之，所有这些都是拜我的黄道区间牌所赐，这两张牌大大激发了我的灵感，并不断展现出它们特有的魅力。

本·阿布莱克（Ben Affleck）出生于 8 月 15 日，生命牌 J♣，太阳星座是狮子，他和珍妮弗·加纳（Jennifer Garner）结婚了。珍妮弗出生于 4 月 17 日，生命牌 4♦，守护牌 6♣。本·阿布莱克的黄道区间牌位于太阳星座的第三个 10 度区间，被火星所统治，黄道区间牌是他本命牌阵的火星牌 2♣。我经常会提到，我见过很多 J♣ 的人非常喜欢和 4♦ 的人结婚，这种情况远远超过平均值。我把这种情形归结为两种原因，首先他们之间有一个海王星连结，另外 J♣ 对于找到一个完美的妻子有很强的执念（J♣ 的金星牌是 7♠，7♠ 的潜在牌是 K♦）。这种执念被海王星连结所倾覆。

在本·阿布莱克和珍妮弗·加纳之间，她的行星守护牌 6♣ 是他的黄道区间牌 2♣ 的海王星牌，这样的话，在他们之间有两个直接海王星连结，这双重的海王星关系都是从本的角度出发去感受到的。珍妮弗的黄道区间牌是 6♠，如果你看得够仔细就会发现 6♠ 是本的双重冥王星。尽管本将二人之间的关系高度理想化，对于他来说，珍妮弗有时还是会带来一些困难和挑战。如果让我用一句话总结他们的亲密关系，我会说这对珍妮弗来说很轻松，但对本来说却带有挑战性。尽管如此，生命牌 4♦ 的珍妮弗，不管她的客观环境如何，她嫁给了谁，生活对她来说从来都不是容易的。

大卫·贝克汉姆（David Beckham）出生于 1975 年 5 月 2 日，生命牌 4♠，行星守护牌 10♦。他的妻子维多利亚（Victoria）和珍妮弗同一天生日，还记得上面提到珍妮弗的牌吧，生命牌 4♦，守护牌 6♣，黄道区间牌 6♠。大卫的黄道区间牌是 10♥，10♥的第一张业力牌是 J♣，我们会看到他和维多利亚之间有着和本与珍妮弗之间一样的海王星连结，但是不像他们那么强烈。尽管如此，当你听说关于大卫和维多利亚之间的浪漫爱情，你就会意识到他们两人是命中注定要在一起的。有意思的是，他们的生命牌都是 4 这个数字，4 的人都有不得不努力工作的倾向。

如果你还没有找出自己的黄道区间牌，那么我强烈建议你去这样做。也要花些时间为你生命中与你关系亲密的人找到他们的牌。我相信你会对自己的发现非常惊讶。如果你准备为其他人做纸牌解读，一定要看他们的黄道区间牌。那些你苦苦找寻的连结往往发生在此。要去多加留意月亮牌，谁是你黄道区间牌的月亮牌，以及你的黄道区间牌是谁的月亮牌；还有业力牌，谁是你的黄道区间牌的业力牌，你的黄道区间牌是谁的业力牌。我想你会发现这些牌让你和其他人之间有着很多的连结，不管是从你的角度还是从他们的角度看。

很有可能生命牌、行星守护牌、黄道区间牌之间还有一些不为人知的差别，也许这些牌当中的每一张牌都代表了我们个性特质的一个侧面，或者此生业力的一个重点。我还在继续探寻这些差别，我有一种直觉，它们一定是存在的。到现在为止我认为它们是非常重要的。因此我决定下一次更新我的软件时，要把这些加入进去。我衷心地希望你能享受发现和领会你的牌的过程，看到这些牌在你的人生道路上如何贡献于你，在你与他人的关系中如何加持于你。

牌是我们个性特征的缩影

选择了一个特定的日期出生之后，你的个性特质就被设置好了，通过你的牌充分表达出来。这些牌包括生命牌、行星守护牌、黄道区间牌、生命牌在人生牌阵中的牌、生命牌的业力牌、行星守护牌在人生牌阵中的牌、行星守护牌的业力牌。关于业力牌我们会在后面去讲解。所有这些牌都对展现一个人的个性特征发挥着重要的助力。但每张牌都有很大的转化空间，想要去了解每一个人会展现哪一种特质以及如何展现是不现实的。你可以看到，每一张牌都有它的高阶表现、低阶表现以及介于高阶与低阶之间的灰色地带。大部分人几乎会同时展现出高阶和低阶版本，对于个体来说，还是会以侧重于高阶展现或低阶展现为主。这种情况适用于每一张牌。一个人可能会展现出他生命牌的高阶层次，同时展现出行星守护牌的低阶层次。我们人生牌阵中的每一张牌都能以高阶或低阶形式展现，所以你看，这会让我们有很大的机会去改变，而基于生日去精准预测个人的具体展现是不可能的。尽管如此，我们还是可以根据生日作出一般性的评测，这在绝大部分时候是可行的。

从另一个角度看，牌就像一枚硬币，硬币有正反两面。即便是国王牌（K）也会有好几种不同的展现。有一些国王（K）此生要认识到自己的力量和权威，也有一些是来学习不要滥用权力。同样的牌，表现的却是不同的方面。尽管如此，我们自己的一些重要象征牌由于所处的位置或者牌本身的特性，几乎总是展现出消极的一面。

关键的人生挑战牌

1、土星牌和冥王星牌

这两张牌的挑战来自于过去生世的负面业力。它们被认为从某种形式上表现了个性中的弱点和不足。土星要求你努力去攻克它的课题。而冥王星需要你去关注它是如何运作的。

2、第一张业力牌

第一张业力牌可能是说明你过去生世带来的负面业力最重要的指标。除非一个人能够去直面它，给予它应得的关注并努力去消解这负面业力，否则它总是会展现出消极的一面。

3、人生牌阵中的奇数牌

尽管不是所有的奇数牌都会表现出消极的一面，但它们还是携带着很强烈的负面倾向，这是我们大部分人必须要去处理的。当然它们同时也会携带正面的影响。

代表过去生世正面业力的牌

1、金星牌、木星牌、结果牌
2、第二张业力牌
3、人生牌阵中的偶数牌

这些牌都会以正面和积极的方式去表现。但即便是正面意义的牌，也会有一些潜在的负面展示。举例来说，如果金星牌是 4，通常会在家庭、婚姻、家人等方面获得幸福感。但同样是这张牌，在价值观上也展现出固执的特质，由于生活本身具有不断变化的常性，这种固执会引起很多问题。

出生的真太阳时

以下这些内容对于出生在午夜（夜里 12 点）或接近午夜的人非常重要，即便你出生在午夜的前一小时或后一小时也同样需要注意和你的生命牌相关的这一方面。纸牌系统的使用是基于真太阳时去确定出生的月份和日期，还要知道，真太阳时是根据日晷[4]时间得出的。当今我们所使用的叫做"时区"和"观测时间"。正如我们所知道的，我们通常所说的时间和一天中的真实时间是没有关联的，在有些时候，我们提到的时间和真实的时间可能会相差一个半小时。使用日晷所确定的时间就是真太阳时。假如你有一块手表，当太阳升起的时候依据日晷来设定手表的时间，你就会得到这一天的真实时间或者说真太阳时。当夜晚来临的时候，你仍然可以继续使用这块手表确定时间。

世界上大多数地区都会使用"时区"来标记时间。比如说，美国有四个主要的时区，再把夏威夷和阿拉斯加也包含进去的话，如果不考虑真太阳时的概念，时区就会更多。现在我们只用到这主要的四个时区，分别是东部时区、中央时区、山地时区和太平洋时区。每个时区有它特定的界限，在你所居住的那个时区，不管你是住在那个时区的东部边缘、中央地区或是西部边缘，亦或不是住在边缘或中心区，你和住在那个时区的所有其他的人都使用同样的时间，这被称为"观测时间"。大多数情况下，住在这个时区的正中央地区的人们，他们手表上的时间就是真太阳时。但住这个时区东部或西部的人，他们手表上的时间就不是真太阳时。下面的表格，列出了在美国的观测时区经度，这些经度被称为时区的"标准子午线"，从经度来说，它们一般都位于各个时区的中心。

大西洋	东部	中部	山地	太平洋	阿拉斯加	夏威夷
60°	75°	90°	105°	120°	135°	150°

我曾经住在靠近田纳西州查特怒加市的地方，那里属于东部时区。但是基于时区的算法，查特怒加市位于西经 85 度，或者说它在时区标准子午线 75 度以西 10 度。尽管查特怒加市和纽约的"观测时间"是一样的，但实际上它比纽约的真太阳时要晚很多。纽约的日出会更早，比查特怒加市的日出早 40 分钟左右。如果你出生在靠近中部的地区会有很大的不同，这种差异很重要，因为纸牌系统的使用是根据真太阳时，而不是观测时间。如果你的出生地点在查特怒加市，出生时间是冬季的 1 月 4 日的零点 30 分，通常会认为你的生命牌是

---

4 译者注：日晷是在白天通过测太阳影子的长短确定时间。

10♠。但你出生的真太阳时其实是在 1 月 3 日的 23：50 左右，这样的话生命牌就变成了 J♠。这下你知道真太阳时有多重要了。

如果你生日对应的经度在标准子午线以西，先算出你出生地点的经度到标准子午线相差的度数 n，要用你出生的观测时间减去 n 个 4 分钟，相差几度就减去几个 4 分钟，这个公式就是"观测时间- 4✖相差度数"。查特怒加市位于西经 85 度 15 分，是东部时区 75 度标准子午线以西约 10.25 度。这就意味着，所有在查特怒加市出生的人，要算出他们的真太阳时，都要用他们的出生时间（观测时间）减去 10.25 个 4 分钟，也就是 41 分钟。

如果你出生地的时区对应的经度在标准子午线以东，就需要在出生的观测时间上加 n 个 4 分钟，该经度与标准子午线相差几度，就加上几个 4 分钟。我们再来举一个例子，田纳西州纳什维尔市距离查特怒加市只有大概 100 英里之遥。尽管如此，纳什维尔市却处在中央时区，它位于西经 86 度 47 分，大约是中央时区标准子午线西经 90 度以东 3.75 度。因此，出生在纳什维尔的人，要计算真太阳时，需要用他们的出生时间（观测时间）加上 3.75 个 4 分钟，也就是 15 分钟。

关于这个还有一些东西需要我们了解。要确定真太阳时，也要把夏令时考虑在内。如果你出生在冬天，那么你不会受到夏令时的影响。但如果你出生在夏天、春天和秋天，就要去弄清是否有夏令时的影响。一般来说在美国受到夏令时影响的地区夏令时起始时间为：

夏令时开始于四月的第一个星期日凌晨 2 点，
夏令时结束于十月的最后一个星期日凌晨 2 点。

之所以用"一般来说"，是因为夏令时有很多怪异的地方。就这一点而言，印第安纳州简直是个噩梦。最重要的是确认你出生的时间、地点是否处于夏令时，如果是，不管你的出生地点位于什么经度，请立刻从你的出生时间减去一小时（提前一小时）。不要去假定或猜想你可能知道你的生日是否处于夏令时，要百分之百地确定。特别是 1964 年之前，很多国家关于夏令时的设定都是不一样的。所以，下面会提供给你确定出生真太阳时的步骤：

1、确定你出生的精准观测时间。这个时间通常可以在出生证明上找到，当然也不是所有人都可以。

2、查看你是否出生在夏令时。如果是，就把你的出生时间减去一小时（向回推一小时）。

3、找到你出生地的时区对应的经度，并确定度数，查看你的出生地是在该时区标准子午线的东边还是西边。

4、用出生地点的经度到标准子午线相差的度数与 4 相乘得到一个结果。如果你的出生地在标准子午线以西，就用你生日的观测时间减去前面算出的结果；如果你的出生地在标准子午线以东，就用你生日的观测时间加上前面算出的结果。

注： 每一经度有 60 分。举例来说，当我提到某个地方是西经 111 度 39 分，意思是西经 111 度 39/60 分，算出来大概是 111 又 2/3 度。

范例：

1、某人出生时间：1959 年 3 月 1 日 23：52　出生地点：亚利桑那州　弗拉格斯塔夫

a. 除了二战时期，任何地方的 3 月份都不涉及夏令时，所以这个人不需要考虑夏令时。

b. 弗拉格斯塔夫位于西经 111 度 39 分，属于山地时区，标准子午线是 105 度，该位置和标准子午线相差的度数大概是 6.75 度。

c. 6.75 度✖4 分钟=27 分钟，用出生的观测时间 23：52 减去 27 分钟，就得到了出生真太阳时 23：25。

2、某人出生时间：1944 年 7 月 12 日 00：32　出生地点：阿肯色州　史密斯堡

a. 1944 年 7 月，全美国都处在战时，战时和夏令时的时间计算一样，因此我们要马上从出生时的观测时间减去一小时，得到的出生观测时间是 1944 年 7 月 11 日晚上 23：32。

b. 史密斯堡位于西经 94 度 24 分，属于中央时区，标准子午线是西经 90 度，该位置和标准子午线相差的度数大概是 4.5 度。由于该时区在标准子午线以西，则需要用减法。

c. 4.5 度✖4 分钟=18 分钟，那么出生真太阳时就是用出生的观测时间 23：32 减去 18 分钟，即 1944 年 7 月 11 日 23：14。事实上这个人的生命牌是 4◆，而不是由最初的观测时间得到的 3◆。

为了能够正确计算出真太阳时，你务必要知道准确的经度、时区、出生观测时间。一些占星软件就有这样的地图集。我使用并出售应用于 Windows 的名为“Astroldeluxe”的软件，其中有这样的地图集。如果你没有这样的软件，也可以使用一本叫《美国地图》（American Atlas）的书，这本书是 ACS 在加利福尼亚出版发行的，你应该可以通过网上搜索找到。但我认为使用软件查询会更好，因为你也可以为那些在宫头日出生的人找到准确的太阳星座，这对确定行星守护牌是非常必要的一步。

出生在午夜的人同时拥有两张牌的特质

　　出生时间接近午夜的人，所谓的接近是指大概一个小时之内，他们会拥有两张牌的特质。这就好像出生在两个太阳星座的宫头。这会让他们感到很迷惑，搞不清到底哪张牌是自己的牌，甚至开始怀疑自己的出生记录是否准确。如果你能确定他们出生的真太阳时和生命牌，对他们是极大的帮助。因此你务必帮他们确认真正的生命牌。他们的很多特质会更像另一张牌。但是生命牌也被看作之"灵魂之牌"，只能有一张。尽管他们看起来同时拥有两张牌的特质，但灵魂能量只能通过生命牌（太阳牌）展现出生命闪耀的样子。这代表着通过个体来表达一种更高的福报和来自宇宙的馈赠。也让他们意识到，只能通过真正的生命牌来解读流年牌阵和其他的牌阵。我发现最好列出这些问题来尽快结束他们的困惑，找到真正的生命牌。

出生在太阳星座宫头日

　　要敲定一个人的行星守护牌，毫无疑问你需要知道他的太阳星座。对大多数人来说明确自己的太阳星座很容易，这是因为一年中的大部分时间中，能清晰地看到太阳具体落在哪个星座上。但是，那些出生在太阳位于星座宫头日的人们通常出生在某些月份的 19～23 日之间，而这日期会在一年又一年间、一个星座到另一个星座间发生变化。对于出生在宫头日区间内的人，精准地确定其太阳星座至关重要。占星中的星历表通常能给你所需要的答案，而且价钱非常便宜。它列出了所有行星每天在星座上的位置，行星中也包括太阳，一个世纪中的每一年甚至每一天的情况都可以查到。星历表分为中午时间的星历表和午夜时间的星历表，你可以根据自己的喜好选择。一般来说，在星历表中查到一个人的生日，就会知道他的太阳星座是什么。但有些时候还是会拿不准，你会遇到这种情况，一个人出生在太阳从一个星座正转到下个星座的时候。这样的话，真的有可能是两个星座中的一个，你必须通过星盘去确定到底属于哪个星座。这就是为什么我推荐所有学纸牌的学生和纸牌解读师随手准备一个好用的占星软件。这个软件不必包含特别详尽的信息，也不用太贵，但要能查到世界绝上大部分地区的经度、纬度和时区。

第二章 命运的选择

主宰牌阵中行和列的行星

在牌阵的最右边一列和最下面一行有一些行星符号，它们说明了哪个行星主宰哪一行或哪一列。关于这些行星符号的详细说明请见下方。

你应该看到了牌阵中那些横向的行。需要记住每一行对应的行星以及它们的顺序，这很容易，因为它们总是遵循从水星～海王星的次序。而纵向的列也被同样的行星所影响。在最下面一行，你可以清楚地看到哪个行星掌管着哪一列。在大太阳牌阵中，每一张牌都被两个行星所影响。也存在一些特殊的情况，比如灵性牌阵中的A♥和2♠，它们所在的行和列被同一个行星主宰，这具有不同凡响的双倍影响力。但大多数牌所在的行和列都由不同的行星守护，会有两种不同的行星影响。只有几张牌没有受到两个行星的统御，那就是位于皇冠行（牌阵第一行）的牌，它们只有一个主宰行星。尽管如此，从位置上来说皇冠行的牌本身就具有强大的影响力，它们具有其他牌所没有的庄严特质、天然的领导力和独立的意志。稍后我们会讨论关于牌所在位置的其他影响，特别是主宰行星之于牌的重要性，以及它们怎样影响坐落在人生牌阵和灵性牌阵中生命牌的特质。

让我们仔细观察这两个牌阵。仅仅是两个牌阵，就揭示了很多的奥秘。通过这两个牌阵，我们可以知晓一个人的人生命运和亲密关系。

纸牌科学全探索

在两个牌阵中数出相应的牌

下表中的灵性牌阵和人生牌阵是整个纸牌系统的核心。让我们把目光聚焦在灵性牌阵上。首先，在牌阵的右上角找到 A♥，这是整副牌中的第一张牌。尽管它的位置可能看起来有些奇怪，但它是 52 个小格子中的第一个，这叫做"水星行/水星列"的位置，因为这个位置的行和列都被水星主宰。从 A♥的位置开始，按照从右到左的顺序，接下来分别是 2♥、3♥、4♥……

注意看下面的牌阵，所有的红心牌都被重点突出了。当我们在第一行从 A♥来到 7♥，接下来是哪张牌呢？要继续向右移动，来到下面一行，从这一行最右边的牌 8♥开始数。要着重注意，数牌的顺序和我们平时看书的顺序是完全相反的。

下一个花色来到了梅花花色。♥、♣、♦、♠的顺序是花色的自然排序，它们分别对应着地球上循环往复的春季、夏季、秋季和冬季。现在跟随这些花色的顺序，走过牌阵中下面的那些行，最后回到皇冠行，来到了 K♠。注意这个顺序是，到最后一行的 10♠之后，下一张牌是皇冠行的 J♠。到了 K♠之后，如果继续行进就又到了 A♥。

以上说明了在牌阵中要怎么去数牌，在任何牌阵中都要遵循这个方向。我们可以从任何一张牌开始，按照从右到左的顺序去数。当数到了这一行的最后一张牌，转到下一行仍然从最右边向左数。唯一不太一样的地方是，当我们来到牌阵的最下方，在灵性牌阵中左下角那张牌是 10♠，从这里要移动到皇冠行，再次按照从右到左的顺序去数。

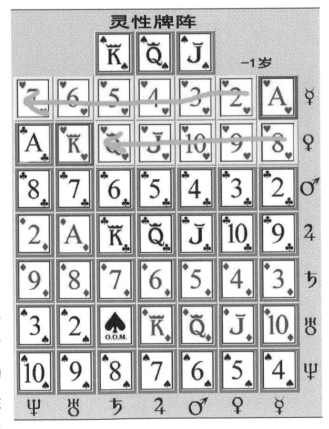

这是另一个你需要记住的重点。后面我会向你展示，在流年牌阵或 7 年牌阵中也用同样的方式去数。你必须要清楚到牌阵的最后一行时要去往哪里，而且你务必要记得始终保持从右到左的顺序。但是现在，我们先把这些放到一边，再次专注在两个牌阵上。通过比较两个牌阵你会发现，有一些牌在两个牌阵中一直待在同样的位置。

灵性牌阵								人生牌阵						
K♠	Q♠	J♠		−1岁		0岁		K♠	8♦	10♣				
7♥	6♥	5♥	4♥	3♥	2♥	A♥	☿	A♠ (O.O.M.)	3♦	5♣	10♠	Q♣	A♣	3♦
A♣	K♣	Q♣	J♣	10♥	9♥	8♥	♀	2♣	9♠	9♦	J♠	5♦	7♥	7♦
8♣	7♣	6♣	5♣	4♣	3♣	2♣	♂	8♦	J♦	2♦	4♦	6♥	K♥	K♣
2♦	A♦	K♦	Q♦	J♦	10♦	9♦	♃	A♠	A♥	8♠	10♦	10♠	4♣	6♦
9♦	8♦	7♦	6♦	5♦	4♦	3♦	♄	5♦	7♣	9♥	3♥	3♣	5♥	Q♦
3♠	2♠	A♠ (O.O.M.)	K♦	Q♦	J♦	10♦	♅	J♥	K♣	2♠	7♦	9♣	J♦	Q♦
10♠	9♠	8♠	7♠	6♠	5♠	4♠	♆	Q♥	6♣	6♦	8♣	2♥	4♥	4♦
♆	♅	♄	♃	♂	♀	☿		♆	♅	♄	♃	♂	♀	☿

牌阵推导的步骤

下面要讲的是关于推导牌阵的步骤，这个推导程序几乎展示了整个纸牌系统。从灵性牌阵变形为人生牌阵列示了这个程序的推演，但是没有解释这个变形是怎么发生的，更没有说明为什么要这样推演。我会跟你详细解释如何推导牌阵，而且我强烈建议你自己也去尝试一下。你会通过最直接的经验，看到展现在你面前的这个系统最根源的部分。这也是让你与这个系统链接更加紧密的方式，没有任何其他练习可以取代这个。现在，请你准备一副纸牌来进行下面的步骤。

第一步 把这副牌按从 A♥ 依次到 K♠ 的顺序放好，A♥ 正面朝上。也就是说，这叠牌的最下面一张是正面朝上摆放的 A♥，依次是 2♥、3♥等，2♥放在 A♥ 的上面，3♥放在 2♥ 的上面。然后以同样的方式放♣梅花牌，随后是♦方片牌，最后是♠黑桃牌。当你放完所有的花色，就会发现 K♠ 在最上面一张。

第二步　把这副牌翻转过来（这时 K♠就在最下面了）。从这副牌的最上面（A♥那边）拿出三张牌，这三张牌作为一个整体放在下面，正面朝下（三张牌从下到上依次为 A♥、2♥、3♥），这第一叠牌就是♥红心叠。再把剩下的牌拿出三张放在另一叠，叫做♣梅花叠。用同样的方式摆出♦方片叠和♠黑桃叠。现在再回到♥红心叠，依然从剩下牌的上面拿出三张牌放在上面，然后是♣梅花叠、♦方片叠、♠黑桃叠。一直重复这个过程直到这副牌只剩下四张，剩下的四张牌依次放在♥红心叠、♣梅花叠、♦方片叠和♠黑桃叠，最后一张牌是放在♠黑桃叠上。

第三步　现在一共有四叠牌，每一叠是十三张。拿起♣梅花叠放在红心♥叠的上面，仍然保持牌的正面朝下。再拿起♦方片叠放在前面那一叠的上面，最后放上♠黑桃叠。这时候，所有牌合成了一叠。最下面应该是一张是 3♥，最上面是 K♠。

第四步　拿起这副牌，每次拿出一张，还是按照♥、♣、♦、♠的顺序，按次序放在四个花色上。这次你在每叠牌上只放一张，而不是之前的三张。当你分放完所有的牌，就又得到了四叠，每叠 13 张牌。

第五步　再重复一次第三步的步骤，把♥红心叠在放最下面，然后是♣、♦、♠，合成一叠。

第六步　摆出大太阳牌阵。

如果你准确而完整地完成了上面的五步，那么从这副牌的最上面数，第一个 7 张牌应该分别是 3♥、A♣、Q♣、10♠、5♣、3♦、A♠。请核对和确认你的牌阵是否正确。最后这一步，是要把所有的牌在大太阳牌阵中排列出来。请你按从右到左的顺序，每行摆 7 张牌，摆放 7 行，最后剩下三张牌，这三张属于皇冠行，位于大太阳牌阵的正中央。如果你做的准确无误，就会看到铺展在你面前的人生牌阵，或者说零岁牌阵，这个牌阵在书中多次列出过。那么你已经完成了，祝贺你！

注：现在，如果你把这些牌按照你第一次推导完成的顺序放好，用同样的方法再做一遍，就会得到 1 岁牌阵，继续做一遍得到的就是 2 岁牌阵，如此往复直到推导出 89 岁牌阵，这时候你会发现，所有的牌奇迹般地回到了最初的位置。

如何选择一副牌

在《神秘预言书》当中奥尔尼·里奇蒙提到，这么多世纪以来，很多印刷纸牌的公司试图去改变纸牌中 J 杰克、Q 皇后、K 国王牌原本的样子，用其他的形象和设计代替。直到今天你还能在这些脸谱牌上找到印有著名运动员和各种名人的纸牌版本。就像奥尔尼所说的一样，这些改变了规格的纸牌卖得并不好。就这样，纸牌印刷公司不得不保留纸牌原本的设计。据奥尔尼讲，这是因为原版的设计拥有一种神秘的力量，它能使 J 杰克、Q 皇后、K 国王的脸上保持着古老而又难以领略的符号象征。

奥尔尼也提到了他们的团体，守护神圣秩序的先知组织被传令任何情况下都不能改变纸牌的原貌。因此，他们只用标准的纸牌。出于这个原因，我们建议你使用一副标准设计的纸牌，皇室牌的样子以及其他东西都没有被改变过。另外关于纸牌的尺寸推荐你使用"桥牌尺寸"，这个尺寸具有特殊的数学比例，它是唯一与地球的圆周和埃及金字塔的度量有关联的比例，这个原始尺寸的设计相当一部分原因是为了保证精准的纸牌解读。

牌阵推导到底是什么

当我们按照牌阵推导步骤的第一步排列纸牌，就得到了"自然之书"或"完美之书"。纸牌的完美顺序是从 A ♥开始，到 K ♠结束。当我们紧接着按第六步把这些牌铺展开，略去第二到第五步，这时得到的就是灵性牌阵。灵性牌阵也称为完美牌阵或者造物主牌阵，所有的牌达到了完全的平衡并且以自然顺序排列。但这么完美的情况并不是我们所生活的世界。我们必须把这本完美之书转变为适合我们所居住世界的新版本，我们生活在一个具有四个季节和四个方向的世界。有一种看待的方式是我们把合一的神转变到物质世界来看，这样的话纸牌就可以在这个层面上指引我们在地球的生活。

当我们进行第三步的时候就能发现这个神奇的过程。每次同时拿起三张牌分别放在四叠上，从符号意义上讲，我们是把 3 个月分别放在每个季节上。这就是从完美世界转变到物质世界的本质。为了充分完成这个转化，需要进行第三步到第五步。一旦我们完成第五步，就得到了可以解读物质层面的世俗之书。第一次牌阵推导完成后铺展开来就被称为人生牌阵或世俗牌阵、物质牌阵、人类牌阵。从这个牌阵中我们可以解读出生活在地球上的男男女女的命运和未来。

根据模型来看牌阵推导

另一个牌阵推导的过程，是观察一张牌从一个牌阵移动到下一个牌阵时变化的位置。如果我们把灵性牌阵的牌放在大太阳牌阵中，我们可以首先标记每一个小格子，以便于确定每张牌的太阳值。对太阳值并不熟悉的人，可以很容易看到右侧的表中每张牌对应的数值。A♥的太阳值是 1，K♥的太阳值是 13，而 A♣的太阳值是 14，♠K 的太阳值是 52，以此类推。从这个数字系统中我们可以推出以下列表所列出的数字大太阳牌阵。使用下面牌的移动列表清单能让我们知道每一个小格子的牌是如何移动位置的。在列表中你会看到，数字 1 小格子中的牌，在下一个牌阵会移动到数字 27 的小格子。数字 2 小格子的牌会移动到数字 14 的小格子，以此类推。这是牌阵推导的固定模型。这也可以通过软件程序来实现，从一个牌阵推导为流年牌阵或其他年份的牌阵。

				52	51	50	**灵性牌阵** −1岁
7	6	5	4	3	2	1	☿
14	13	12	11	10	9	8	♀
21	20	19	18	17	16	15	♂
28	27	26	25	24	23	22	♃
35	34	33	32	31	30	29	♄
42	41	40	39	38	37	36	♅
49	48	47	46	45	44	43	♆
♆	♅	♄	♃	♂	♀	☿	

从一个牌阵到下一个牌阵，牌是如何移动的

当前牌阵		下一个牌阵	当前牌阵		下一个牌阵
第 1 个小格子	移动到	第 27 个小格子	第 27 个小格子	移动到	第 28 个小格子
第 2 个小格子	移动到	第 14 个小格子	第 28 个小格子	移动到	第 19 个小格子
第 3 个小格子	移动到	第 1 个小格子	第 29 个小格子	移动到	第 6 个小格子
第 4 个小格子	移动到	第 43 个小格子	第 30 个小格子	移动到	第 44 个小格子
第 5 个小格子	移动到	第 30 个小格子	第 31 个小格子	移动到	第 35 个小格子
第 6 个小格子	移动到	第 17 个小格子	第 32 个小格子	移动到	第 22 个小格子
第 7 个小格子	移动到	第 8 个小格子	第 33 个小格子	移动到	第 9 个小格子
第 8 个小格子	移动到	第 46 个小格子	第 34 个小格子	移动到	第 51 个小格子
第 9 个小格子	移动到	第 33 个小格子	第 35 个小格子	移动到	第 38 个小格子

第 10 个小格子	移动到	第 24 个小格子	第 36 个小格子	移动到	第 25 个小格子
第 11 个小格子	移动到	第 11 个小格子	第 37 个小格子	移动到	第 42 个小格子
第 12 个小格子	移动到	第 49 个小格子	第 38 个小格子	移动到	第 29 个小格子
第 13 个小格子	移动到	第 15 个小格子	第 39 个小格子	移动到	第 16 个小格子
第 14 个小格子	移动到	第 2 个小格子	第 40 个小格子	移动到	第 7 个小格子
第 15 个小格子	移动到	第 40 个小格子	第 41 个小格子	移动到	第 45 个小格子
第 16 个小格子	移动到	第 31 个小格子	第 42 个小格子	移动到	第 32 个小格子
第 17 个小格子	移动到	第 18 个小格子	第 43 个小格子	移动到	第 23 个小格子
第 18 个小格子	移动到	第 5 个小格子	第 44 个小格子	移动到	第 10 个小格子
第 19 个小格子	移动到	第 47 个小格子	第 45 个小格子	移动到	第 48 个小格子
第 20 个小格子	移动到	第 34 个小格子	第 46 个小格子	移动到	第 39 个小格子
第 21 个小格子	移动到	第 21 个小格子	第 47 个小格子	移动到	第 26 个小格子
第 22 个小格子	移动到	第 12 个小格子	第 48 个小格子	移动到	第 13 个小格子
第 23 个小格子	移动到	第 50 个小格子	第 49 个小格子	移动到	第 4 个小格子
第 24 个小格子	移动到	第 37 个小格子	第 50 个小格子	移动到	第 20 个小格子
第 25 个小格子	移动到	第 3 个小格子	第 51 个小格子	移动到	第 36 个小格子
第 26 个小格子	移动到	第 41 个小格子	第 52 个小格子	移动到	第 52 个小格子

固定牌

在右侧的牌阵中你会看到只有三张牌被突出显示了，从灵性牌阵到人生牌阵，它们都没有移动位置。8♣、J♥、K♠这三张牌被称为"固定牌"。

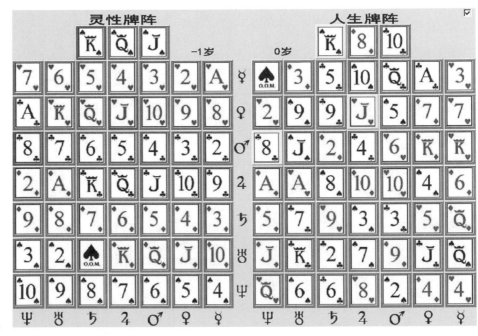

事实上，不管你推导多少次牌阵，这三张牌也总是待在同样的位置。稍后我们会讨论生命牌或守护牌中有固定牌的人，固定牌会对他们产生怎样的影响。对于没有固定牌作象征牌的人们，这些牌也会不断出现在他们的流年牌阵、7年牌阵以及其他年份的人生牌阵中。我们暂且先来看它们千年不动的特性。它们从来不会占据大太阳牌阵中其他牌的位置，同样也没有任何牌会占据它们的位置。如果你有一个纸牌的查询软件就可以轻松看到这些。不管你查看哪一年的牌阵，固定牌始终待在同样的位置。

半固定牌

你会在下面的牌阵中发现有四张牌被强调了。请你花一点时间研究它们，在灵性牌阵和人生牌阵中去比较它们的位置。你发现特别之处了么？2♥和A♣，9♥和7♦这四张牌被叫做"半固定牌"。这四张牌更确切地说是两对牌，每一对有着特别的关联。2♥和A♣之间有特殊的关系，9♥和7♦也是如此。这些被我成对使用的牌是宇宙灵魂双生子。在一副牌中只有四张牌有这样的特殊关联。没有其他牌像这四张牌拥有既亲密又有权力的连结，A♣和2♥非常相像近乎于一致，7♦和9♥也是。它们享有相似的业力特征、人生路径、人生课题、灵魂的礼物和天赋。四张半固定牌和三张固定牌在解读流年牌阵时具有区别于其他牌的独特模式。固定牌和半固定牌总共有7张，整副牌剩下的45张牌和那7张牌有着不同的相似性和关联性。数字7和数字9都是灵性数字、神圣数字。这样我们就会看到，45这个数字拆开来看就是 4+5，整副牌由一组 7 张牌和一组关于数字 9 的 45 张牌构成。你很快就能认识到，数字 7 和数字 9 会在这个系统中一而再再而三地出现，而且它们恰好是你人生网络的组成部分。比如，你的头部有七孔，你的全身有九窍。

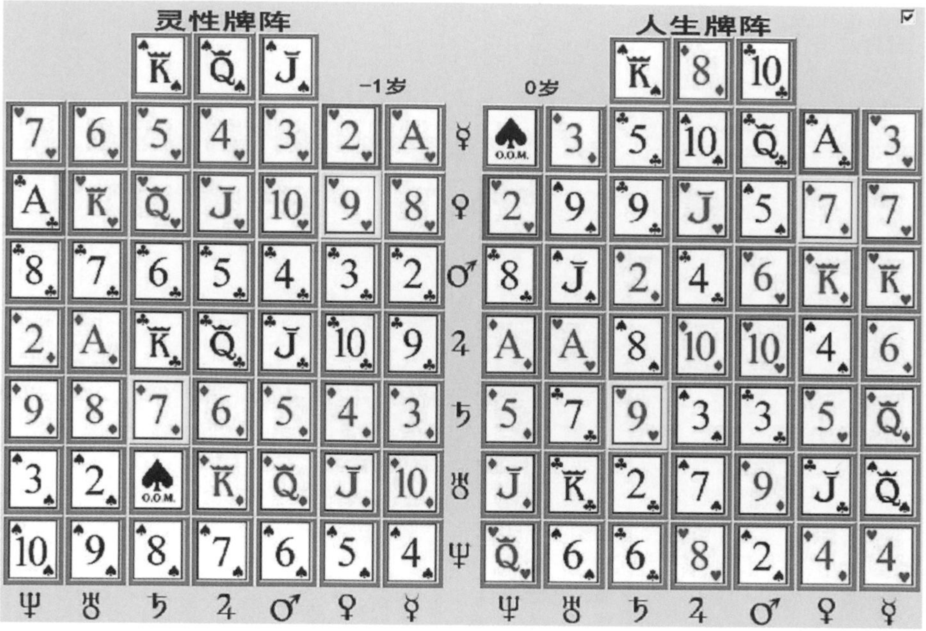

灵性牌阵   -1岁   0岁   **人生牌阵**

如果你已经认真学习了半固定牌，在人生牌阵和灵性牌阵对比了这些牌的位置，你会发现，它们只是和自己的宇宙灵魂双生子交换了位置。A♣和 2♥两两交换，9♥和 7♦同样是两两交换。和固定牌很类似，半固定牌除了自己的位置和宇宙灵魂双生子的位置，不会移动到其他位置。而固定牌和其他的 45 张牌，也不会占用半固定牌的位置。

右图的第二个牌阵是人生牌阵推导一次之后的 1 岁牌阵。你可以清晰地看到，三张固定牌没有变换位置，还待在原来的位置上。而半固定牌再次两两交换了位置。尽管牌阵中其他 45 张牌的顺序看起来已经打乱了，这三张固定牌和四张半固定牌却遵循着一种显而易见的模式。

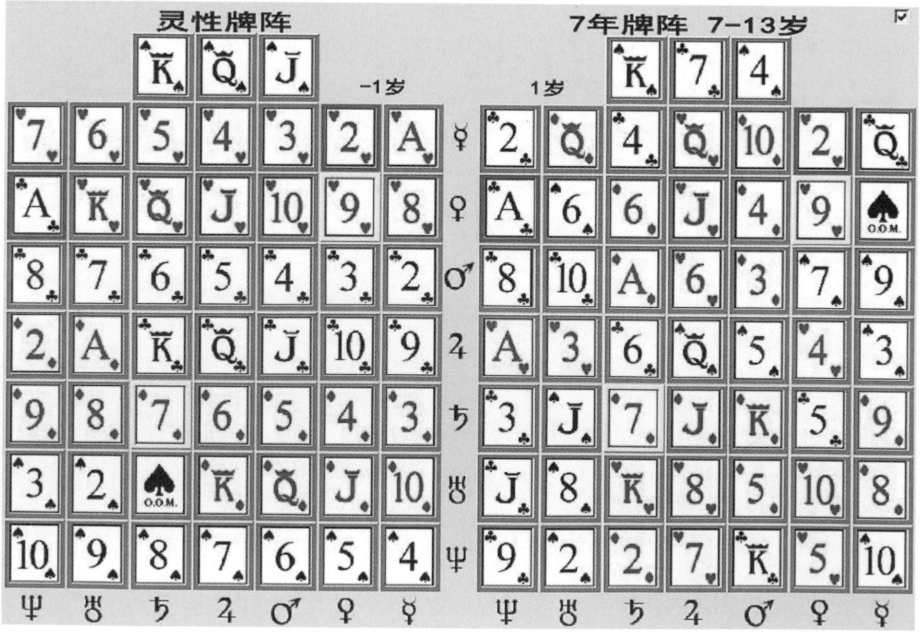

灵性牌阵   -1岁   1岁   **7年牌阵 7-13岁**

右图的第二个牌阵是经 1 岁牌阵推导出的下一个牌阵，半固定牌在这个牌阵中也遵循着同样的规律。在 2 岁牌阵中，半固定牌回到了与人生牌阵中同样的位置。后面我会讲述半固定牌的重要性，以及它们如何在反复移动位置的过程中影响

人们的生活和个性特征，如何影响其他的牌。

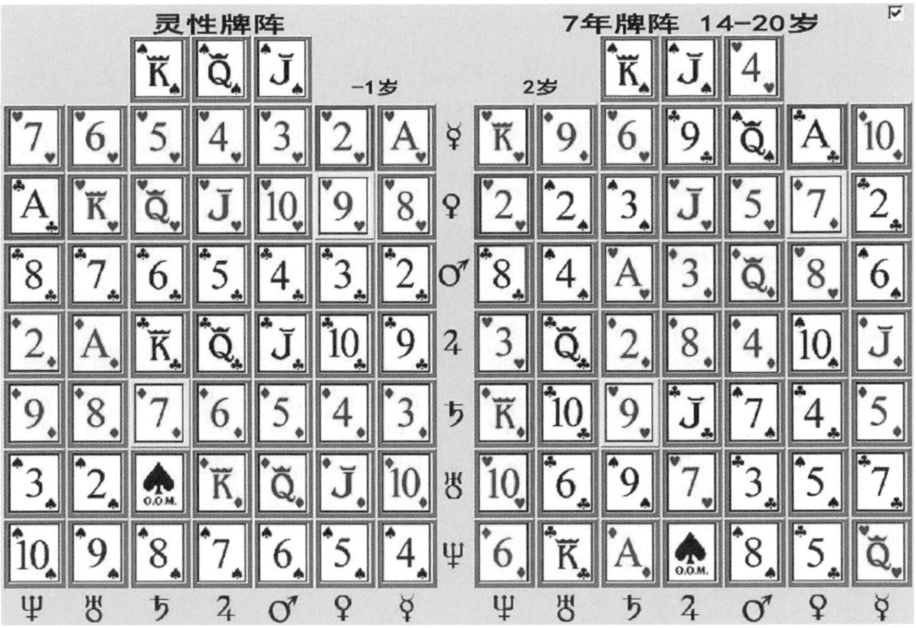

其他的 45 张牌

剩余的 45 张牌之间是相互关联的，但这种关联和固定牌、半固定牌之间的关联是不同的，你无法期待这种关系像那 7 张牌那么紧密。尽管如此，这种无尽的关系循环模式还是会揭示出很多东西。为了进一步探索它们内中的奥秘，让我们首先看一下 45 张牌大家庭的业力牌。

45 张牌中的每一张都拥有两个"小房子"

现在我们要进入这个系统更重要的领域去深入探究，在这里得到的知识会为你未来的学习奠定关键性的基础。

45 张牌中的每一张都拥有两个"小房子"的产权，两个小房子也就是两个位置，一个位置来自于人生牌阵，另一个位置来自于灵性牌阵。理解这个概念非常重要，这对你后面查找当前的流年牌阵和其他年份的牌阵举足轻重。下面的例子就说明了这一点。在下面的灵性牌阵中，我们可以看到 J♣、Q♣、K♣被突出显示了，这是为了强调它们在灵性牌阵中所处的位置。因为人生牌阵和灵性牌阵太重要了，这两个牌阵中的牌在其后的每个牌阵中都会影响相同位置上的牌。

即使是从灵性牌阵中推导出的下一个牌阵——零岁牌阵，也是人生牌阵，这些牌仍然会影响对应的位置。你会看到，J♣、Q♣、K♣位于灵性牌阵的位置，在右边的人生牌阵中同样对应的位置上是10♥、10♦、8♠，但你必须认识到，J♣、Q♣、K♣对10♥、10♦、8♠在人生牌阵所处的位置仍然产生影响。而且，这三张牌也会影响人生牌阵其他的位置。就拿K♣来说，在灵性牌阵中它"拥有"木星行/土星列的位置，在人生牌阵中位于天王星行/天王星列，不管牌阵怎么变换，K♣都会影响这两个位置上的牌。大太阳牌阵45个位置中的每一个都会被两张牌所影响。你可以注意下面的图，在灵性牌阵中影响水星行/火星列的牌是3♥，在零岁牌阵中影响同样位置的牌是Q♣，这两张牌是业力连结。可以看一看你的生命牌在人生牌阵和灵性牌阵"拥有"的是哪两个位置。这一列举说明了人生牌阵和灵性牌阵有多重要。在这两个牌阵中牌所在的位置，会影响每一岁的牌阵上相同位置的牌。从字面上来讲，它们就是这些小房子的主人，也叫做"潜在牌"（Underlying Cards），当这些牌在其他牌阵中落在别的位置时，就仅仅是访客而非主人了。

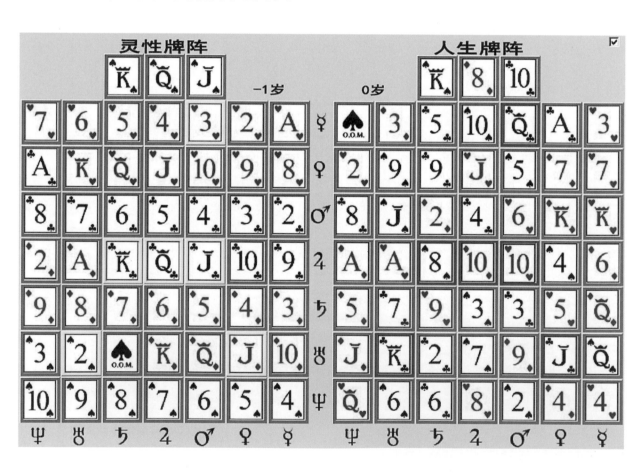

45 张牌家族的业力牌

45 张牌所组成的大家庭中，每一个成员都有两张业力牌。在《生命之书》和《爱情之书》中列出了每一张牌的业力牌，但其实有一种方法你可以自己找到它们，仅仅需要通过人生牌阵和灵性牌阵就可以做到。学习查找业力牌对于你掌握纸牌系统中的其他必学重要法则有着非同小可的意义。让我们先找到 J♠人的两张业力牌。要时刻注意，业力牌仅针对于 45 张牌家族，而不是 7 张特殊牌家族。在这些课程当中我们所学的大部分都只应用于两个家族的其中之一。

45 张牌中的每一张牌都有两张业力牌，首先我们要确定自己的生命牌在人生牌阵中的位置，在同样位置查看在灵性牌阵对应的牌是什么。用这种方式，我们会看到 J♠的第一张业力牌是 7♣。

第一张业力牌

生命牌的第一张业力牌也可以称为人生的置换牌。以上面的例子来说，灵性牌阵中 7♣的位置被人生牌阵的 J♠所占领。一个生命牌 J♠的人，7♣显示了他某些隐藏的特质和人格特征。除非对这个人有更多了解，否则大部分人无法觉察到他的这部分特质。第一张业力牌通常代表个性中的弱点，我们不得不花费时间、精力和注意力在这个方面，以将其转化为正面的特质。要解释第一张业力牌意味着什么，它为我们带来什么样的影响，通常要看那张牌的较低层次和消极意义，就像一张牌落入土星、冥王星或其他挑战的位置时带有的消极特征。生命牌 J♠的人，他的第一张业力牌 7♣代表着他或多或少具备的潜在负面特质，具有挑战性的数字 7 和代表思维状态的♣花色，表示他在人生中一定需要去处理与挑战性、限制性思维相关的议题。

这对于行星守护牌 J♠的人同样适用。这种特点深藏于他们之内，他们甚至不想让你知道自己有这个特点。会出现这样的情形是因为我们通常不喜欢第一张业力牌所描述的弱点所在。我们更倾向于选择不告诉别人。另外，如果某个人生命牌或行星守护牌是我们的第一张业力牌，我们会尽量避开他，也可能会因为他的行为而不快。这是由于他们像镜子一样反射着我们自己身上感到困难和挑战的部分。这是业力关系中的一个主要特质。

这种业力关系的另一个特征是关系中充满了紧张感和压迫感。既然业力牌以如此直接又强有力的方式展现出镜像效应，那么如果对方照见了我们也许自认为是消极的一面和弱点，我们会对他们出现在自己的生命中感到不适。

尽管如此，假使我们投入精力去改善第一张业力牌所定义的消极方面，就会欣喜地发现，遇到那些生命牌、守护牌恰好跟我们的第一张业力牌相同的人时，并不会对我们产生不利影响。清楚这一点就给我们提供了一种非常实用的方法，去观察业力牌所涉及的领域中，我们的灵性发展进程如何。

业力关系还有一个特性是有能力创造出亲密的关系。如此一来，这样的关系就有成为灵魂伴侣的潜力。但有一个前提，拥有挑战性业力关系的那个人已经解决了那个业力所代表的课题。

第二张业力牌

我们只要用与上面相反的步骤，就得到了第二张业力牌。首先，锁定一张牌在灵性牌阵中的位置，再在人生牌阵中找到相同位置的牌。在下一页的举例说明中，我们会看到如何为生命牌 J♠ 的人完成这个步骤。你会雀跃着找到他的第二张业力牌，那就是 10♣。

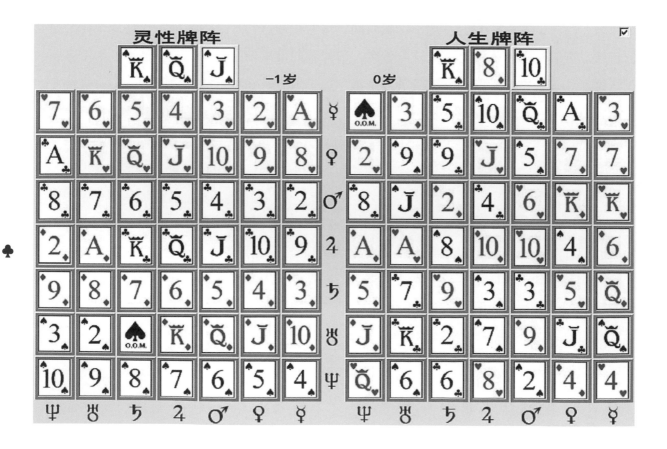

你可以使用这个简单的技巧找到任何人的业力牌，而不用去费力回忆在书上关于业力牌的列表。你所需要的仅仅是两个牌阵表。

第二张业力牌是关于天赋和特殊才能的人生领域。它表示从过去生世带到今生的祝福和礼物，这来自于前世种下的良善种子。由于这些过去种下的好业力种子，今生就如你所愿，它们在你生活的特定领域中成为一种天赋、能力或祝福。请开始关注你的第二张业力牌，它与生俱来的天赋会加倍助益你。第二张业力牌的性质就好像木星牌和环境牌，展现的是这张牌的高层次。

当我们遇到第二张业力牌的人，就好像照镜子反射出自己最好的那些品质。我们通常会很喜欢他们或者被他们所吸引。尽管如此，在你们的关系中，他们可能会感到挑战和困难，因为你是他们的第一张业力牌。你觉得他们非常有吸引力，想要接近他们，他们却想要逃离你或者感觉你很严格、挑剔。同理，这是因为你的某些特点提醒了他们在这个方面的缺点和不足。这就是为什么业力关系如此难以捉摸，我们要对这种关系保持警醒和觉察。业力关系中的一切取决于这个人怎样去处理第一张业力牌所对应的课题。

举例说明如何解读业力牌

1、生命牌 9♣　第一张业力牌 Q♥　第二张业力牌 6♦

生命牌 9♣的人有一个缺点（第一张业力牌），就是自我约束力差，容易自我放纵，比较懒惰，这些都是 Q♥的低层次表现。这张牌的人对性上瘾的情况屡见不鲜，也经常会出现婚外情的状况。Q♥的懒惰会导致拖延症，没有能力推动事情的进展。这张牌也代表着成为妈妈或家长的业力责任，即使他们并不想这么做，因为 Q♥也是一张母亲牌。

6♦为 9♣的人带来很强的责任感和关于金钱的好业力。很多女性的 9♣会通过婚姻或其他不需要亲自去赚钱的途径得到钱财，当然有一部分男性的 9♣也是如此。6♦意味着在今生会得到钱的偿还。但与此同时你会注意到 9♣的人哪怕只能勉强维持生计，也会毫不犹豫付出自己所拥有的。他们不会去寻求安逸的生活，即使这样的生活经常出现在他们的生命中。

2、生命牌 10♣　第一张业力牌 J♠　第二张业力牌 4♠

就像第一张业力牌是 J 的 10♥一样，生命牌 10♣的人在诚实、忠诚的领域有着自身的不足。他们当中大多数人都会意识到这一点并采取一些办法去抵消这种不足。但 J♠是如此充满虚幻感的一张牌，这会让他们对人生某些方面的理解产生巨大的虚空。10♣强大的思维能力可以帮他们抵消一部分虚幻感。尽管如此，当我遇到 10♣人我总会提醒他们这一点，因为他们具有发挥 J♠小偷牌低层次的潜力。J♠作为业力牌，也意味着 10♣人为了实现灵性的转化必须把注意力倾注在这个方面。雪莉·麦克莱恩（Shirley McLain）就是一个绝好的例子。

第二张业力牌 4♠带给 10♣人良好的职业道德和优秀的工作能力，为他们的生活创造出安全感，并且不会遇到太多阻碍和困难。他们是辛勤的工作者，会毫不迟疑地为了工作去做任何需要他们去做的事。这大大增加了他们成功的潜力，因为他们位于皇冠行，这对他们来说太有利了。

3、生命牌 2♣　第一张业力牌 A♠　第二张业力牌 K♥

A♠是引起 2♣人的恐惧和精神问题的主要因素，因为它是一张"死亡"之牌、转化之牌，它有时候似乎增大了 2♣人对"死亡"的恐惧，甚至把这种恐惧推向极致。A♠也指出，2♣人在人生中需要一次重大的转化。放下过去的一切，焕然新生。这对 2♣人来说非常困难，因为他们有着强大的头脑。既然 A♠也代表神秘科学，那么 2♣人必须去探索生命以破解其真正的奥秘。他们决不能只满足于找到这个世界逻辑上正确的答案。

第二张业力牌 K♥使 2♣人能成为很棒的父母。另外，K♥也赐予 2♣人在艺术上的成就以及处理人际关系的专长。他们常常运用智慧去发挥自己的力量，而且不会滥用才智。

4、生命牌 A♦　第一张业力牌 2♦　第二张业力牌 A♥

A♦人的一个重要人生课题就是学习怎样与他人合作和配合，另一种情况是学会如何才能不依赖其他人，如果这一点学不会就很难取得成功。第一张业力牌 2♦则是两种情况都有可能。一方面，它刻画了一个在工作上和财务上自私自利、以自我为中心的形象，与别人交往或交易时，他们很少会考虑别人的需求和利益。另一方面，这张牌代表着他们需要被别人肯定和认可，这一点阻碍了他们找到自己的天赋和实现成功。

第二张业力牌 A♥让 A♦人非常享受独处的时光，只有少数的几张牌有类似特点。A♦人知道应该怎么爱自己，怎么让自己更开心、愉悦，让自己独立自主、孑然一身。这就创造出一种致命的吸引力，使得别人不由自主想要靠近他们。这可能也是造成 A♦的男性在一夫一妻制度下过得很艰难的原因之一。

5、生命牌 6♥　第一张业力牌 4♣　第二张业力牌 3♦

这个例子的特别之处在于，第一张业力牌 4♣同时也落在 6♥的本命牌阵中。这时，第一张业力牌也是本命牌阵中的水星牌。这在很大程度上增强了这张牌分属于两个位置的效用。

对 6♥人来说，在人生中保持清醒的思考、明晰的思路是被着重强调的需求，为生活制定例行规范和架构能帮助他们厘清混乱、迷惑的思绪。如果 6♥人把更多的注意力放在发现真相和类似的事情上，也可以帮助梳理他们的思路，如果他们能这样去做，那么生活的方方面面都会获益匪浅。

第二张业力牌 3♦为 6♥带来天生的创造力和敏锐的判断力，可以立刻对很多工作和项目做出准确的判断。6♥富有对创造性的追求，他们的想法如泉涌，点子永远不会枯竭。他们当中相当一部分人具有出色的赚钱潜力。

魔法圈

观察两张业力牌的时候不难发现，两张牌从本质上分别代表着我们能从一个人身上找到的优点和缺点，但这不是真正的实相。这背后的实相是，在业力连结中存在着一种生命能量的流动或者说是生命的推动力。能量从第二张业力牌流向我们的生命牌，再从生命牌流向第一张业力牌。为了解释这种能量流动，请看下面的魔法圈图形。

你要仔细研究这个魔法圈，因为它揭示出关于 45 牌彼此之间关系的大量信息。如果你把 45 张牌看作是 45 个人手拉手围着篝火站成一圈，上面图中三角形的中心就比作篝火。你会发现，业力牌分别待在这个人（这张牌）的左手边和右手边。想象此时他们手拉手，全部面向中心，你左手边的那个人就是你的第二张业力牌，它代表着你的优秀品质，也象征着为你付出、无私给予你的那个人。我们从左手边的人接收爱和礼物，向右手边的人发送爱和馈赠。所以，位于我们左边的业力牌是来给予我们的，这来自于我们在前世种下的善因和修行成果。同理，在你右手边的是你的第一张业力牌，也代表你要去付出和给予的人。如果你沿着这个方向继续往下看，会看到你的业力表亲。你和业力表亲之间，付出和给予的能量流向跟业力牌的流动方式是相似的。业力牌和业力表亲最大的不同之处在于，业力表亲和我们之间并不具备直接的共性。

尽管你可能会从业力表亲那里接收到爱和能量，或者给予他们。但你和他们之间并没有强烈的镜像效应，在他们身上也不会找到像业力牌所对应的那些弱点和不足。这样的话，除非你们之间还有其他紧张的连结，否则你和他们之间的紧张感、压迫感就小多了。

就此，魔法圈形成了。在魔法圈中任意一个方向上能量持续流动，离得越远就越是削弱业力关系中的镜像效应的可能性。你作为给予者，你右手边的人接收到你的给予，会依次向他们右手边的人给予。而你左手边给予你的人，也会从他们左手边的人获得馈赠。这才是全部关系中的优势所在。你所给予的那些人，最终会把你所给出的能量、礼物或其他任何东西再次回馈给你。还记得这是一个圆么，既没有起点也没有终点。它是一个无尽的循环，如果用曲线图来表示我们生命之路的绵延，这就是一个螺旋。但这里会看到非常重要的一点，你给予第一张业力牌人的一切，最后都会从第二张业力牌人那里收获。

如果你进一步观察就会发现，从根本上说，任意两张业力牌之间的关系连结都取决于早些时候我们推导牌阵的基本运作模式。做牌阵推导时就决定了哪一张牌会占领人生牌阵和灵性牌阵的哪个位置。

置换牌的路径

下一个关于魔法圈展现的重要内容，我称之为"置换的路径"。如果我们暂时回到灵性牌阵和人生牌阵去做比较，要注意以下几点。首先，45 张牌中每张牌的移动都会始终跟随它的第一张业力牌。这非常关键，也许你想再阅读一遍上面一行文字。换句话说，不管今年是什么年份，到下一年我们的生命牌都会置换第一张业力牌在今年牌阵的置换牌，就是说在今年的牌阵中第一张业力牌位于哪里，那里就是生命牌在下一年牌阵中所处的位置。事实上，我们会按照大太阳牌阵的顺序跟随第一张业力牌行进。如果你往前翻看人生牌阵和灵性牌阵，就会看懂自己的牌是如何运行的。我们以 Q♥为例，在灵性牌阵中她位于金星行/土星列，她的第一张业力牌 10♠位于海王星行/海王星列。再看一下人生牌阵，你会看到由于进行了牌阵推导，她出现在人生牌阵的海王星行/海王星列。请你仔细观察这些，直到你完全理解这是怎么发生的。现在，当你做好准备，是否能告诉我 Q♥在下一个牌阵（1 岁牌阵）中会待在什么位置。即使不看 1 岁牌阵我相信你也能说出答案。你需要做的仅仅是找到 10♠这张牌。因为 10♠是 Q♥的第一张业力牌，在下一年，Q♥就会移动到 10♠的位置上，10♠在零岁牌阵中坐落在水星行/木星列，因此在 1 岁牌阵中 Q♥会落在水星行/木星列。如果你掌握了这个技巧，真的就是这么简单。

不管你当前在哪一年，都可以通过今年第一张业力牌的位置轻松确定下一年会座落在哪里。除此之外还有另一种方法确认你的牌每一年旅行到哪里，那就是使用魔法圈。在魔法圈中找到你的第一张业力牌，将这一页向右上方向旋转（逆时针旋转），直到你的生命牌位于魔法圈的最底部。如果你正确地进行了这一步，你的第一张业力牌应该正好位于你生命牌的右手边，第二张业力牌位于生命牌的左手边。假如把你的生命牌作为零岁牌阵的置换牌，通过向你的生命牌右边移动若干个位置，我们就能预测出你生命中任意年份的置换牌。让我们举个例子来解释这个方法。假设你的生命牌是 A♠，请根据魔法圈告诉我，当 20 岁时你的置换牌是什么。要完成这个，你只需要从生命牌向它的右手边移动 20 个位置。如果你找到 20 岁的置换牌是 6♦，那就是正确答案。你也可以通过本书对应的软件去查找，在年龄的位置输入 20 也可以得到同样的答案。你会发现 A♠在 20 岁牌阵中位于木星行/水星列，在人生牌阵中这个位置是属于 6♦的。你同样能在《生命之书》A♠20 岁的流年牌阵中看到，A♠在那一年的置换牌是 6♦。

魔法圈向我们充分展示出，我们的生命进展始终循着一条确定的、预设好的路径，这条路围绕着大太阳牌阵的顺序。如果你们当中有人深入观察这些年份的牌阵，可能会意识到存在于长达 45 年牌阵中的特定模式。尽管 90 年中会有 90 个不同的大太阳牌阵，但其实这 90 年可以分为两个 45 年。虽然这两个 45 年的牌阵有不同之处，但这些不同之处从某种意义上说却没有那么要紧。你能看到下图中零岁牌阵和 45 岁牌阵的差异么？

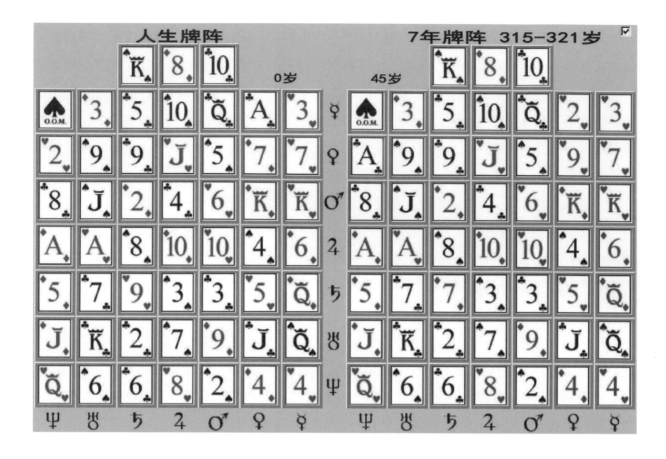

45 年牌阵中的两种阵型设置

　　零岁牌阵和 45 岁牌阵看起来几乎一样，唯一的不同就是半固定牌移动了位置。除了这一点之外，两个牌阵的其他内容是完全一致的。45 年牌阵中的第二种阵型设置（45 岁牌阵）与第一种阵型设置（零岁牌阵）不同的地方就是半固定牌不一样。这样设计的全部用意事实上是使第二种阵型与第一种阵型相一致，因为成对的半固定牌的含义从一开始就非常相近。如果你或者我在流年牌阵中有一张 A♣，你会发现它其实展现出了 2♥ 的样子。你也许暂时不能接受这个概念，但当你观察了足够多的牌阵和案例就会知道这是一个事实。同样适用的还有 7♦ 和 9♥。木星位置上是 7♦，这时 7♦ 就被称为"百万富翁"牌。那么如果 9♥ 落在木星位置上也会是同样的结果，这是因为它们俩是宇宙灵魂双生子，有共同的业力模式。

　　从根本上讲，经魔法圈所阐释出的置换牌的移动路径再次保证这些依照的是大太阳牌阵的顺序。44 岁也叫准重生之年，可以被看作是这人生游戏重新开始的机会。在我们进一步探索这个现象的重要意义之前，让我们先来细致地观察流年牌阵，清楚它是如何从大太阳牌阵导出的。

线性牌阵

　　如果你使用对应的软件，在软件左边的编辑栏输入生日1960年7月16日，按回车键。右键点击生命牌 Q♣，在下拉菜单中选择线性牌阵，这时就会出现生命牌 Q♣ 人40岁的流年牌阵，包括大太阳牌阵和线性牌阵，线性牌阵就好像《生命之书》中所列出的牌阵样式。但有些这里出现的牌是《生命之书》中找不到的。那就是月亮牌、宇宙功课牌、宇宙月亮牌、自我转化牌，这些牌我们会在后面讲到。

直接牌和垂直牌

　　我们从生命牌开始，它在软件中被高光显示，生命牌被叫做"目标牌"，它作为牌阵中的焦点决定了一个人的本命牌阵中所有的牌。在大太阳牌阵中，生命牌右边的那张牌是月亮牌。月亮牌在线性牌阵中位于生命牌的左边。我们继续在本命牌阵中往前推，或者说从生命牌往左边推就能得到所有的直接牌。生命牌左边第一张直接牌是水星牌，接着依次是直接金星牌、火星牌、木星牌、土星牌、天王星牌、海王星牌、冥王星牌、宇宙回报牌（在《生命之书》中称为结果牌）、宇宙功课牌、宇宙月亮牌、自我转化牌。所有这些牌都能够通过一次向左移动一列得到，到了一行的最后一张牌，就来到下一行最右边的位置，继续向左数。

从生命牌之后开始数，冥王星牌总是在第 8 张牌，而自我转化牌始终在第 12 张。一些解读师在为个案解读时只用到直接牌，他们认为垂直牌是无关紧要的。就我个人而言，我发现垂直牌和直接牌同样重要，没有垂直牌就很难看出那个时期故事的全貌。

要想找到垂直牌，就以生命牌为基点垂直向上数，生命牌上面第一张垂直牌是水星牌，接着是垂直金星牌、火星牌、木星牌、土星牌、天王星牌、海王星牌。当我们数到垂直列的顶部时，重点来了，要从顶部直接来到同一列的最底部，继续在这一列向上数。要特别注意，千万别跳到其他列去。使用这种方法数到垂直海王星牌时，你会发现一些不同寻常的情况。有时候，垂直海王星牌和直接海王星牌是同一张牌。只有我们的目标牌落在火星列、木星列、土星列时才可能出现这种情况，但也不是每次都会。当我们的目标牌落在水星列、金星列、天王星列或海王星列时，我们就没有垂直海王星牌，因为这几列中每列只有 7 张牌，而不像牌阵的中间 3 列，每列有 8 张牌。

有一些纸牌解读师认为，牌阵左右两侧各两列（左边两列：水星列、金星列；右边两列：天王星列、海王星列）每列也应该有 8 张牌，这个说法来自于佛罗伦斯·坎贝尔和伊迪丝·兰德尔写的《古老的神秘符号》。以那本书所描述的理论，最顶部皇冠行的 3 张牌是可移动的。比如他们建议，位于人生牌阵顶部火星列的 10♣，只要愿意就可以把它平移到水星列或金星列。这看起来的确很方便，这样做的话每一年的牌阵都会有垂直海王星牌。但是，经年的研究结果告诉我不要用这种方法。我并没有看到移动的垂直牌与他们所提到的影响有任何关系。在没有垂直海王星牌的年份中，我使用起来并没有感觉到任何不妥。

环境牌

我们的生命牌在人生牌阵（零岁牌阵）中的位置，在当前年份或周期中被哪张牌所占领，那张牌就是流年环境牌。举例来说，一个生命牌 A♠ 的人在 41 岁牌阵中的环境牌是 K♦。而 A♠ 所处的位置在人生牌阵中原本是 6♠ 的位置，A♠ 占领了 6♠ 的位置，即海王星行/天王星列。K♦ 所处的水星行/海王星列，在人生牌阵中原本是 A♠ 的位置，则 K♦ 占领了 A♠ 的位置。环境牌更像是一种祝福。它绝对有一种类似木星的效应，尽管它的效用不仅展现在经济层面。环境牌被理解成一种有助益、有保护力的牌。你可以想象成明媚耀眼的阳光从天空照射下来，刚好洒在你的生命牌上。在我教环境牌的时候喜欢用另一种比喻，环境牌就像是你不在家时，暂住在你家里的租客。它租住了你的房子[5]，在租住期间就要付你房租。因此，它就用祝福和礼物作为到访的交换。

就像你看到的，找到每一年流年环境牌很简单。只需要看你的生命牌处于人生牌阵的位置，在当下的流年周期中被哪张牌占据了，占据那个位置的牌就是流年环境牌。

置换牌

所谓置换牌，就是那一年或一个周期中，你的牌占领了人生牌阵中原本属于谁的位置。你的生命牌位于当前周期牌阵的位置，在人生牌阵同样位置上的那张牌就是置换牌。从很多方面来看，置换牌和环境牌是相反的。我们必须给予置换牌，就像环境牌给予我们的。流年置换牌，其实就是当前一年中我们占领了谁的位置。现在我们住在别人的房子里，也同样要付给别人租金，这个租金就是祝福和礼物，就像我们的环境牌赠予我们的。在上面的例子中，我们的 A♠ 朋友在 41 岁牌阵落在海王星行/天王星列，而这个位置在人生牌阵中属于6♠，因此我们说，生命牌 A♠ 的人在 41 岁时置换 6♠。在这个例子中，A♠ 的人不得不在6♠ 所涉及的人生领域中努力和付出。6♠ 代表着与健康、工作相关的方面，也代表找到一个

---

[5] 译者注：你的房子是指在人生牌阵中你的生命牌占有的位置。

人的灵性目标和使命，这就是当前周期中那个人必须投放能量和精力的领域。如果A♠的人是以灵性为导向的，我会告诉他们在那一年必须把更多的注意力放在增强体质、保持健康还有工作方面（6♠），或者在工作和生活中特别留意那些引领他们走向真正的灵魂目标的征兆。但从世俗意义上说，6♠可能只是意味着他们必将面对业力的平衡，包括过去在健康方面和工作方面由于缺少觉知而制造的业力。

但是，除了提醒我们在当前年份中重点要在哪里花费更多的精力和注意力，置换牌还有一些其他的重要意义。首先，当我们置换其他牌时，我们就有机会从那张牌的视角去观察生活的样子。对于我们前面提到过的 A♠人，或者任何一个在流年中置换 6♠的人，他们都会有机会从 6♠的角度去体验生活。比如，人生牌阵中 6♠人的直接木星牌是 K♠，K♠是三张固定牌之一，相当于流年中置换 6♠的人那一年木星位置上都会有一张 K♠作为潜在牌。除此之外，不管金星、火星以及其他行星位置的牌是什么，他们在那一年都会拥有 6♠本命牌阵中的牌作为潜在牌，对这些行星位置上的牌施加影响。潜在牌是分别来自于人生牌阵和灵性牌阵相同位置的两张牌。用下图的例子来说明，生命牌 Q♣的人，40 岁时直接火星牌是 Q♠，Q♠的潜在牌是 4♠（来自人生牌阵相同位置）和 10♣（来自灵性牌阵相同位置）。

注： 如果使用软件查询，下图中列出了怎么去看潜在牌。右键点击你想要看的牌，在下拉菜单中选择潜在牌，在下面的例子中，我在 40 岁牌阵点击 Q♣流年牌阵中的 Q♠。

潜在牌

人生牌阵和灵性牌阵的重要性在于，它们是大太阳牌阵最初的两个牌阵，地位和作用不容小觑。一个很重要的方面是，它们通过潜在牌把影响投注在每一个推导出的流年牌阵中。要理解这一点，先想象每张牌在人生牌阵中都"拥有"那个位置，它是这个位置的主人。不管在其他年份中什么牌暂时占领这个位置，作为主人的这张牌都会对这个位置继续产生影响，这是由于它坐落在所有牌阵中至关重要的牌阵——人生牌阵。坐落在灵性牌阵的牌也是一样。这样的话，牌阵中的每一个位置都有两张潜在牌。当然，三张固定牌是例外。

潜在牌对流年牌阵中占领它们原本的位置（人生牌阵和灵性牌阵中位置）的牌会施加一定影响。事实上，流年置换牌就是生命牌的潜在牌中的一张（来自人生牌阵）。其实每年应该有两张置换牌，但是相比较来看，人生牌阵的潜在牌会更重要，因此我们把注意力重点专注于人生牌阵的潜在牌上。然而，如果你观察自己的人生牌阵就会发现，你人生牌阵中每一张牌的潜在牌都可以在灵性牌阵中找到对应的牌，据此你会获得大量有用的、关键的信息。如果你读过《古老的神秘符号》这本书，就会记得作者讨论过人生牌阵的 7 张直接牌中的每一张，而且提到了目标牌在灵性牌阵对应的潜在牌。

拿我自己举例来说，我的生命牌是 Q◆，在我的人生牌阵中，我的水星牌是 5♥，这张水星牌统御我人生的第一个 7 年周期，关于这点我们在后面去说明。5♥象征在那个 7 年我家中所有的旅行与更换住所相关的事。5♥在灵性牌阵的潜在牌是 4◆，4◆也补充说明了那 7 年的情况，家里的财务状况非常稳定，这或多或少算是一份礼物和祝福。但当我到了 7 岁，这一切发生了翻天覆地的变化。我的金星牌 3♣统治着人生的下一个 7 年周期，3♣在灵性牌阵的潜在牌是 5◆。从我 7 岁开始，我家的经济状况发生了戏剧性地急转直下。我们仍然经常搬家，这是来自 5◆的另一个影响。这个例子是很有说明意义的。也许你想花几分钟去回看你本命牌阵中各个直接牌的潜在牌（来自灵性牌阵）。它们会提供给你非常多的必要信息，而这些内容是无法通过其他方式获得的。

在流年牌阵中，潜在牌起着完全相同的作用。这些潜藏的影响给了这一年更多的信息。有些时候，这些潜在牌会告诉你一些即将发生但是你并没有察觉到的事。请看下面的例子，我会向你说明它们是如何运作的。

下面我们以生命牌 6♠人的 49 岁流年牌阵为例说明，请查看下面牌阵中的直接火星牌和垂直火星牌，相信你已经找到了，那就是 4♣和 8♥。但你可能还没有看到这两张牌的潜在牌，4♣和 8♥在人生牌阵的潜在牌都是 5。4♣在人生牌阵对应的潜在牌是 5♠，8♥在人生牌阵对应的潜在牌是 5♦。尽管我们并没发现哪张行星周期牌标志着"更换工作"或"搬家"，但事实上两张潜在牌才是真正确保火星时期发生事件的重要标识。当然这不是说 6♠的人不会经历 4♣和 8♥两张牌代表的能量趋势，恰恰相反，这两张牌的能量在那个时期是占比最大的。但在解读这个人的牌时如果注意到两张潜在牌，就会获知即将发生的搬家、旅行或者一些大的改变。

仍然用这个例子，当我们看到 6♠人在 49 岁的直接水星牌是 9♠，就会知道他在这一年的第一个时期很可能经历精神和心理上的失望，9♠在人生牌阵对应的潜在牌是 7♥，我们可以预见这种失望发生在这个人的重要亲密关系领域。

在《生命之书》的第 8 章提到过，由于那个行星时期的潜在牌很吉利，那个行星位置就成了吉利之位。在书的 50 页描述了"小心谨慎之年"[6]，这是当我们置换 7♥或 4♥的两个年份。为什么这样的年份带有警戒的影响呢？你查看过这两张牌在人生牌阵的牌之后，也许就能告诉我答案了。它们在土星时期都有一张极具毁灭潜质的牌。7♥在人生牌阵的直接土星牌是 9♠，4♥在人生牌阵的直接土星牌是 6♠、在灵性牌阵潜在牌的土星牌是 9♠。不管你在流年土星时期置换 7♥还是 4♥，在那个时期内潜在牌的影响都潜藏着巨大的挑战性。由我解读个案的经验中显示，这些影响并不轻松。还有一些我们没有提到的，但是和这个例子具有同等的挑战性，它们都在《生命之书》第 8 章被列举出来了。但如果你通过人生牌阵（大太阳牌阵）去查看，你会自己找到它们的。让我们用一句话总结潜在牌内容的部分：如果没有注意到潜在牌，那么解读师在为个案解读时会错失大量有用的信息。

---

[6] 译者注：本书中提到关于《生命之书》、《爱情之书》的页码均指英文原版，而非中文译本。

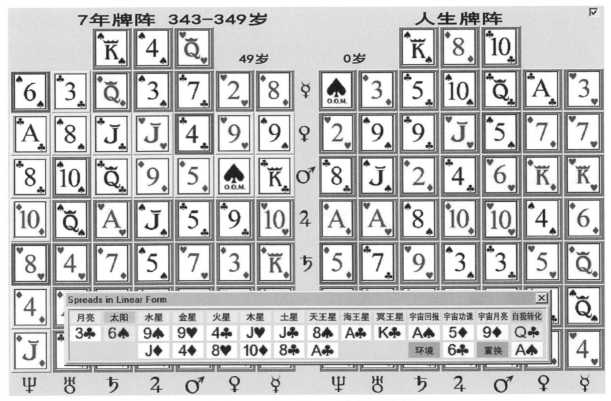

6♠人，49岁，火星周期的潜在牌

7年牌阵和长期牌

如果你认真阅读过《生命之书》的话，应该已经非常熟悉 7 年牌阵了。倘若你还没有看过，请花一些时间浏览一下，这个内容在那本书的 109 页。基本上每一个大太阳牌阵都不止统治着一年的周期，还包括 7 年周期。在一年之中，从水星牌到海王星牌，每个行星牌统治52 天周期。同样是从水星到海王星位置上的这些牌作为 7 年牌阵中的行星周期牌来考虑，也分别统治着每一年的周期。我们每年的长期牌实际上来自于当前 7 年周期中的水星牌到海王星牌。

从我们出生就开始了人生的第一年（零岁）。与此同时也开始了人生的第一个 7 年周期，这个 7 年周期也由零岁牌阵代表。但是，从水星时期到海王星时期的牌不再代表 52 天，而是 7 年周期中的每一年。人生第一年的长期牌和我们人生牌阵中的直接水星牌是同一张牌，查看《生命之书》可以看到零岁牌阵所有的牌，你会发现这是真的。零岁牌阵的长期牌和零岁牌阵的直接水星牌总是一致的。当你长到 1 岁的时候就转到 1 岁牌阵，这一年的长期牌是你零岁牌阵的金星牌，零岁牌阵也是 7 年牌阵，它统治着 7 岁之前（0～6 岁）的 7 年，而下一个 7 年周期牌阵对应着 1 岁牌阵。这看起来似乎有些容易让人迷惑，但你如果集中注意力就能理解。90 个大太阳牌阵中的任何一个都可以跨越很多时间段。到现在为止我们只考虑了它们统治我们人生中的某一年。但是它们在我们的整个生命中或多或少也会有一定程度的影响。比如说，一个牌阵统治着 1 年周期、7 年周期、7 周周期、1 周周期甚至是贯穿整个人生。就我们的人生牌阵来说，它同时统治着很多周期。从这一点出发，你务必彻底理解 7 年周期的影响，学会在个人解读和专业解读中怎么去运用。

下面的表格列出了所处的流年牌阵周期，通过这张列表可以找到你人生中某个 7 年牌阵，当我们出生时以零岁牌阵作为生命的起始，这是我们人生的第一年，也是第一个 7 年周期对应的 7 年牌阵。这就解释了为什么零岁的长期牌和零岁牌阵的水星牌一致。

（）岁牌阵	统御的 7 年周期	（）岁牌阵	统御的 7 年周期
0	0～6	8	56～62
1	7～13	9	63～69
2	14～20	10	70～76
3	21～27	11	77～83
4	28～34	12	84～90
5	35～41	13	91～97
6	42～48	14	98～104
7	49～55		

下面靠左边的图表展示了 6 岁牌阵。人们 6 岁时都会被 6 岁牌阵所统治，它也是统治 42～48 岁周期的 7 年牌阵。我把生命牌 Q♣作为我们的目标牌标记出来，举这个例子的目的是为了学习生命牌的 7 年牌阵。下面靠右边的图是 46 岁牌阵，根据上面我教你的那些，看看你是否能找到 Q♣的人在 46 岁时的长期牌。

既然 7 年周期开始于 42 岁，42 岁的长期牌就是 6 岁牌阵中 Q♣的水星牌，水星牌是7♣。43 岁的长期牌是 6 岁牌阵中的金星牌 8♦，44 岁的长期牌是火星牌 8♥，45 岁的长期牌是木星牌 9♦，那么 46 岁的长期牌就是 6 岁牌阵中的土星牌 2♣。清楚这些之后，你认为这个 Q♣人 47 岁的长期牌是什么呢？当你找到的是 5♥，那证明你做对了。那么我们继续往下看，Q♣人 49 岁的长期牌又是什么呢？

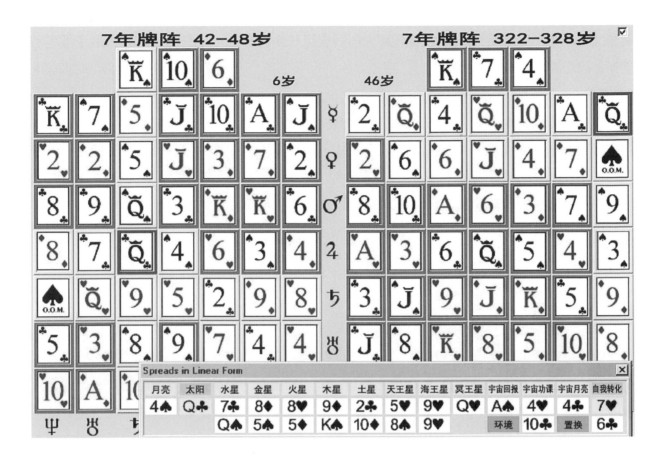

如果你找到的是 Q♥，那么就大错特错了。4♣才是正确的。但是必须到另一个牌阵中才能找到 4♣，而不是在 6 岁牌阵中。这是因为 6 岁牌阵的统御范围是 42～48 岁，你需要来到统御 49～55 岁的 7 岁牌阵，这样就能找到 49 岁的长期牌。如果到现在为止你都能跟上我的节奏，就可以准备学习接下来的新东西了。也许你还没有完全搞清楚，那就再次复习这部分内容以及《生命之书》109 页，直到你完全掌握如何从大太阳牌阵中查找长期牌。

垂直长期牌

既然长期牌是牌阵中水星牌到海王星牌的其中一张，那显然在流年牌阵和 7 年牌阵的那些位置上还会有垂直牌。确实是这样，在《生命之书》没有列出垂直牌，但你可以自己在大太阳牌阵中找到垂直长期牌。我们前面所举的生命牌 Q♣ 人的例子，我列出了 42 岁的流年长期牌是 7♣。但 7♣ 只是 Q♣ 在 42 岁牌阵的直接水星牌，垂直水星牌则是 Q♠，就这个例子来说 Q♠ 就是这个人 42 岁的垂直长期牌。

垂直长期牌对你的解读非常实用。把直接长期牌和垂直长期牌相结合来解读，这一年的图景就会从根本上发生改变或修正。同时使用这两张牌可以将你的解读提炼得非常精准和富

第二章 命运的选择

有意义。垂直长期牌经常会从一定程度上削弱直接长期牌的意义，由此你会确切地了解何种能量加诸于直接长期牌之上。

现在你可以试着找一下 Q♣人 46 岁时的垂直长期牌是什么，你已经知道那一年的直接长期牌是 2♣，只需找到垂直土星牌就好了。如果你得到的是 10♦，没错那就是正确答案，你做的非常棒！我们再来查找一下，假如 Q♣的人 56 岁，在不看《生命之书》的情况下请你告诉我流年直接长期牌和垂直长期牌分别是什么。那就是 K♣和 2♣，你找到了么？

行星的能量对长期牌的影响

每张长期牌都来自于牌阵中从水星牌到海王星牌中的某一张，从某种程度上说那一年会被统御的行星所影响。例如，人生的第一年是水星年，下一年是金星年，以此类推。7 岁时就是另一个水星年，这个循环每 7 年就会重复一次。知道哪个行星影响着当前的年份，会为解读长期牌的意义增加新的维度和深度。但如果认为这些行星影响和流年牌阵中的行星影响程度一样那就错了。以我的经验来看，它们并没有那么强的能量。尽管如此，它们确实还是造成了一定影响，而且是显而易见的。这里要重点说明的是，我们每 7 年就会有一个木星年，3 岁时我们来到第一个木星年。木星年对应我们的年龄分别是 3 岁、10 岁、17 岁、24 岁、31 岁、38 岁、45 岁、52 岁、59 岁、66 岁、73 岁、80 岁、87 岁、94 岁、101 岁。这之所以很重要是因为每个木星年都会携带着非常多的祝福和好的财运。45 岁和 52 岁这两年到来的时候会尤其有趣，这是人生中最受恩赐和祝福的年份中的两个。仔细研究这两个年份的牌阵会发现很多有意思的模式。当我们讲到"吉利年"再进一步讨论这个。

♥♣

纸
牌
科
学
全
探
索

♠♦

7 年周期的冥王星牌、结果牌（宇宙回报牌）、环境牌和置换牌

7 年周期实际上也有长期牌，但找起来会有些容易混乱。如果你使用"命运之路"的软件，就能直接找到那张牌。但是现在，让我们把目光聚焦在那些容易找的牌上，如 7 年周期的冥王星牌、结果牌、环境牌和置换牌。它们就像找到其他 7 年周期的牌一样简单。你用刚才找流年冥王星牌、结果牌、环境牌、置换牌同样的方法和技巧去做，我不再详细说明这个过程，而是希望你去翻看你的笔记。这样你可以测试一下自己是否掌握了要领。请告诉我，一个生命牌 3♣，44 岁的人，7 年周期的冥王星牌、结果牌、环境牌和置换牌都是什么。以下是我找到的：

冥王星牌	结果牌	环境牌	置换牌
Q♣	7♣	2♣	4♣

如果你找到的跟这个不一样，就要回去复习一下在流年牌阵中怎么找到各个位置的牌，直到你完全掌握它们。

练习：

在 7 年牌阵中找出你今年的长期牌，回答下列回答。

1、你的垂直长期牌是什么？

2、今年你受到什么行星的影响？

3、你的直接长期牌对应的潜在牌是什么？

4、你的垂直长期牌对应的潜在牌是什么？

5、这些潜在牌和你之间的关联如何？

6、你今年的长期牌处在吉利的位置上吗？

7、你 7 年周期的长期牌、冥王星牌、结果牌、环境牌分别是什么？

8、你怎么在当下的生活中运用这些牌？

我们说这些牌非常重要，主要是因为它们都有较长周期（7 年）的影响。如果你看一下自己当前的 7 年周期牌就会发现，它们在你的生活中扮演着多么重要的角色，而且你可以从这些牌看出来那些无法从其他牌明显解读出的征兆。这些牌反射出较长周期的主题，而这些往往让你大吃一惊。讲一个我自己生活中的例子，我知道我在 42 岁的时候会当父亲，这是由于我 7 年周期（35～41 岁）的结果牌是 K♥——一张父亲牌。当我们进入 7 年周期的天王星年和海王星年时，7 年结果牌就显得至关重要。在你做解读的时候要记得查看这张牌，它会揭示出那个周期结束时将获得的重要礼物和成就。

7 年冥王星牌会展示关于转化的主题，这从外在来看通常并不明显，但是当事人会因为真正发生在他们身上的一些事而认识到这个转化，这算是 7 年灵性功课的结果和奖励。我们应该把 7 年环境牌看作一张好牌并去充分利用它。我们始终可以选择把注意力放在人生中的祝福上，7 年环境牌就是这祝福之一。7 年置换牌指出这 7 年中我们呆在什么位置，我们必须要给予和付出的是什么，它决定了我们长期牌的行进路径。举例来说，如果我们的 7 年周期置换牌是人生牌阵中海王星行的其中一张，比如 4♥、4♦、2♠等，我们就会知道 7 年周期中的某几年，流年长期牌会出现在皇冠行，有些时候我们的牌会有 3 年时间都待在皇冠行。

到现在为止，我们已经讲解和举例说明了怎样找到这些曾经在《生命之书》上出现过的牌。下面要讲的部分是《生命之书》上没有提及过的牌，是为学习高阶内容的学生准备的，我们将开启新的篇章。《生命之书》上的内容足以应付你的解读，让你埋首于解读中忙得不可开交。但是，这个系统还有更多的内容，下面我们会揭开其中一些内容的神秘面纱。

月亮牌

在《爱情之书》关于牌义的章节中，每张生命牌都有一个本命牌阵中各行星牌的列表。列表最上面的第一张牌就是月亮牌。月亮牌很容易找到，不管你从哪个牌阵上看，月亮牌都是紧挨目标牌右边的那张牌。

下面列出了 10♦的本命牌阵，你会看到 10♦的右边那张牌是 10♥，也可以从线性牌阵中看到，生命牌左边的那张牌就是月亮牌 10♥，这样看就更简单了。但如果你的牌落在牌阵最右边一列会怎么样呢？比如，Q♦和 6♦的月亮牌分别是什么？要回答这个问题，你必须先

纸牌科学全探索

忆起数牌的顺序（从右到左），然而找月亮牌的话要用相反的顺序。那么 Q◆的月亮牌是A◆，6◆的月亮牌是8♣。

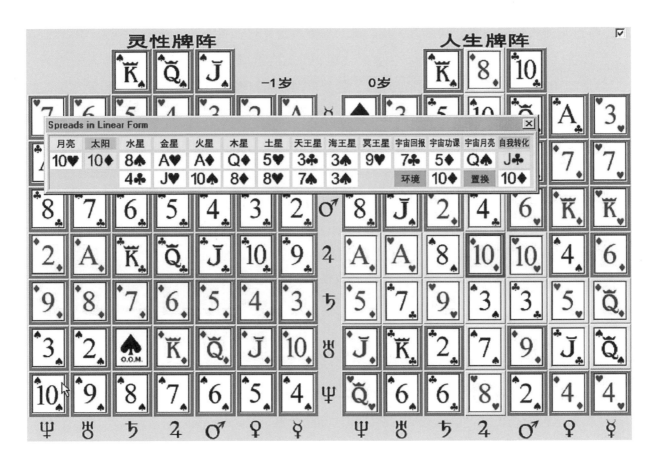

流年月亮牌

尽管在《生命之书》中没有提到过，但我们每年、每 7 年、每周、每 7 周的周期都有月亮牌。在《爱情之书》上讲过的月亮牌也是我们整个人生的月亮牌。它非常容易找到，就像在人生牌阵中查找的方法一样。当我们查看相应的牌阵时，会立刻在紧挨目标牌的右边找到月亮牌。为了检验你对这个内容的掌握情况，请你告诉我生命牌 Q♣的人在 32 岁的 7 年月亮牌是什么[7]。你应该到哪个牌阵上去找这张牌呢？回到前面提到的 7 年周期牌阵的部分，如果想知道 32 岁所属 7 年周期的牌就去看 4 岁牌阵。因此我们来看 4 岁牌阵中 Q♣待在哪个位置，Q♣置换了 2◆（占领了 2◆在人生牌阵的位置）。Q♣右边那张牌是 9◆，所以 9◆就是Q♣人的 7 年月亮牌。

---

[7] 译者注：参看第五章　大太阳牌阵。

举例说明如何使用月亮牌

1. 9♣人的月亮牌是 J♥，这告诉了我们关于 9♣人母亲的一些信息，他的母亲是一位天生具有牺牲精神而且非常有爱的人。当我们注意到他的水星牌 9♠，水星牌统治着人生的第一个 7 年和第一个 13 年，就会知道 9♣人的童年时期会有很多不得不牺牲自己和蒙受损失的事。J♥说明，无私地给予他人灵性之爱（J♥）可以让 9♣人得到满足和喜乐。

2. 5♦人的月亮牌是 7♣，这表明 5♦的父母二人或其中之一在他的幼年时期对他管教极度严格，他经常会感到很困难。这种影响也为他在童年的意识觉醒、与灵性知识链接提供了条件。对 5♦人来说，当他们克服了来自于内在和外在的负面消极的情绪障碍，就会感觉到安全和满足。同时实现他们在灵性层面的突然转化，让他们发出一声觉醒的惊叹"阿哈！"。出于这个原因，强烈建议他们研究神秘科学或灵性书籍，以获得心灵的平和安宁。

3. A♦人的月亮牌是 A♥，独处的时光总是让他们满足和有活力。他们也常常花大量的时间独处，让自己活得像个孩子般单纯而欢喜。但水星位置强大的 Q♦也让他们展现出母亲的特质，这种影响贯穿他们生命的始终，成为塑造个性特征的助力。

4. 曾经有一年我的流年月亮牌是 8♥，在那一年中，我不管遇到什么样的挑战，似乎总会得到其他人的很多支持，特别是一些团体中的人们。至少在那一年我看起来很有个人魅力。这股有利影响确实帮我穿越了很多我个人要面对的挑战。而且我有机会获得许多疗愈，得到了能量层面的治愈，这是因为我的伴侣恰好是个疗愈师。

5. 我的一位个案是狮子座的 7♦，他 46 岁时的流年月亮牌是 A♠，那一年他正在处理离婚而且整个生活发生了巨变。每次当他有了新计划并做出改变的时候都会感觉更好，比如他向妻子提出应该离婚的那天。不仅如此，在做这些看似困难的事情时他却感到很容易，他不断为此感到惊讶。月亮牌 A♠帮他放下了过去，让他在人生的道路上继续勇敢前行。

纸牌科学全探索

月亮牌就像它的名字所隐含的意义，具有滋养和支持的能量。从某种意义上来说，人生的月亮牌和我们的童年时期、母亲以及个人体验的方式有着紧密的联系。月亮牌决定了在当前周期中什么人或什么事物会让我们感觉更安全、更稳定、更被支持。查看你当前流年的月亮牌和它的潜在牌，它们暗示了谁或者什么能帮你达成目标、让你感到安全和稳定。月亮牌应该被看作积极有利的影响，在解读的时候主要集中在它高阶层次的含义上。如果你把滋养、疗愈、母性、支持力与那张牌的基本意义结合到一起来做解读，不管月亮牌在什么周期，这样的解读都会非常精准。

在个人的亲密关系中，那些和我们有日月连结的人（在人生牌阵和灵性牌阵中，他是我的月亮牌或者我是他的月亮牌）是我们潜意识里的伴侣。我的研究一次又一次显示出，大部分已婚的伴侣之间至少有一个日月连结，而且经常是不止一个。日月连结创造出一种天然的亲密感甚至是"久别重逢"的感觉，这样的感觉会演进成婚姻关系或深厚的友谊。作为你月亮牌的人，不管是你的人生月亮牌还是周期月亮牌，在你的生命中都会带来有益的影响。

超级牌

在人生牌阵的直接牌中，宇宙功课牌跟在宇宙回报牌（结果牌）的后面，以目标牌为基准，它是目标牌向左数的第 10 张牌，非常容易找到。另一种方法是借由冥王星牌定位，宇宙功课牌是冥王星牌向左数第二张。下面的牌阵图展示了生命牌 2◆在人生牌阵的宇宙功课牌，包括线性牌阵和大太阳牌阵的展示。要充分理解宇宙功课牌的重要意义和它带来的影响，重新复习以下内容会非常有帮助。

这个表格直接反应了第一组 5 个行星（以及它们的牌）和第二组 5 个行星（以及它们的牌）之间的相关性。这 10 个行星所统治的牌和我们的 10 根手指也是相关的。第一组的 5 个是地球牌/地球行星，它们之于我们的影响主要涉及基本的物质层面。而第二组的 5 个是第一组的加强版。比如，水星和天王星直接相关，在天王星位置时就像是在超级水星位置，在占星学中，水星落在水瓶座或十一宫恰逢水星处于"耀升"的时刻，因为水瓶座和十一宫都被超级指挥官天王星守护。金星和火星也是同样的情况，海王星是超级金星，冥王星是超级火星。那么显而易见，宇宙回报牌（结果牌）是超级木星牌，宇宙功课是超级土星。

地球范围	水星	金星	火星	木星	土星
宇宙范围	天王星	海王星	冥王星	宇宙回报	宇宙功课

我们必须理解这些超级牌之于相应的地球牌是怎样展现出高八度的特性。如果能正确理解水星到土星这几个行星，可以把它们的含义或者至少是部分含义应用在对应的超级行星上。我们能够推断出以下内容：

水星（守护处女座、双子座）——思维意识，秩序，沟通交流，组织

天王星——超意识，直觉，全知而不是知识，接通更高维度信息

金星（守护金牛座、天秤座）——爱，世俗的快乐，亲密关系，平衡，感官的欲望，美与调和

海王星——自我牺牲之爱，灵性之爱，激情，自私，连通宇宙之爱

火星（守护白羊座）——强烈的欲望，愤怒，战争，侵略，生理上的激情，竞争

冥王星——复仇，毁灭，湮灭，转化，性（与死亡相关），超强的欲望，狂怒，巨大的侵略性

连通更高层次的转化

木星——祝福，从过去世带来的天赋和能力，好的业力，哲学，宗教，诚信

宇宙回报——从过去世带来的灵性祝福，好的业力，与世界紧密关联的合一意识带来的祝福

土星——限制性，挑战，学习公平、平等的课题，今生必须要处理的负面业力，责任

宇宙功课——宇宙层面的责任，为完成对宇宙的责任所必须扮演的角色，对民族或文明的义务，今生必须偿还的宇宙业力

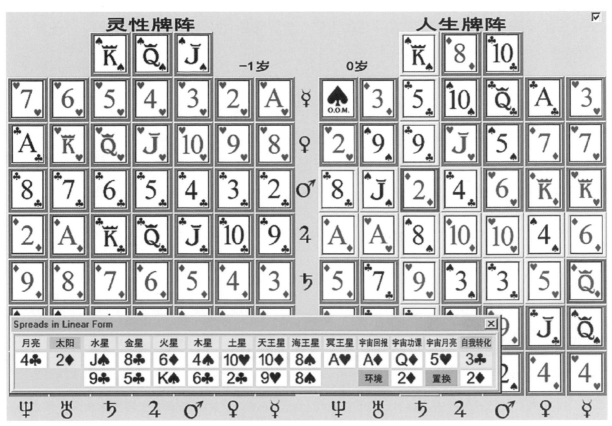

2◆的宇宙回报牌是 Q◆

我想上面讲的这些会让你对超级行星和它们的牌有更深的洞见。实际上，除了地球之外很可能还有 10 个行星，其中的一些只是尚未被发现而已。但已经有凯龙星和一些其他的星体可以纳入这个体系。这些奥秘总会自行揭开的。

举例说明如何使用宇宙功课牌

在人生牌阵中 6♥人的宇宙功课牌是 A♥。A♥对 6♥人来说意味着要想完成他们对社会的责任或债务就必须学会在一定程度上自力更生和爱自己。6♥人务必例证他们爱自己就像爱他人一样。伴随着他们的人生牌阵，6♥人必须经常独行在路上，这也许是他们喜欢的，也许并非他们想要的，但无论如何 A♥就是让他们用这种方式去完成他们的业力责任。

9♥人的宇宙功课牌是 4♥，同时 4♥也是 9◆的土星牌，9◆是 9♥在人生牌阵的直接土星牌。因此，9♥人和 9◆人存在共同的业力，那就是他们都必须做和家庭相关的事，并投入必要的精力在家庭相关的事务中，这样才能很好地平衡这个业力。宇宙功课牌告诉他们，"要成为一个好的家庭成员，要扮演好利益身边人的角色"。这对 9♥人来说可能是个挑战，他们在亲密关系领域有太多要学习的，但这也是他们必须做到的。4♥这张牌可以扩展到更宽泛的层面。有些取得了一定成就和声望的 9♥人通常把整个世界看作他们的家庭。希拉里·克林顿就是这样的一个例子。

在流年牌阵中，宇宙功课牌常告诉我们会展现得就像这张牌的特质一样。我的一位个案在某一流年中的宇宙功课牌是 A♦，他的生活将要经历重大变化，我提醒他这一年中不仅会有新的生意构想，创造新的商机，他还会在亲密关系上表现得像个 A♦的男性，就这点而言，A♦的男性非常开朗和喜欢社交，而且经常在旅途中与许多不同的女性约会。

在解读中怎样应用这个知识

你会怎么去考虑自己在人生牌阵、流年牌阵以及 7 年牌阵中的宇宙功课牌呢？这是一张非常重要的牌，你必须要去充分熟悉和理解。很多学过高阶内容的学生会想要把这张牌也整合到自己的个案解读中，因为它所揭示出的信息太强大了。

找到你人生牌阵的宇宙功课牌。你看到它和土星牌的关联了么？事实上很多宇宙功课牌和土星牌的数字是一样的，只是花色不同。在这里我会用一些例子来引领你入门。土星牌 8♥和宇宙功课牌 8♦，土星牌 4♣和宇宙功课牌 4♠，土星牌 7♣和宇宙功课牌 7♠，土星牌 2♥和宇宙功课牌 2♦等等。你经常还会发现土星牌和生命牌的数字相同，宇宙功课牌和土星牌的数字相同，这是因为它们在人生牌阵中从这张牌到那张牌都要走 5 个格子。

假使你的生命牌和土星牌，土星牌和宇宙功课牌不是相同的数字，你跟那张牌的内在联系如何呢？你看到它和你的人生功课之间的关联了么？对很多人来说，他们人生牌阵的土星牌作为一个重要指标透露出他们最终要从事的工作。它可以被看作一张职业牌，特别是在占星学中，土星统管着第十宫（十宫：职业、声望、我们能给予世界什么）。显然，土星牌和宇宙功课牌双双在告诉我们同样的事，或者至少是紧密相关的事。每一年我都会把流年宇宙功课牌指向的方面作为我应该投入精力深耕的专业领域，或者我应该怎样完成目前进行的工作。来自宇宙功课牌的课题就像我们从土星牌得到的课题一样。但是，流年宇宙功课牌会影响整整一年，并不像土星牌只是重点影响土星时期，因此它的影响更广泛也更有力量。

纸牌科学全探索

自我转化牌和宇宙月亮牌

在一副牌中每个花色有 13 张牌，而每个季节有 13 个星期，每年有 13 次新月，显然还有类似的，我们的本命牌阵总共有 13 张牌，这 13 张牌包括我们的生命牌和其他的 12 张牌。如果不算生命牌，本命牌阵的第 10 张牌是宇宙功课牌。还有两张牌是什么呢？很多纸牌的使用者对此做过推理，我自己也做了深入的探索。学习这个体系的时候我注意到，我本命牌阵的第 11 张牌 2♣、第 12 张牌 K♣在我的人生中有着举足轻重的地位，首先这是我父亲的生命牌和行星守护牌，他出生于 5 月 30 日。另外，我和很多 K♣人有重要的亲密关系。最后，我有一些与 2♣人相似的品质，但这也可能源于我的月亮牌 A♦，A♦的一张业力牌是 2♦。我在过去的三年中持续研究这些牌。

数字 13 和死亡、转化有关。从纸牌系统来说，由于每个花色有 13 张牌，它也代表着一个循环的完结。每个花色的第 13 张牌都是国王牌 K，他包含着那个花色所有的才智，几乎是这个花色其他牌才智的总和。在塔罗牌中，大阿卡纳主牌的第 13 张是死神牌，牌面中骑在马背上的人是国王的象征。在研究过我自己和很多个案的牌之后，我发现本命牌阵的第 13 张牌是转化之牌。但是这张转化之牌和冥王星牌的转化不一样，冥王星代表我们人生中要做出大规模改变的领域。而转化之牌象征着我们完成一整个生命循环之后会成为的样子，和我们人生的结果牌很相似。它是我们已经完成对自我的转化之后的标志。这是一张需要你特别留意的牌，不管在人生牌阵还是流年牌阵都一样，因为每年的流年牌阵中也有 12 张牌。我称它为"自我转化之牌"（简称 X 牌）。

有一些纸牌研究者提出关于第 11 张牌的理论，称这张才是真正的月亮牌，就是自我转化牌前面的那张牌。这样的话，如果你的生日在太阳巨蟹座，你的行星守护牌会是本命牌阵的第 11 张牌，而不是我提到过的生命牌右边那张牌。一开始我完全错过了这个概念，这是因为我曾非常确信我的选择是正确的，月亮牌就应该位于生命牌或者太阳牌的右边。但是在我研究自己的第 11 张牌 2♣时，我真的看到了关联性。我意识到自己确实有一些 2♣的特质。比如从占星上看，我本命盘的第七宫太阳和月亮成 90 度角。这就给了我强烈的 2♣特质，让我害怕在亲密关系中被抛弃或者长时间孤身一人。我也观察了其他太阳巨蟹的人和他们的第 11 张牌是否匹配，我发现第 11 张牌与他们也是相符的。尽管如此，之前我选择的那张月亮牌（生命牌右边）的关联性仍然存在，我认为从一个人的个性特征来说，这张月亮牌比第 11 张牌的切合度更高。我在自己的本命盘中看到，比起宇宙月亮牌 2♣，从更多方面和更多行星组合显示出我的月亮牌 A♦的特征，即便如此，2♣的特质在我身上也是有所展现的。

我逐渐理解了可能第 11 张牌是自我转化之牌的月亮牌。纸牌携带着很多秘密，这些秘密绝大部分来自于大太阳牌阵中牌与牌之间的相互关联。宇宙范围的牌具有高八度的影响，像宇宙功课牌是土星牌的高八度版，冥王星牌是火星牌的高八度版。用八度来形容并不十分贴切，因为这是基于数字 8 的，其实这个高阶表现是基于数字 5 的。即便如此八度也还是能说明其本质。当我们在钢琴上同时敲击相距一个八度区间的两个琴键，它们拥有共同的基础频率。但较高的那个音和较高频率相吻合。这很像我们谈论的高八度的宇宙功课牌。

由于月亮牌到宇宙月亮牌相距 13 张牌，我发现了月亮牌（生命牌右边）和宇宙月亮牌（第 11 张牌）之间有紧密的关系。这 13 张牌的跨度也是一种八度音阶的形式，因为事实上 13 代表着一个完整的循环。就像自我转化牌象征着生命牌的高八度版，宇宙月亮牌是月亮牌的高八度版。

第 11 张牌——宇宙月亮牌不管在人生牌阵还是流年牌阵，我都能看到它带来的滋养力。而且我注意到，这张牌带来的影响与第 12 张牌有直接的关联，就好像月亮牌和生命牌之间的联系。因此，当你投入研究这两张牌的时候就会看到它们在这本书里以及相应的软件中是如何展现的。

纸牌科学全探索

在解读中怎样应用这个知识

你应当认真学习自我转化牌。你能看出这张牌作为最终的使命之牌展现了怎样的象征意义么？在本命牌阵中，它代表我们人生最终的使命和目的地。在流年牌阵中，它代表我们这一年结束时最终要到达的地方。而宇宙月亮牌始终为这些人生旅程提供支持。

在人生牌阵中，一定要采用长远的眼光来看待自我转化牌。它代表你以自己生命牌的角色经过整个人生历练之后，最终成为的那个样子。你也可以把行星守护牌的自我转化牌作为人生中获得的第二个特质来使用，观察这张牌和他人的关系连结是怎样的，以及这连结对有你产生了什么样的影响。

对于流年牌阵中的自我转化牌，可以把它看作一年终了时你要成为的那个人。也可以认为它是一张目的达成之牌。这张牌不是指找寻你内在的目标或意义，而是经历一年的历练和挑战后，在那一年的最后你具体表现出的能量或者新进成为的样子。宇宙月亮牌将会是一份礼物，它为成为那个"新"的你提供支持和帮助，带来好的影响。在解读宇宙月亮牌时始终要运用这张牌高层次的牌义。解读自我转化牌则要遵循中立的态度，它既不好也不坏，仅仅代表那一年中通过经历这张牌携带的影响而获得的一些特质。

有时候你的自我转化牌和宇宙月亮牌可能是你认识的人的生命牌和行星守护牌。如果是这样的话，不管在流年还是整个人生中，他们对你的转化都可能会起着至关重要的作用，在你的转化议题中扮演着非同寻常的角色。这对你来说是很棒的关系连结。他们的存在会提醒你要寻找的是什么，而且会加速你的转化进程。

举例说明如何使用宇宙月亮牌和自我转化牌

右图列举了我 47 岁时的流年牌阵，这一年我的自我转化牌非常有意思，它具有双重的影响力。为什么这么说呢，因为它也是我的流年环境牌，它在流年牌阵中的位置与我的生命牌坐落在人生牌阵的位置一样。这说明了两点，第一强调了自我转化牌在流年中的影响；第二告诉我自我转化牌在我的人生中是一份意义非凡的祝福。因此，我的流年自我转化牌 5♦指向了我价值观的改进和个人自由的演化。3♥作为流年宇宙月亮牌支持了这些改变。从积极层面来看，3♥代表情绪和感觉的表达，而且它也代表一种艺术的表达（音乐以及其他艺术形式）。3♥这一年还置换了我的行星守护牌A♦。所有的这些影响都表明我注定会加倍投入到我的音乐事业中，音乐是我当时所从事的其中一个职业。我的 A♦在人生牌阵中的木星牌是 3♠，这提示我要为自己创造性的音乐天赋找到恰当的表达方式。因此 3♥仿佛授予我一张创造表达的通行证。

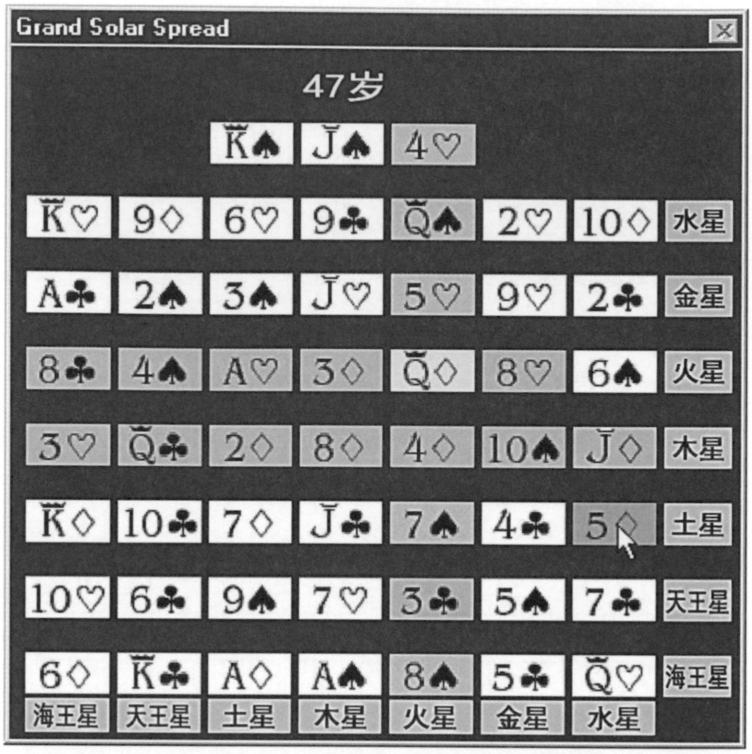

Grand Solar Spread — 47岁

K♠ J♠ 4♥

K♥	9♦	6♥	9♣	Q♠	2♥	10♦	水星
A♣	2♠	3♠	J♥	5♥	9♥	2♣	金星
8♣	4♠	A♥	3♦	Q♥	8♥	6♠	火星
3♥	Q♣	2♦	8♦	4♦	10♠	J♦	木星
K♦	10♣	7♦	J♣	7♠	4♣	5♦	土星
10♥	6♣	9♠	7♥	3♣	5♠	7♣	天王星
6♦	K♣	A♣	A♠	8♠	5♣	Q♥	海王星

海王星　天王星　土星　木星　火星　金星　水星

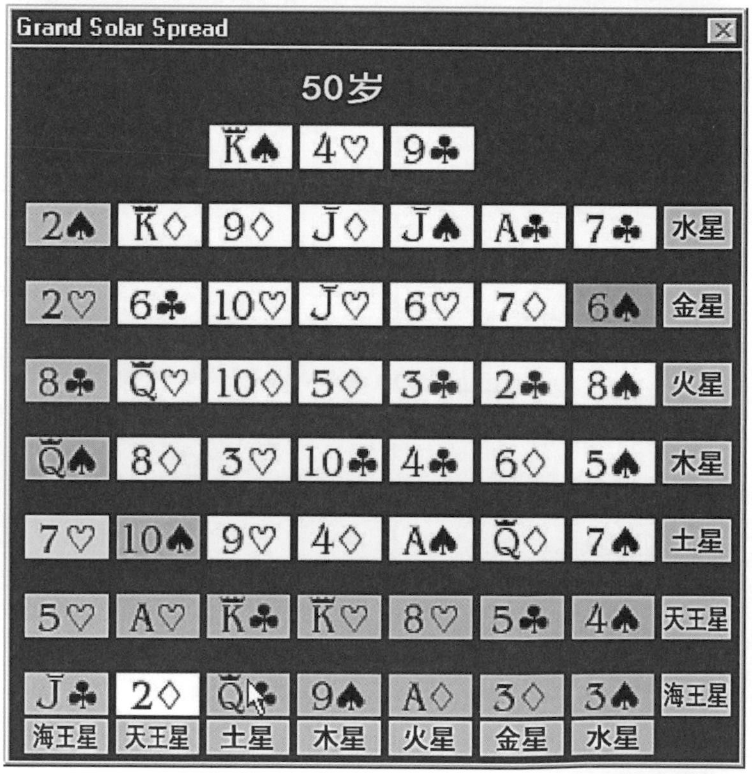

Grand Solar Spread — 50岁

K♠ 4♥ 9♣

2♠	K♦	9♦	J♦	J♠	A♣	7♣	水星
2♥	6♣	10♥	J♥	6♥	7♦	6♠	金星
8♣	Q♦	10♦	5♦	3♣	2♣	8♠	火星
Q♠	8♦	3♥	10♣	4♣	6♦	5♥	木星
7♥	10♠	9♥	4♦	A♠	Q♦	7♠	土星
5♥	A♥	K♣	K♥	8♥	5♣	4♠	天王星
J♣	2♦	Q♦	9♠	A♦	3♦	3♠	海王星

海王星　天王星　土星　木星　火星　金星　水星

我的一位个案是生命牌 7♥，太阳天秤座。在她 50 岁时流年宇宙月亮牌是 9♠，自我转化牌是 Q♣。当我们交谈的时候她表现出对一份新职业的强烈渴望，这份新职业就是做纸牌解读和开办纸牌课程。有趣的是，Q♣在人生牌阵中木星牌是A♠，A♠则代表着整个纸牌系统。这表示 Q♣的人在使用纸牌或以纸牌作为工作手段都是极其有优势的，不管是经济效益层面还是其他方面。更有意思的是，Q♣的人在 50 岁时会置换 6♣（Q♣住进了 6♣的房子）。6♣显然代表找到一个人更高的生命意图。这些牌告诉我，在 50 岁的最后她注定会实现这个目标。宇宙月亮牌 9♠也阐述了同样的意义，而且宇宙月亮牌会让她比较容易放下当前的工作和生活方式。

生命牌 9♥的人在本命牌阵中的宇宙月亮牌是 4♦，自我转化牌是 2♠。这两张牌所涉及的转化会更多地指向宇宙视角（2♠）。2♠可以称为"宝瓶世纪之牌""人类手足情谊之牌"。它代表，当接纳每个单独的个体被允许保留自己的独特性时，就能创造出世界大同、宇宙合一的局面。这就是宝瓶世纪的典型特征。这也在告诉我们，9♥最终会让他从一种从失望的情绪和情感中走出来，转向以更加具有宇宙意识的方式去工作和生活。4♦表示要达到这个结果，实现价值和努力工作都非常有必要，而且这种做法可以提供颇有支持力的影响。

本命牌阵中 13 年周期牌的影响

在我们的本命牌阵中，从水星牌到海王星牌的 7 张行星牌，每一张都代表着人生的一个 13 年周期。当我们出生后，水星牌开始起作用。我们已经知道，本命牌阵的水星牌是我们人生第一年的长期牌，也是第一个 7 年的长期牌（第一个 7 年牌阵的长期牌）。但我们不知道的是，水星牌作为 7 年牌阵行星周期牌的第一张也影响着人生的第一个 13 年周期。我希望这没有让你太迷惑。当我们用本命牌阵中的牌统领整个人生中的一个周期，就好像流年牌阵影响我们整个人生中的某一年。我们一生中大概能活 90 年，用 90 除以 7 约等于 13，也就是说水星到海王星的每一个行星的影响时间大概是 13 年。数字 13 从很多方面来说都非常重要。正如你知道的，每年有 13 个月运周期，每个季节有 13 周，一副牌中每个花色有 13 张牌。还有很重要的一点，我们生命中的 7 个周期每个周期有 13 年。因此，水星周期是从零岁到 12 岁，13 岁就进入了金星周期，26 岁开始火星周期，39 岁开始木星周期，52 岁开始土星周期，以此类推。在我们历经人生的过程中，这些牌对我们非常关键。当我们从一个周期去往下一个周期，你会注意到这时候经常会发生人生中的重大转变。

月亮	太阳	水星	金星	火星	木星	土星	天王星	海王星	冥王星	宇宙回报	宇宙功课	宇宙月亮	自我转化
6♥	4♣	2♦	J♠	8♣	6♦	4♠	10♥	10♦	8♠	A♥	A♦	Q♦	5♥
		J♥	10♠	8♦	8♥	7♠	3♠	10♠		环境	4♣	置换	4♣

4♣的本命牌阵

首先，回顾一下你自己的本命牌阵中 13 年周期牌对你产生了怎样的影响，这会非常有帮助。但想看到每一个 13 年周期的全貌，需要记得每个周期都有两张牌或以上的牌，要把它们组合起来使用。首先，每个周期都会有垂直牌。在上面的例子中列出了 4♣ 的本命牌阵。水星位置的直接牌 2♦ 影响着人生的第一个 13 年，同时水星位置还有一张垂直牌 J♥ 也要加以考虑，垂直牌可以将人生形成的第一个阶段发生故事的全貌补充完整。除此之外，我们也要考虑每个周期的潜在牌。水星周期牌 2♦ 的一张潜在牌是 6♣（2♦ 的第一张业力牌）。这张 6♣ 告诉我们，在人生的第一个 13 年中很有可能没有大的改变发生，这个周期会很平和、稳定。一般情况下我不会把垂直牌的潜在牌作为考虑对象，只考虑垂直牌就够了。这三张牌已经揭示出一个人 13 周期中所经历趋势的大量信息。2♦ 和 J♥ 说明 4♣ 人在水星时期有良好的经济状况，这集中庇护的力量可能在金钱方面。佛罗伦斯·坎贝尔在《古老的神秘符号》一书中写道"金钱对人生的早期至关重要，因为它象征着通往自由的康庄大道。当他们还很年轻的时候就开始学习交易。"她没有过多讨论 J♥ 的影响，但很可能相当一部分 4♣ 人在人生的早年阶段不得不在金钱方面为自己的弟弟妹妹或其他亲戚做出一定的牺牲。当她谈到"如果环境需要，他们会很爽快地改变主意，而且通常能保持很好的心理平衡。但是即便他们非常确认自己所知，也无法表明自己真正的立场"，这些所指的应该是 6♣ 的影响。如果你足够了解 6♣ 这张牌，就会知道上面提到的两点都和 6♣ 的个性特征紧密相关，那就是"对整个世界负有责任"和"具有数字 6 不屈不挠的本质"。

13 年水星周期牌的重要性

我们必须理解水星周期牌对人生起着多么重要的作用。科学家曾证实过，一个人几乎全部的个性特征都在 7 岁或 8 岁形成。如果这样的话，水星牌应该是本命牌阵中最重要的一张牌了，因为它们影响着人生中最早也是最重要的阶段。占星师们也认可我们星盘中水星和月亮的重要性，月亮和童年有着紧密的联系。月亮牌和水星牌是人们个性形成阶段最早出现的两张牌。当你为别人做个案解读时把这一点考虑进去会非常有帮助。

从一个 13 年到下一个 13 年周期的转变

有一些人的本命牌阵中有两张牌是同一个数字。用生命牌 K♣ 的人来举例，K♣ 的天王星牌是 6♣，海王星牌是 6♠。从他人生的天王星周期转换到海王星周期可能不会有很大的变化。在我自己的本命牌阵中金星牌是 3♣，火星牌是 3♠。我人生的金星周期和火星周期看起来没有太大的不同，因为我做了很多不同种类的创造性工作，那两个周期充满了变化和不确定性。但当我从火星周期过渡到木星周期就发生了显著的转变。我的木星牌是半固定牌之一

9♥。由于 9♥ 的本质非常固定，在木星周期的 13 年我经历了从未有过的安定人生。在两个 3 主宰的金星和火星周期的 26 年之后，这样的变化让我感到无比地欣慰和喜悦。大概在 39 岁我找到了自己的工作使命和方向。我带着使命感和责任感进入纸牌科学的领域工作。

据此，你会注意到个案和你自己的 13 年周期转换。意识到这一点对你的个案来说很重要。对大部分人来讲，从一个 13 年周期转换到下一个都会带来一种全新的生活，就像新的篇章在你眼前铺展开来。

13 年周期牌的潜在牌的重要影响　7 年周期和 13 年周期的联合影响

我想分享给你一些我个人的经验，是关于统治 7 年周期和 13 年周期的本命牌阵直接牌（直接水星牌、金星牌、火星牌等）的潜在牌的重要性。另外还有如何结合这两个同时影响我们的周期来解读牌义。

月亮	太阳	水星	金星	火星	木星	土星	天王星	海王星	冥王星	宇宙回报	宇宙功课	宇宙月亮	自我转化
A♦	Q♦	5♥	3♣	3♠	9♥	7♣	5♦	Q♠	J♣	9♦	7♠	2♣	K♣
		6♦	K♥	7♥	3♥	4♥	Q♠			环境	Q♦	置换	Q♦

Q♦本命牌阵的牌

月亮	太阳	水星	金星	火星	木星	土星	天王星	海王星	冥王星	宇宙回报	宇宙功课	宇宙月亮	自我转化
2♦	3♦	4♦	5♦	6♦	7♦	8♦	9♦	10♦	J♦	Q♦	K♦	A♠	2♠
		9♣	2♣	8♥	A♥	4♠	10♦			环境	6♥	置换	Q♦

Q♦本命牌阵的牌在灵性牌阵中对应的潜在牌

在上面列出的线性牌阵中你会看到，上面的牌阵是我的本命牌阵，下面的是对应灵性牌阵的潜在牌。注意观察每个牌阵中从水星到海王星的的直接牌。我人生中的第一个 7 年，从另一方面讲也是第一个 13 年被水星牌 5♥ 所统治，5♥ 在灵性牌阵的潜在牌是 4♦。可以告诉你在我人生的第一个 13 年中至少搬过 8 次家（5♥），第一个 7 年中我的家境还是相当优渥的。但到了我 7、8 岁的时候情况发生了转变，以 7 年周期记，我来到了 3♣ 时期，3♣ 的潜在牌是 5♦。我从 7 岁左右开始，我的家庭开始经历真正的财务困难和长久的动荡。我们再来看以 13 年周期记我仍然处于 5♥ 和 4♦ 的影响之下，但它们不足以保护我免受 3♣ 和 5♦ 带来的困难影响，3♣ 和 5♦ 在大太阳牌阵中双双位于土星行。我的生命牌 Q♦ 本命牌阵大部分的牌都位于土星行，这代表我一生中遇到的困难和逆境是业力所致。

我的 13 年金星周期被 3♣ 和 5♦ 主宰的时候，我成为了一名专业的音乐人和销售员。而且我做得非常出色，甚至让我自己感到惊讶。尽管我取得了不错的成绩，我的生活中却弥漫着匮乏感。在我 14 岁时进入了 3♠ 和 6♦ 所统治的 7 年火星周期，3♣ 和 5♦ 主宰的 13 年金星周期比 7 年火星周期早了一年。我家庭的财务状况非常拮据和紧张，直到我开始自力更生这种情况才得到缓解。到了 18 岁，我已经拥有了自己的布料生意，赚的钱是我的朋友当中最多的，与此同时我还在一个摇滚乐队里演奏。

到了 21 岁我进入 7 年木星周期，统治这个时期的牌是 9♥ 和它的潜在牌 7♦。我仍然处于 3♣ 和 5♦ 统御的 13 年金星周期中，但这一年我对物质生活有所醒悟并且开始找寻真正的自我和人生意义。这一年我处于鼎盛之年（置换 8♦），在一个非常成功的摇滚乐队中工作，但我并不开心。两年后我放下了这一切（9♥），到一个瑜伽静修所里践行一种灵性的生活方式。

正如我前面提到的，我离开瑜伽静修所的 6 年后正值 39 岁，这一年我找到了人生的使命。为了便于开展纸牌和神秘学领域的工作，我抛下了自己的创意企业。这个时候我也真正发现了关于财富的神秘科学，我把这些写进了《财富大书》（The Big Money Book）里。这是典型的 7♦ 体验。而且当我真正领悟了金钱的灵性层面，我的人生就迎来了很多成功的祝福。我现在是 47 岁（2001 年），预计我到了人生的 13 年土星周期会更加成功，因为那个时期的潜在牌是 8♦。

大太阳牌阵中的吉利周期和位置

我们人生的某些时候发生的事可能比任何其他时候都要重要。我记得我驾机坠毁的那天几乎丧命，还损失了 2 万 3 千美元。那天晚上我回到家看了一下当天的牌，是个 9♠。我又查看了那个周期的直接牌和潜在牌，我处于海王星时期，海王星牌是 6♠，它在灵性牌阵的潜在牌又是一张 9♠。如果我提前仔细研究过这些牌那天我就会更加小心，也许能够避免那一次重大的死亡经历。另外的一次，我看到 6 个月后我的木星时期会被 8♦ 所统治。由于知道 8♦ 即将到来，我充分利用这张牌的趋势，大量增加了提供给客户的商品和服务。而且我也知道那一年的置换牌是 K♦，土星牌是 8♣。这样的话我就了解了在处理问题时不会遇到什么困难（土星 8♣），于是我大刀阔斧地推进和扩张我的生意版图。当木星时期到来，在那一个月内我赚到的钱比之前的一整年还要多。

有一些牌的组合、它们的位置以及影响会比大多数牌更强烈。上面的两个例子我们只做了浅显的研究。当我经历过我发现的那些趋势，我想也教给你为什么它们这么重要，这样你就可以自己去发现它们。对我来说这是整个纸牌系统最让人兴奋的地方，因为我们正在见证命运的自我揭示。

最强大的花色——黑桃♠

在黑桃花色的牌主宰的周期中发生的事情，比在任何其他花色主宰具有更加意义深远的影响。你会经验到，同样一个数字，如果是黑桃花色就比其他花色更加紧张和有压力。那么现在我们就花些时间就去寻找生命中可能有重大事件发生的黑桃牌。5♠是最能代表搬家、换工作、改变生活方式的牌。3♠是最能表示工作或健康状况不确定的牌。所有数字 4 的牌，其意义都和安全感的构建、安顿下来有关，4♠总是会代表买房子和成家立室。9♠就像我上面举的例子，一定与抛弃你的部分生活方式有关。我发生那次坠机事故后就不再驾驶飞机了。我生命中相当大一部分在事故当天"死亡"了，我花了数月才算完全抚平这次伤痛。6♠是最强大的业力偿还牌。三张主要的"死亡之牌"都是黑桃牌，它们分别是土星位置的 A♠、6♠、9♠。7♠会带来重大的健康问题。就算是 8♠，如果正好和对应的牌组合起来，也能代表暴力性死亡或车祸。我个人的观点是，我们应该持续关注流年牌阵和其他牌阵中黑桃牌所在的位置，而观察这些牌在流年牌阵或 7 年牌阵中的潜在牌尤其重要。我在事故发生之前确实没有留意到那一年我的海王星时期 6♠的潜在牌是 9♠。我相信如果我看到了这个显示，可能会做出不一样的选择。

代表结束的 9

数字 9 的牌不管出现哪里都会有困难的情况需要去处理，作为人类的我们是一种具有惯性的生物，我们习惯于保持事物原样不变。因此对大多数人来说，9 会带来坏事的降临。但一个有灵性觉知的人会把 9 的出现变成好事，大部分以物质为人生主要追求的人则无法做到这一点，对他们来说 9 意味着灾难。所以看到 9 的时候要当心，特别是当 9 处于挑战性的位置时。

代表业力、命运和使命的 6

我们要格外留意流年牌阵或 7 年牌阵中出现数字 6 的牌，因为 6 是业力、使命和命运的象征。当我处在 6 的能量影响中会发生很多命定之事。我们可能认为这些事是好事，也可能是认为它们是坏事，这通常取决于 6 所处的位置。正如你所知的，业力有好的也有不好的。当 6 出现在土星、火星或冥王星位置时通常是不好的业力导致，当 6 出现在金星、木星或环境牌的位置一般都是好的业力所致。数字 6 和土星有着非常紧密的联系，它们代表着同样的事。因此土星位置上如果出现 6 的牌就要警惕了，这代表着双倍甚至是三倍的业力影响。

最具挑战的位置

纸牌中最有挑战性的位置是土星、冥王星和置换牌位置。我把它们称为挑战是因为，除了现实层面的挑战，它们还是最强悍的灵性位置，是最能在灵性层面对我们有所帮助的。即便对颇具灵性意识的人来说，这种功课和历练看起来也是具有压倒性气势的。一个出色的纸牌解读师很清楚这一点，他会帮助他的个案为即将到来的挑战做好准备。强调这些挑战会带来哪些灵性礼物很重要。火星经常被称作"小凶星"，土星则是"大凶星"。在火星时期特定的牌也会让我们体验极端挑战的事件，这远比同样的牌在其他位置时更加挑战。

土星是业力之王。土星时期的经历通常是由我们过去的行为直接导致的。有时候我们能把当下发生的和过去的行为联系起来。但有些时候看不出土星时期的经历来自哪里。在这种情况下，你理当想到这是在偿还来自于过去生世的业力。即便是土星时期最好的影响仍然需要我们加倍努力地工作，在这个时期我们可能染上流感或其他疾病。土星牌不仅和健康困境相关，也代表着我们生活中的限制、必须偿还的旧账，通常也表示仍有其他艰难的课题要学习。

冥王星是"死亡"行星，就像死亡牌 A♠一样。我真正想表达的意思其实是转化，是指一个人的部分自我或生活方式经历了"死亡"后蜕变重生的过程。在当前年份中，任何冥王星位置的牌都可以被看成我们要集中经历"死亡"的领域。但也有一些特殊的年份，比如我们的鼎盛之年，冥王星的影响会更加剧烈，意义也更加重大，我们必须要密切关注，谨慎度过。罗恩·戈德曼（Ron Goldman）和妮可·辛普森（Nicole Simpson）被谋杀的那一年是鼎盛之年，我很想知道如果他们清楚这一点会不会有不同的做法。想想你的冥王星位置是 A♠、6♠、9♠的年份过得如何，我相信你大概就会了解了。

置换牌虽然不是一年中最困难的位置，但它的消极表现确实要多于积极表现。尽管如此也会有一些非常好的置换牌，比如 10♦。但从一般意义上讲置换牌都被当成一种负担，我们不得不在它指向的领域付出和努力。如果置换牌的位置上又是一张颇具挑战性的牌，那么这张牌本身的挑战性就会被加强。

列举具有挑战性的牌和位置

下面列举一些需要我们特别留意的牌，它们让人胆战心惊，还有可能引起毁灭性事件。

1、土星位置的 A♠、6♠、7♠、9♠

2、置换牌、冥王星牌的 A♠、6♠、7♠、9♠

3、任意时期的潜在牌是 A♠或 9♠（就像我海王星时期 6♠的潜在牌是 9♠）

4、置换牌是 4♥的年份（因为土星时期的潜在牌是 6♠和 9♠）

5、置换牌是 7♥的年份（因为土星时期的潜在牌是 9♠和 K♥，K♥并不可怕，可怕的是 9♠）

6、土星时期的直接牌、垂直牌或潜在牌是数字 7 或 9 的牌

7、土星时期的数字 6，特别是 6♠（因为 6 是代表业力的数字，土星时期的 6 带有双重业力影响）

偶数牌通常代表好运气

2、4、6、8、10 这些数字的牌经常会带来很多的好运。即使不能说是稳操胜券，4、8、10 这几个数字仍然最能代表世俗层面所取得的成功。相对而言，奇数牌却总是带来不确定性和改变。偶数牌一般出现在安宁祥和的时期并且会带来物质上的丰盛和成就。当我写这本书的时候，我木星时期的牌是 8♣和 8♠，这两张牌中的任何一张对书写和写作都是强大的保障。你应该已经看到，我的确充分地利用了它们的影响。

木星位置是绝对的好位置

木星为我们的人生带来祝福，它是一颗极其有益的行星而且几乎总是把礼物带给我们。即使是处在木星位置的数字 9，带来的也会是伴随着祝福的结束。如果木星时期有非常好的金钱牌，也会在财富上赐予你好运气。如果木星位置有强大的方片牌就会迎来财务上的巨大成功，10♦是所有方片牌中最有利于这种成功的。木星位置的 7♦经证实也是一张很好的金钱牌，这是一张结合了木星祝福的幸运之 7。

置换人生牌阵木星行或木星列的牌时，也会获得非常多的好运和祝福。因此从某种意义上说，当你的生命牌置换 8♦、10♠、4♣、10♦、3♠、7♠或 8♥的年份可以期待会带来好运。这些牌都位于人生牌阵的木星列。同样的好运也会降临在你置换位于木星行的牌的年份

里，木星行的牌包括 6♦、4♠、10♥、10♦、8♠、A♥和 A♦。尽管如此，当你的生命牌置换 8♠或 3♠时，要记住你会受到来自人生牌阵的土星行或土星列的影响。土星会带来大量艰辛的工作，而这些都是获得成功的必要条件。你也许已经注意到，10♦坐落在木星行/木星列。这就解答了为什么当我们置换 10♦的时候称为"最受祝福之年"。不管置换木星行还是木星列的牌都会使我们的一些愿望得到满足，而待在 10♦原来的位置上（置换 10♦）会让我们在那个人生阶段的愿望得到最大的满足。关于这一点有很多的例子，你只需要看看自己和问问其他人在那一年发生了什么就清楚了。可能有些人无法立刻回忆起来，但仔细查看就会发现那一年发生过最让他们珍视和向往的事件，而这件事以一种了不起的方式给了他们帮助。

皇冠行意味着获得名望和被认可

很遗憾皇冠行只有两个开放的位置，那就是人生牌阵中 10♣和 8♦的位置。还记得 K♠的位置上永远不可能有其他牌么，因为它是三张固定牌的其中一张。当你置换 10♣或 8♦时，可以保证你的工作事业一定有机会提升或进阶。皇冠行非常类似于占星中出生星盘的天顶宫位——第十宫，这个宫位被土星守护。光是这一点就能看出皇冠行会位于其他牌的上方位置。置换 10♣的 3 年之后，必然置换 8♦。所以当我们的生命牌来到 10♣原来的位置（置换 10♣），我们就搭乘了"上升到鼎盛之年"的电梯。置换 8♦这一年从各个角度看都是我们人生中最重要的年份之一。8♦位于整个大太阳牌阵最上面一行正中央的位置，这已经是我们能够达到的最高位置了。《生命之书》在第 51 页讲到了"鼎盛之年"以及"上升到鼎盛之年"。关于鼎盛之年我想增加这个内容，不管我们的冥王星牌是什么，都要把 A♠作为它的潜在牌之一。想象一下，整副牌中最具冥王星特质的牌——A♠，坐落在冥王星的位置上。生命牌和行星守护牌牌是 8♦的人都会遇到"鼎盛之年"A♠落在冥王星位置上的情况，我们其他人一生中只会遇到 1～2 次这样的机会，而且只是作为潜在影响出现。但是不要低估 A♠这张牌所具备的冥王星影响，我坚信这种影响才是构成"鼎盛之年"真正的原因，"鼎盛之年"是我们人生中发生巨大变化的一年。

置换牌位于皇冠行的情况并不经常发生。但我们的人生牌阵会"搬进"皇冠行，当然 3 张固定牌和 4 张半固定牌是例外的。任何时候当我们置换人生牌阵海王星行的牌（4♥、4♦、2♠、8♥、6♣、6♠、Q♥），甚至置换 K♣和 J♦时，我们的一些行星周期牌就会落在皇冠行，请看下面的例子。

这个例子是生命牌 8♠ 的人在 48 岁的牌阵。你可能已经发现，8♠ 在 48 岁置换 6♠，现在注意看这一年的牌阵中 8♠ 的直接金星牌、火星牌和木星牌都落在了皇冠行。这对于一个正在考虑职业发展或寻求名望和认可的 8♠ 人来说是非常宝贵的一年。不仅是因为金火木三个时期的牌都位于皇冠行，而且这些时期的牌相当惊人，金星时期 10♠/4♠，火星时期 10♣/10♦，木星时期 K♠/4♥，这是多美妙的组合！

当置换牌位于海王星行就会发生同样的事，其次还可以延伸到置换 K♣ 和 J♦，这时候就只有冥王星牌和结果牌在皇冠行，但这仍然是获得认可的吉兆。最吉利的还是置换 8♥、6♣ 和 6♠。8♥ 是我个人最喜欢的牌之一，不光是因为这样会有 3 个行星时期的牌坐落在皇冠行，还有关键的一点是我们的生命牌会置于木星列，在这里我们的愿望将得到满足，这是一个超强的好运组合。

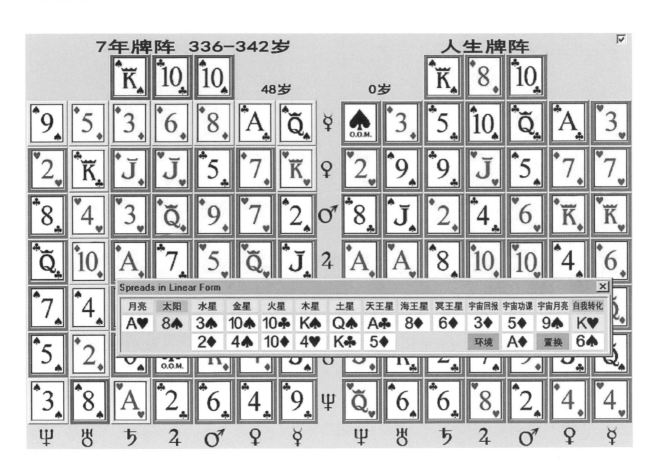

祝福之牌——10◆

　　不管 10◆ 处在我们牌阵中的哪一个位置都能带来愿望的满足。它不一定是以金钱的形式展现，从某个角度我们把它理解成"梦想成真"更准确。我记得有一年我的长期牌是 10◆，我没有期待能赚很多钱而事实上也没有。不管怎么说那一年我的财务状况都还不错，只是没有非常可观。但在那一年内我很多珍藏已久的梦想都实现了。我买了一架飞机并且学习了如何驾驶，还买了一辆摩托车。在物质层面是愿望得到极大满足的一年，并且我非常享受其中。很有趣的一点是，我们当中有很多人不允许自己的愿望真正实现。就我自己来说，过去我常常看不惯那些奢华浮夸的物质消费，也决不允许自己购买这样的奢侈品。10◆教会我拥有"物品"是件美好的事，就如同在我们的生命中拥有爱和其他无形的祝福一样美好。10◆在我们一生中会多次出现，出现在木星位置是最好的，当然出现在除土星之外的其他位置也会带来愿望的满足，即便是在土星位置也可以被看作有利的影响。另外 10◆ 在直接牌的位置远比在垂直牌的位置力量更强大。

最好的金钱牌

　　从本质上讲，木星位置的 10◆ 就是最好的一张金钱牌。尽管我对金钱的态度非常务实而且从不冒险或下赌注，我还是建议我的个案们在 10◆ 作为木星时期的直接牌时去抽奖。我曾一度对一些大乐透中奖者的生日做过调查，发现很多他们中奖的年份共同点就是 10◆ 在木星时期。注意这一点，这在很多生意中也非常有效。做生意的人如果看到这种趋势即将到来要提前计划如何充分利用它。尽可能拓展你的业务规模，允许更多地财富涌向你。木星时期的8◆几乎可以说是像 10◆ 一样好的金钱牌。在某些位置上的 8◆ 甚至更好，这取决于一个人处在人生的什么阶段。除了代表金钱上的成功，这两张牌在其他位置上也能发挥出色的作用，比如在火星位置和金星位置都会提供好的影响。

　　生命牌 Q◆ 的人从 39 岁开始会开启一连串非比寻常的好运气。他们进入了人生的 13 年木星周期，这个周期始于 39 岁。在这一年还会置换 8♥——我们早些时候描述过的吉利位置。这是个愿望满足年，这一年他们会有 3 个行星时期的牌位于皇冠行。下一年 40 岁时他们会再一次进入木星列的位置——因为置换了 7♠，而且 40 岁时的木星牌是 8◆。到了 41 岁他们的置换牌是 K◆，木星牌是 10◆。

　　再来看 7◆ 这张牌，这是一张有魔力的金钱牌。实际上这张牌比任何一张牌都更有利于财富上的成就，但这是有前提条件的。首先，你必须认识到它是一张灵性金钱牌。它不仅是给

纸牌科学全探索

82

人们以利益和好处。它通常会在奖励我们之前先考验我们——一个关于放下执着的考验。这是个很有趣的规则，为了拥有一些东西，我们反倒需要先放下它们。我们越是害怕无法拥有什么，越是很难获得什么。7◆集中体现了我们很多人必须要穿越的灵性挣扎和考验。有一年我的长期牌是 7◆（Q◆37 岁），从财务状况来看我跌入了低谷，土星时期的牌是 8◆和 8♣，在那个时期我破产了。但这种贫困潦倒的状况促使我深入探究自己与金钱之间的关系。在这个过程中，我实现了金钱上的灵性突破（在《财富大书》里详细讲过这件事）。当我经历了重生，金钱从四面八方蜂拥而至，而这张 7◆就变成了一张财富牌。

　　7◆会为那些尚未掌握好内在与丰盛之间关系的人带来金钱的问题。但如果你已经成为了这个关系的主导，情况就会完全相反。这张牌会为你带来超乎你想象的金钱。去年我的直接火星牌是 7◆（置换牌是 3◆），当接近火星时期的时候我很担心可能会有不好的事发生，毕竟火星是"凶星"中的一颗。但真实情况和我所担心的刚好相反。那一个月我赚到的钱远远多于以往，甚至比 8◆和 10◆主导的木星时期还要多。想必你已经知道，生命牌 5♣的人在人生中通常不用太过努力就能得到不少钱。这是因为他们本命牌阵的木星牌是 7◆。只有来自过去生世好的金钱业力才能促使这样的情况出现。我衷心希望所有 5♣的人感恩你们拥有这么好的礼物。最最主要的是，只有那些金钱上没有习惯性担忧和恐惧的人才可以把 7◆作为好的金钱影响。只要 7◆落在对的位置上，并且有人能正确地运用它，就能带来最棒的结果。

准重生之年，重生之年，重生之后（44～46 岁）

　　在推导牌阵的过程中会出现不寻常的结果。在第 90 个牌阵（89 岁牌阵）中，所有的牌都回到了它们最初的位置上。因此，89 岁牌阵与灵性牌阵实际上是完全相同的。但是这种位置上的回归也会发生在 45 年之后的流年牌阵。除了一点上的不同，45 岁牌阵和大太阳牌阵（零岁牌阵）几乎是一样的。这一点差别当然就是半固定牌，每对半固定牌在 45 岁时会两两交换位置。在《生命之书》中查阅你的流年牌阵，比较一下你的 1 岁牌阵和 46 岁牌阵，除了长期牌和半固定牌不同，牌阵的其他地方都是一样的。请花一些时间比较你任意年份的流年牌阵和那个年份在 45 年之后的牌阵，相隔 45 年的两个牌阵会证实这种动态的一致性。

　　正如你所看到的，你的 44 岁牌阵和灵性牌阵几乎一样，45 岁牌阵和你出生第一年的牌阵（零岁牌阵）几乎一样，46 岁牌阵和 1 岁牌阵也是如此。尽管流年牌阵的半固定牌双双变换了位置，这一对牌本质上的意义仍然是相同的。比如说，我的流年牌阵中有一张 7◆，它的意义与 9♥代表的意义是一样的，这是因为这两张牌有着非常紧密的联系。同样的情况也适用于A♣和 2♥。

让我们来看一下 44 岁、45 岁的时候发生了什么，这是我们重生的过程。这两个年份有着举足轻重的意义。我称之为"重生"是因为我们出生第一年的人生牌阵就像我们的出生星盘一样，已经为我们的余生做好初始设置，也可以看作是我们的业力蓝图。它揭示出我们的偏好、天赋、特殊能力、弱点、此生有义务去完成的业力功课等。在婴幼儿时期，我们完全处于业力的支配之下，对此无能为力。在周围的环境中我们是最弱小的人，必须依靠他人才能获得物质层面所需的保障。发生在早年间的事完全超出我们个人可以掌控的能力范围，一般都会在我们出生之前两个生世之间就已经做出了选择。随着个体的形成我们踏进了自己的业力模式。事实上，零岁牌阵也影响着代表我们人生的第一个 7 年的 7 年牌阵。所以从整个人生来看它是最强大的一个牌阵，因为这 7 年对我们的个性和人格特质的形成起着最关键的作用。我们度过的第一个 45 年人生岁月是由发生在人生第一个 7 年的事件决定的。

如何解读灵性牌阵中的牌

44 岁时，我们的流年牌阵与灵性牌阵几乎完全相同，这时我们开启了最不寻常的人生周期。如果说灵性牌阵还能被称作什么，可能就是"准出生牌阵"了。当我查看灵性牌阵的牌时，我看到了来自过去生世的影响显现在这一生转世后的个体上。以生命牌 Q♣ 的人来举例，Q♣ 在灵性牌阵的直接木星牌是 3♦，木星位置的 3♦ 代表了过去世的好业力，这给予了 Q♣ 人创造财富的天分。他们总是有很多好点子，还可以兼做两份工作并且享受其中。我可以找出任意一张牌在灵性牌阵的行星牌，指出各种过去世的业力特征在此生是如何展现的。

很多时候这些影响会隐藏起来，但是却会在幕后发挥作用，成为我们在今生所做选择真正的影响因素。此刻你可能想查看自己灵性牌阵中的牌，看看这些这些影响和你之间有怎样的联系。下面我们来看生命牌 6♣ 人的灵性牌阵。

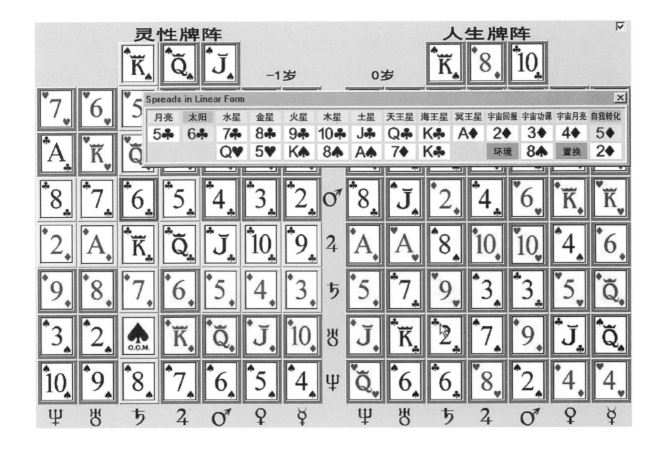

　　当我们 44 岁时又一次来到了灵性牌阵。这是我们绝无仅有的机会去体验过去世的影响在我们整个生命中的展现。44 岁也是火星年，一个让我们行动起来的年份。但这一年最重要的主题是审视我们自身源于过去生世的那个部分，关于 44 岁的另一个重点是为我们接下来的重生之年做好充分的准备。要注意，在 44 岁牌阵你置换了自己的第二张业力牌。这说明了一个有趣的现象。这一年你必须为这张牌所代表的领域付出，而你的人生中通常是从这张牌获得祝福。从一个角度去解释这种情况，那就是你真的应该花一些时间去感恩在你的人生中第二张业力牌给予你的祝福。

重生之年——45 岁

现在我们来看 45 岁牌阵，我们拥有了和出生时一样的牌。我们的环境牌、置换牌和我们的生命牌是完全相同的，这说明这一年我们没有真正的环境牌和置换牌。从很多方面来说这都是极为重要的一年。首先这是一个木星年，木星年就像其他行星年一样每 7 年出现一次。木星年是代表好运气的最佳年份。在 45 岁时我们会有一些重要的愿望被满足。这些实现的愿望常常是我们暗自渴望已久的，或者是出于某种原因我们认为自己不配拥有的。现在，它们奇迹般出现在我们的生命中。实现这些愿望的过程中也经常会创造出一些挑战，这仅仅是因为我们不敢期待这样的好事真的会发生。我们可能已经放弃了这些渴望。如果这样的事发生在你自己或者你的个案身上，一定记得提醒他们这是一个祝福。

另外，在重生之年我们拥有了和出生那年流年牌阵同样的牌，这些牌除了统治我们人生的第一年也统治着第一个 7 年周期。这给了我们绝妙的机会去重塑伴随出生带来的业力模式。在 45 岁时，我们大部分的负面业力都会被偿还和平衡了。到这一时点我们开始展现出迄今为止所能取得的全部智慧。这一年我们做出的选择为人生的下一个 45 年做好了准备和铺垫。总而言之，45 岁是我们重获新生的一年，倍受祝福的一年。

重生之后——46 岁

到 46 岁之前我们已经重生了，但是这个始于 44 岁的重生周期还没有结束。46 岁要关注的重点是环境牌和置换牌。它们分别和我们的第一张业力牌、第二张业力牌相同（环境牌——第二张业力牌，置换牌——第一张业力牌）。记住，我们从第二张业力牌收获好东西，把好东西给予第一张业力牌。如果你仔细观察一会儿就会发现这是一种非常迷人的环境设定。这对我们的业力牌以及它们的影响来说是双倍效用。在这一年流年置换牌与第一张业力牌，环境牌与第二张业力牌在能量付出和收获的运作方式上完全一致，而且只有这一年会发生这样的情况。从另一个方面看，我们的第一、第二张业力牌的双重影响让这一年像是重生之年。

在这一年我们要去思考怎样完成好业力牌所代表的人生课题。特别是第一张业力牌，它在我们的整个人生中多少都算是挑战。46 岁时我们就获得了审视的机会，看看关于这个挑战我们已经解决了多少。

纸牌科学全探索

自我省察的人生周期

这三个强大年份的组合给了我们不可思议的自我照见。44 岁时我们探索来自过去世的影响，以及这个影响在那年如何成为我们精神上的一个组成部分，与此同时，我们从第一张业力牌接收好的东西，向第二张业力牌给出好的东西。然后我们来到 45 岁重生之年，这是个木星年，这一年我们获得了重新阐释我们本命牌阵中各个牌的机会，而且一些重要的愿望会得到实现。这些愿望向我们展示了可能已经被我们遗忘的那部分自我。最终我们到了 46 岁，这一年出现了有趣的模式：我们的置换牌与第一张业力牌相同，而环境牌与第二张业力牌相同。这三年下来，我们获得了更加深刻和意义深远的自我省察。当这三年结束，我们能够做出新的选择，为人生的下半场重新设定全新的模式。

关键之年

关键之年在每个人 52 岁时到来，在本书中它代表着在这一年对神奇的内在模式进行探索。这一年是我们一生中仅有的 7 年牌阵和流年牌阵吻合的年份（半固定牌除外）。而且这是个木星年。这两点信息想来已经透露一些东西给你了。你是否想起关于数字 52 的其他内容？一副牌有 52 张，一年有 52 个星期等等，这些应该给了你关于这个特殊年份的一点线索。研究表明，很多人到了 52 岁或者在 52 岁这一年内去世。尽管是在木星年，一个理应饱受祝福的年份，但这的确是事实。始于 52 岁的 7 年牌阵来自于 7 岁牌阵。数字 52 某种形式上说也是数字 7（5+2=7），7 这个数字的影响在这个特殊的年份非常突出。7 是灵性数字的第一个，如果你选择任何一个花色，把这个花色的 13 张牌从左到右依次排开，你会发现 7 处在最中间的位置，就像下面图中列举的方片花色一样，7♦在所有牌的正中间，就好像它一脚踏在世俗，一脚跨入灵性。事实上它确实如此。7 就像架在物质世界和灵性世界之间的一座桥梁，它可以同时住在两个界域。

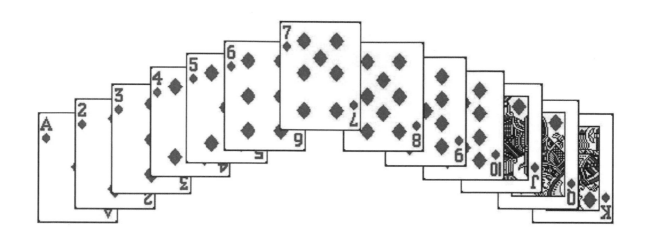

有魔力的数字 7

正是这个通往灵性的入口给了数字 7 的人一种神奇的特质。不仅生命牌是数字 7 的人，行星守护牌或者本命牌阵中的行星牌是 7 的人根据花色或所在的位置也会有某种神奇的天分。每个人在 52 岁时都会有一个强大的 7 和木星影响，这赋予我们获得更美好、更幸福、更有灵性觉察的生活的魔力。

7 是关于信念的数字。它给了我们从灵性层面寻找答案和解决办法的通道。尽管如此，在我们生活的物质世界里 7 代表着挑战。如果一个人完全沉浸在物质世界中，只在乎物质的获取和占有，7 就会在他的生活中制造麻烦。但是 7 也拥有一种魔力，可以为我们带来巨大的丰盛和成功。7 的存在是要告诉我们，我们并不真正知道自己想要的是什么。事实上我们想要什么都是可以的，只是不要像我们非常贫穷和匮乏那样去极度渴望什么。举例来说，7♦也叫做"百万富翁"牌。我曾经亲身体验过它带来的经济收益甚至超过 10♦所带来的，尽管 10♦通常被认为是最好的金钱牌。这就是灵性的力量远超过世俗或物质世界力量的真实例证。灵性的力量可以不费吹灰之力改变我们的外部世界，比起使用我们装满世俗知识的头脑，灵性力量显得更为智能。这就是为什么说 7 的人拥有魔力。但是要记住，只有当他们放下执念，追寻更高阶、更灵性的生活时，这魔力才能奏效。

因此在 52 岁时我们会处于一种不可思议的 7 的影响中，同时还融合了强烈的木星影响。没有什么比 7 和木星的结合更好了，这种情况几乎可以说必胜无疑。我们务必要记得，神给了我们自由选择的全部力量，即便是在如此受祝福的年份，我们还是可以选择忽视到手的礼物。我的研究让我得出了这样的结论，52 岁是人生的关键之年，在这一年我们构建出余生灵性层面的框架。如果我们能开启灵性意识、接纳灵性的馈赠，余生中我们将会被这种影响所祝福。

但从另一方面来说，在面对这样的祝福时，如果我们仍然选择把恐惧当作生活的指导准则，那简直就是宣判自己要过一种充满限制性、辛苦乏味并且伴随着恐惧感的生活。这正是我称它为"生存还是死亡"之年的原因。

52 岁的关键牌之一是环境牌。我发现如果我们想获得真正的自由，这一年的环境牌通常代表着我们要去敞开和接纳的部分。如果你花一些时间查看自己的 52 岁环境牌，是否看到这张牌与你贯穿终身的人生意义有关联。你可以看看这张牌如何象征着你一生中关乎幸福的议题。你也可以了解，拓展人生的自由感和成就感需要完成的课题有哪些，以便让自己充满生机和活力。这张牌更像是你一生的挑战牌。

52 岁时另一张需要注意的牌是木星牌。你可能已经看到，你 52 岁的长期牌和木星牌是同一张。只有当你 52 岁的直接木星牌是半固定牌中的一张时，长期牌和木星牌会不一样，这实际上意味着长期牌和木星牌几乎是相同的。但如果想了解这张牌的重要性，首先要认识到在 52 岁你处于 7 年周期中的木星周期（木星年），而此时你还处于木星年的木星时期。这对任何人来说都算是人生中最幸运的 52 天。由于这种重要性，木星牌本身也成为我们人生中好运气的标志。

关于"关键之年"另一个很重要的部分是，这一年我们开始了人生的 13 年土星周期。土星周期的启动预示着挑战与机遇并存。我相信在灵魂层面我们十分清楚，当我们接近 52 岁时土星就会对我们施加影响。土星会通过让我们获得承认和认可来奖励我们，也会通过各种至今没有过任何发病迹象的健康问题带我们触碰死亡。据说我们进入这个 13 年土星周期，是人生中第一次体验到年龄渐长引起的衰弱感。健康问题成为我们生命中很重要的因素，我们必须做一些努力去保持健康的身体，否则就要去承受忽视它的后果。知道这一点后，我相信有一些人会选择离开，这也说明了为什么那么多人在 52 岁或 52 岁上下的时候去世。但对于那些有强烈的事业心和渴望获得认可的人，木星时期会践行它的承诺——使这些人长久以来追求成功、权力、声望的愿望得以满足和实现。你也可以这样说，在 52 岁时不管一个人置换什么牌，都可以看作他处在皇冠行，这是来自于土星的影响。土星守护着摩羯座，整副牌里最

"摩羯"的一张牌是 K♠，它永远待在皇冠行，绝不会被任何牌置换位置。当我们的生命牌坐落在皇冠行时，我们一定拥有 K♠ 作为自己牌阵中的牌。

在解读中怎样应用这个知识

对于你解读的所有个案来说，不管他们的年龄几何，关注他们 52 岁的环境牌以及环境牌的重要性都会对他们极其有帮助。这张牌可能会指出他们人生中的卡点在哪个方向。也会让他们意识到怎样开启更多来自灵魂层面的恩赐。也许你想要探讨一下解读个案的标准化做法。

52 岁这一年所包含的信息，对于那些 40 几岁快要接近这"关键之年"的个案来说意义重大。你可以帮他们以尽可能开放的心态做好准备，去获得任何他们有权得到的东西，并且鼓励他们利用生活中的机会去选择他们真正所爱，而不是把精力放在保护自己免受内心担忧的事件所带来的侵扰上。帮助他们观想，他们完全被宇宙所照管和看顾。他们每天最重要的任务是面对着这些令人惊叹的备选项要如何做出选择。针对这个周期，我通常会给我的个案以下这些建议：

1、放下那些不再带给他们满足感和帮助的工作或者亲密关系；

2、进入他们真正热爱的工作方向和领域；

3、如果他们并不清楚自己热爱的是什么，要帮助他们探索真正让他们享受其中的工作或职业；

4、如果他们在意识上还很匮乏，在进行更深入的步骤前要先疗愈这匮乏感。我建议他们通过阅读书籍和散步来解决这个问题；

5、放弃所有自我构建的"应该"的概念，探索一种更有趣、更能让他们感到满足的生活方式；

6、考虑去做一些他们一直想做，但从未允许自己做的事；

7、重新点燃他们心中的热情和对生命的爱。

我发现在解读中为个案具体描绘出无压力、无难题困扰的人生展现，对他们会有非常大的帮助。我的很多个案已经习惯于生活中伴随着接连不断的挣扎困苦，他们忘记了与之截然不同的生活到底是什么样子。这取决于作为咨询师和祝愿者的你为他们锚定了怎样的图景和展望。这个图景或是展望可以帮助他们在获得人生无限恩典的路上放手一搏。

我的个案们接近 45 岁时都会发现重生周期的重要性，也同样会注意到从重生之年到关键之年这个阶段的重要性。依我所见，在 45 岁—52 岁之间的跨度是我们人生中最重要的几年。以下会讲到更多关于这倍受祝福的 7 年相关的内容。

45～52 岁周期及其重要意义

下面会带你们认识介于 45～52 岁这两个强大的木星年之间的周期，这个周期非常重要，它始于一个木星年（包含这个木星年在内）。由于"关键之年"的特殊内涵以及它对我们人生原则的启示，我们必须把这一整个 8 年周期看作是 52 岁"关键之年"的铺垫和准备。我把这 8 年看作人生最幸运的 8 年，最终来到关键之年。因此我向我的个案重点强调，要把这一整个周期当作"生存还是死亡"的节点。我鼓励他们用尝试和冒险的态度去追寻爱和幸福。我个人的经历不断向我展示，如果我追求真正所爱的东西，成功总会尾随而至。我们在人生中有些时候会面临挑战和危险的能量影响，这时候应当小心和谨慎。但也有一些时候，不管我们走哪一条路都会被祝福。45～52 岁就是这样一个充满祝福和恩典的周期，我们应该去追寻一切自己看重的东西。

生命牌出现在行星守护牌的流年牌阵/行星守护牌出现在生命牌的流年牌阵

你时常会发现这样的情况，你的生命牌出现在行星守护牌的流年牌阵或 7 年牌阵中，又或者是反过来的情形，你的行星守护牌出现在你生命牌的流年牌阵或 7 年牌阵中。这是个非常重要的情况，特别是当这张牌出现在重要位置上。要理解这一点的重要性，我们先要明白生命牌和行星守护牌之间的区别。这两张牌都是我们今生会遇到的强大的业力象征。我在大部分人的本命星盘中都看到了说明这两张牌同等或者几乎同等重要的强烈暗示。当然实际生活中，也有一些人表现出行星守护牌的特质要比生命牌更加显著。你会发现，时常有一些人并没有很明显地表现出他们生命牌的特征。但是当你解读他们的守护牌时，他们会说"是的，这就是我"。我总是会提醒我的学生们，为任何人做解读时都要同时了解个案的这两张牌。

从很多方面来讲，我们在展现行星守护牌的特质时更加戏剧化，也更加突出。我们倾向于过度展现这张牌的特质。你可以说用"超视觉"来看行星守护牌，用常规视觉来看生命牌。但生命牌才是与我们的灵魂连结更为紧密，直击我们真正本质的一张牌。简而言之，生命牌代表我们在地球上要做什么，而行星守护牌表示我们用怎样的方式去做。对于每一个遇到的人，都很值得研究这两张牌的特质在他们的生命中是如何体现的。如果你在学习占星，可以看一看星盘中与这些牌相应的配置是什么。

当你的行星守护牌以一种重要的方式出现在你生命牌的流年牌阵中，可以确定在那个时期你以某种方式使用你行星守护牌的特质。有时候这个位置如此强大，毫不夸张地说，你用一种更加真实的方式确认了你的守护牌代表你的那个部分。因此从这一点上看，这种情况的发生预示着在这个时期你的一些个人特征将被重点突出，展现得更加完整。大多数时候我把这个看作是一件好事。当然，你也需要去觉察这张牌可能展现出的负面特征。但我发现，这种情况的出现通常会使我们的天赋和个性特征得以完整地表达。

当我们的生命牌出现在行星守护牌的流年牌阵中也是一样的效果。在这种情况下，我们生命牌的特质将扮演一个超乎寻常的角色。在你的现实生活中会从很多方面证实这一点。我先前提到，有些人只表现出自己行星守护牌的特质。对这些人来说，生命牌以一种重要的方式出现在他们行星守护牌的牌阵中意味着在这个崭新的周期中，他们那些隐藏和被压抑的特质会显现于前。我们需要单独查看每一种情况，还有这种存在情况对于每一个特定个体的意义所在。为了合理地分析出个案们流年中出现特定的牌对他们的意义是什么，我们必须了解他们的人生过往，还要知道他们以什么样的方式和态度面对生活，在这样的基础上得到的分析结论对个案才有指引作用。在解读中经常会获得一些好消息，这同样要与你的个案们分享。

本命牌阵的牌出现在你的流年牌阵和命定的时刻

当你本命牌阵中的行星牌出现在流年牌阵或某些命定的时期中，这是一个具有非凡意义的讯号，它会向你展示特定情形下的重要信息和对当前周期能量影响的意义深远的解读。我们本命牌阵的牌代表我们终身的人生课题，也代表着对我们人生产生的影响。所有的牌都既有正面显化也有负面显化。这取决于我们如何选择更高阶的显化方式发挥出每张牌积极的一面。但事实上，本命牌阵的牌是让我们用大部分的人生去充分理解它们的重要意义，以及如何运用它们。这样的话，当我们本命牌阵中的一张或几张牌出现在流年牌阵、7 年牌阵或其他年份牌阵中时，我们就遇到了另一个了解自己的机会。请看下面列举的例子。

月亮	太阳	水星	金星	火星	木星	土星	天王星	海王星	冥王星	宇宙回报	宇宙功课	宇宙月亮	自我转化
A◆	Q◆	5♥	3♣	3♠	9♥	7♣	5◆	Q♠	J♣	9◆	7♠	2♣	K♣
		6◆	K♥	7♥	3♥	4♥	Q♠			环境	Q◆	置换	Q◆

Q◆的本命牌阵

月亮	太阳	水星	金星	火星	木星	土星	天王星	海王星	冥王星	宇宙回报	宇宙功课	宇宙月亮	自我转化
8♥	Q◆	3◆	A♥	4♠	8♣	J◆	10♠	4◆	8◆	2◆	Q♣	3♥	5◆
		5♥	Q♠	4♥	8♠	3♣	7♠	4◆		环境	5◆	置换	6♥

Q◆在47岁的流年牌阵

上图中第一个牌阵是我的本命牌阵，第二牌阵是我47岁的流年牌阵。请看我流年牌阵中的两张土星牌 J◆和 3♣。J◆正好也是我本命牌阵冥王星牌 J♣的业力牌、置换牌。3♣是我本命牌阵的金星牌。在我47岁这一年，这两张牌都是我的土星牌，它们提前向我透露了在我的土星时期涉及我冥王星牌和金星牌领域的人生课题，这会使我遇到困难和挑战（土星通常意味着挑战）。在这种情况下，这两张土星牌与我的亲密关系，特别是我个性中的不确定性以及花花公子的本质有着重要关联。事实证明正是如此。

按照下面的指引找到你流年牌阵中有重大意义的牌。

1、你的第一张业力牌

这张牌代表你生命中的某类缺点，在流年牌阵中出现这张牌，说明在这个时期你要集中处理那张牌所代表的特定课题。

2、你本命牌阵的土星牌

例如，你的土星牌是你某一年份中的长期牌，这是在告诉你，这一年中发生的事件是为了让你面对关于自己的那个部分。

3、你本命牌阵的冥王星牌

冥王星牌是众所周知的人生挑战牌，当它出现在你的流年牌阵中，表明在那个时期你要处理那张牌在你人生中代表的生命课题。

4、你本命牌阵的天王星牌

由于天王星代表出人意料、突然发生的事情，当这张牌出现在流年牌阵里也具备同样的含义，即便它不是出现在这一年天王星时期的位置上，也不会影响这含义。

5、你本命牌阵的其他牌

它们会揭示自己所代表的方面。你的金星牌出现在流年牌阵时表示与爱有关的事，水星牌揭示出与思维、思考和你真正的想法相关的事，火星代表着与激情、驱动力、强烈的欲望相关的事，如此等等。

你本命牌阵中的牌一般不会频繁出现在你的流年牌阵和其他周期牌阵中。但当它们出现时，你应当着重注意。

更多环境牌

如果你想要获取更多信息，下面这个秘诀会帮到你。在我把它介绍给你之前，我想说纸牌学和占星学非常相像。你越多地观察这两种科学就越能发现这一点。这些年以来，在我的个人解读中我一直把占星和纸牌结合起来使用。但我知道，如果我能完全掌握和理解纸牌，就不再需要占星作为第二个工具。

你的生命牌在人生牌阵中的位置，也就是在生命牌在大太阳牌阵中"拥有"的位置。在流年牌阵中不管什么牌移动到这里，那张牌都称作"环境牌"。这点想必你已经了解。那么我们拓展一下，想象你本命牌阵中所有的牌都有流年环境牌。现在就来找到它们。我们先看哪张牌原本的位置被你本命牌阵的水星牌占领了。举例来说，生命牌 Q♣人本命牌阵的水星牌是 10♠，那么在 35 岁牌阵中哪张牌取代了 10♠原来的位置。下图是 Q♣人的 35 岁牌阵，我们发现 3♥待在 10♠原来的位置上。这样 3♥就成了 Q♣35 岁流年牌阵中水星时期的环境牌。这个例子的另一个不寻常之处在于，3♥也是 Q♣人在 35 岁牌阵的直接海王星牌。你会看到 9♠是 Q♣35 岁这一年的流年环境牌，因为它坐落在 Q♣原来的位置上。现在请你查一下，这一年 Q♣的垂直水星牌的环境牌是什么？

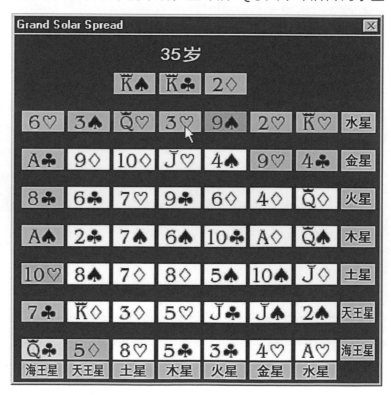

纸牌科学全探索

我们可以在牌阵中沿着 9♠、3♥向左移动找到 Q♣人其他时期的环境牌，Q♥是金星时期的环境牌，3♠是火星时期的环境牌，6♥是木星时期的环境牌，4♣是土星时期的环境牌，9♥是天王星时期的环境牌，4♠是海王星时期的环境牌。我们还可以找到海王星之后的那些牌的环境牌，我想你已经掌握了要领。

这些迷你环境牌的影响对我们都是有助益的。它们昭示了我们每个时期要留意的好事。很多时候它们会是我们认识的人的生命牌或行星守护牌。这些牌的信息对我们很有帮助，它让我们在一年中的每一个行星时期都能找到好东西，这也预示着一整年都有好事等我们去挖掘。

5 的法则

在前面关于超级牌的章节中，我提到了人生牌阵中的第一组 5 张行星牌还有它们对应的宇宙版本。宇宙版本的牌与基础版本对应的牌总是相距 5 个位置。在这里我把它们列出来，这样你就能看到它们之间的关联。就像你看到的，要记住每张宇宙牌与对应的地球牌必然相距 5 个位置。

地球范围	水星	金星	火星	木星	土星
宇宙范围	天王星	海王星	冥王星	宇宙回报	宇宙功课

进一步的研究表明：所有的牌都和相距自己 5 个位置的牌有着重要的关系。首先我想从 5 这个数字所具有的非比寻常的意义说起。也许你已经注意到：

1、每只手有 5 根手指

2、人的脸上有 5 个孔

3、有 5 个肉眼可见的行星，5 个肉眼不可见的行星（当然是从地球的视角来看）

4、土星是第五颗行星。代笔土星的符号也像 5。土星被看作统御物质世界的国王，它掌管着众所周知的一切生物，还统治着我们在物质世界的生活，下面我会举例说明。

当我们把目光投向人生牌阵，会发现很多这样的情况：相距 5 个位置的牌拥有同样的数字。比如 8♥/8♦，3♥/3♦，A♣/A♠，5♣/5♠，2♥/2♦，4♣/4♦，6♥/6♦，8♣/8♠，5♥/5♦，9♥/9♦，7♣/7♦，J♣/J♦，2♣/2♦，这些牌都是这样的情况。仅是这一点就告诉了我们一些重要的事。生命牌和土星牌的数字相同时，这种土星连结是一种很好的数字连结。上面列举出的这几对牌，除了 J♣/J♦之外，其他对牌都是相同颜色，或者都是红色，或者都是黑色。只有两个 J 的颜色不同。四个花色的 8、2、5 都涵盖在其中。唯独没有出现的牌是 Q 和 K。

去年我的土星牌是 9♠（Q♦58 岁），这是我记忆中第一次真正开始考虑未来的牌。接下来的周期中有几张红心牌——6♥和 9♥，因此我猜想可能我生命中的某个人会去世，或者我的一些重要亲密关系会结束。当我的土星时期最终到来时，在这个时期的第一天我就认识到，我需要付很多税款，这是我完全没有预料到的。对我来说这意味着财务上的损失，而在我的土星时期并没有看到一张方片牌。但那个时期我的挑战确实发生在财务方面。于是我注意到，我那一年的宇宙功课牌是 9♦。是的，就是这张牌，这张牌更能说明我土星时期的状况。事实上，我的宇宙功课牌 9♦的潜在牌是 6♦，6♦在某种程度上代表着我们要偿还曾经欠下的债务。宇宙功课牌确切地阐释了我土星时期的状况。土星时期的 9♠正如现实中发生的那样，也代表了很多的失去和放下。我必须放下这些年我持续创造的佳绩——我的财富始终保持着逐年逐月上升的态势。这最终是一个灵性的挑战，面对这个挑战我可以自信地说自己处理得很好。但在那个时期我仍然需要付一大笔钱，对此我完全无法改变。

水星周期 2011/7/3	金星周期 2011/8/24	火星周期 2011/10/15	木星周期 2011/12/6	土星周期 2012/1/28	天王星周期 2012/3/21	海王星周期 2012/5/12
8♦	2♥	Q♠	2♦	9♠	K♥	10♠
K♥ 9♣	A♣ 2♥	2♣ K♥	3♣ K♦	4♣ 6♥	5♣ 4♠	6♣ 2♦
2♣	K♠	4♥	10♦	9♥	4♠	10♠
5♥ 5♣	K♠ K♠	K♠ K♠	A♠ 2♠	7♣ 9♥	K♣ 8♠	6♣ 2♦

月亮	宇宙功课		宇宙月亮		自我转化	
J♥	9♦		5♣		7♠	
J♥ J♥	9♣ 6♦		10♣ 4♠		J♣ 10♥	

Q♦在 58 岁的流年牌阵

对这件事的认识真的触动了我，这让我更加仔细查看流年牌阵中的一众牌。既然流年牌阵中所有的牌都有一张土星牌，会不会有这样的可能性，这些牌的土星牌可以给出那个时期的一些补充性信息。

事实上这确有可能。我做了更深入的研究，发现了非常有趣的事。不管在人生牌阵还是流年牌阵，相距 5 个位置的两张牌都有直接的相关性。下面我会把其中的相关性讲解清楚。

1、天王星牌更多地指向水星牌和水星时期

2、海王星牌更多地指向金星牌和金星时期

3、冥王星牌更多地指向火星牌和火星时期

4、宇宙回报牌（结果牌）更多地指向木星牌和木星时期

5、宇宙功课牌更多地指向土星牌和土星时期

6、宇宙月亮牌更多地指向天王星牌和天王星时期

7、自我转化牌更多地指向海王星牌和海王星时期

　　最近，在守护神秘科学的先知组织一年一度的集会上，我提出了这个概念。每个人都开始关注它，并且在他们真实的生活经历中找到非常多类似的例子。使用这个方法能立竿见影地得到那个特定时期的补充信息。就像我自己的例子中所体现的，那对我来说是一个重要的时期，如果我事先知道这个方法的话，就会清楚自己财务方面的问题。因此，任何时候你想要了解更多关于特定时期的信息，都可以看看与那个时期距离 5 个位置的牌所补充的内容。我想它的重大意义会让你感到震惊。通常你会在这些时期精准地找到与你相关的其他人的生命牌和行星守护牌。

牌阵里每一行的统帅

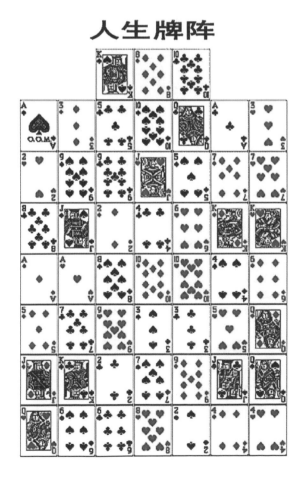

人生牌阵

　　有一天我看着大太阳牌阵突然发现了这样一个情况，为了说明这一情况我特地把大太阳牌阵放在这里。我边看着 K♥ 边思索这个有趣的现象，这明明就是"爱的国王"，为什么它却没有待在大太阳牌阵的金星行呢？金星行的牌从右到左开始于 7♥，结束于 2♥，但 K♥ 位于火星行的第一张牌，火星行在金星行的下面。那天我发现了这个有意思的现象之后陷入了深思，我想知道牌阵中一行的统帅是否都是下面一行的第一张牌。因此我做了核对，乍一看我瞥见了这些。

　　当浏览这个牌阵的时候，我看到一些牌之间确实存在着联系。首先我看到 6♦ 是火星行的统帅（6♦ 的人非常具有竞争性），Q♦ 是木星行的统帅（这显而易见），Q♠ 是土星行的统帅（Q♠ 的人是工作狂），10♣ 是海王星行的统帅

（解释了为什么那么多 10♣ 的人做着电影制作相关的工作）。但是其他的牌并没有这么匹配，当然也不能说是完全不匹配。比如说，我曾见过很多 7♥ 的人绝对是天才。但是我们怎么把 4♥ 和天王星行的统帅相联系呢？

然后我进一步尝试，把 3♥ 作为皇冠行的统帅。我确实发现很多 3♥ 的人非常成功，因此这里是有关联的可能性的。从理论上讲，牌阵每一行的统帅是转到下面一行紧接着那张牌。下一行的入口是这一行的中天。

行	水星行	金星行	火星行	木星行	土星行	天王星行	海王星行	皇冠行
统帅	7♥	K♥	6♦	Q♦	Q♠	4♥	10♣	3♥

牌阵中的列也有相应的统帅牌。但我会把这个议题留给其他学生去思考。还有很多其他的问题，比如一行的统帅牌在现实中扮演着什么样的角色？有一些很明显能看出来，也有一些需要深入去研究。如果对于这样的连结你有新的认识和发现，可以写邮件给我，请发到这里：magi@7thunders.com，也许我们可以共同探索一些新的东西。

精准预测的秘密

一个好朋友曾经跟我说，"人也许会说谎，但纸牌总是会告诉你真相。"当你为其他人解读纸牌时，知道你真正读到了什么非常重要。当你要用纸牌为别人做预测时，如果想让这个解读很成功，有几个重要的方面需要注意。

我永远不会忘记学会这个道理的那天，那就是辛普森（OJ Simpson）的妻子和朋友被谋杀的日子。我快速拿出我的书找到辛普森、妮可（Nicole）、罗纳德·高曼（Ronald Goldman）的流年牌阵。我清晰地看到妮可和罗纳德的牌阵中出现了代表这次谋杀事件的牌。他们二人都处于鼎盛之年。但当我看向辛普森的牌，却找不到任何关于关于悲剧的预示。恰恰相反，我看到了表明成功的牌。直到那时我才意识到，辛普森根本没有把妻子被谋杀这件事当作是悲剧。对他而言，这是一件大获成功的事。而对我来说这次谋杀是一个戏剧性的事件，以我的角度看到的是它本身展现出来的样子。所以你看，在遇到那件事之前，我坚信在流年牌阵中看到的牌是一种客观的影响。针对一个谋杀案，我们想当然看到的应该是悲剧和损失。对于死亡，我们想当然应该看到死亡牌中的一张，比如 A♠ 或 9♠。但很庆幸我很早就知道这并不是真实情况。真实的情况是，我们所观察到的任何一个人的牌阵，代表的是只从他们自身的角度到底体验了什么。

纸牌科学全探索 ♥ ♣ ♠ ♦

1986 年 1 月，航天飞机"挑战者号"解体了。我研究了在这次事故中逝世的宇航员们的牌。在他们的流年牌阵中我没有看到任何一张传统的死亡牌。出现更多的牌是 5，特别是 5♠这张牌最为显著。对这些宇航员来说这并不是一场灾难。虽然我看不到他们的朋友或家庭成员的牌，但我确信朋友或家人中一定有些人的牌是代表损失、灾难、失望情绪的牌。对宇航员本身来说，他们只是踏上了一次冒险的旅程，一次更大的冒险，这次冒险之前他们把物质形式的身体留下了。

我还听说一个令人吃惊的消息，迈克尔·菲尔普斯（Michael Phelps）（出生于 1985 年 6 月 30 日）在 2012 年伦敦奥运会的男子 400 米个人混合泳项目中虽然距冠军之位近在咫尺，但最终还是没有获胜。在最后的决赛中他位列第四。我立刻找出他的牌阵查看他比赛那天的当日牌，在他的两个牌阵中都是数字 8 的牌。不管有意还是无意，迈克尔是自己想要在这场比赛中输给惺惺相惜的好朋友兼队友瑞安·罗切特（Ryan Lochte）。当我看到迈克尔在比赛当日的牌是 K♥/2♥时理解了这一切。特别是 2♥，这是着重指向友谊的一张牌。我相信在迈克尔来看自己已经拥有很多枚金牌了，他有条件让给自己的好兄弟一枚。迈克尔在此之前已经赢得了四枚金牌，到现在他一直是最大的金牌得主。但这场比赛却输了，我认为是因为他想输才会输。

我还记得 1992 年的美国总统选举，当时是在任总统乔治·布什（George Bush）和比尔·克林顿（Bill Clinton）之间的角逐。看了他们的牌，两人都处于人生的鼎盛之年。当我看新闻的时候有一种感觉，乔治·布什出现在电视上，我感到他并没有奋力去竞争，或者说他并不想这么做，就好像他已经当上了总统。鼎盛之年代表着重大的改变和转折。对乔治·布什来说，那个仅有的大变化就是从总统的位置上退休，而比尔·克林顿的大变化恰恰相反。

以上提到的这些例子都已揭示出纸牌解读最重要的原则。我们所观察到的任何一个人的牌阵，代表的是只从他们自身的角度到底体验了什么，而不是从我们的视角去解读所发生的事件。另外一点要强调的，牌的解读是从主观感受出发，而不是客观上发生了什么。

当你和这个世界告别的时候，你的牌阵中会出现什么牌？我经常会研究当地报纸上刊登的那些离世的人的讣告，有些讣告会列明离世人的出生日期和死亡日期，这对纸牌研究非常实用。这真的是很好的经验，它能向你揭示出很多东西。当我这么做的时候意识到的第一件事是，我对辞世的人一无所知，我不知道他们的死亡是痛苦的，快速的还是别的什么情况，我所知的全部就是他们的牌。如果能了解一些相关背景当然会有一定的帮助，但我知道，牌会精准地告诉我他们每个人去世的时候有怎样的体验。只有少数人在去世时拥有像 A♠、9♠

这样典型的死亡牌。很多人都像前面提到的宇航员一样，离世时的牌是 5，我开始意识到可能大部分人离世的时候都会有 5 的牌出现，这是很能说得通的，因为 5 具有转化、转变的意义。但我也看到了出现 9◆ 的情况，伴随 9◆ 一起出现的还有 4 和 8。我认识到很多人在他们人生的最后阶段真的想离开这个世界，也有一些人会经历一个大的损失（9），这个损失不是我们通常会预料到的那种损失。你或者我，我们离世时候的牌会由当时的内在状态所决定。死亡是一种被欢迎的事还是一种损失，这个答案完全取决于你自己。

最近有人让我为中国的运动员刘翔做一个预测解读。刘翔是中国第一个获得"三项桂冠"的运动员：世界记录保持者、世界冠军、奥运会冠军。我被要求去预测他是否能获得今年（2008 年）110 米栏的冠军。我看了他的牌，从这些牌来看并不能十分确定，但总的来说还都是有利的。他的牌面告诉我，不管他在比赛中是输还是赢，他个人都是不会失望的。看到这个，我预测他很可能会赢得比赛，但不管比赛结果如何，他都会很满意。事实上最后他输掉了比赛。当研究他的牌的同时我注意到了他的教练孙海平在比赛当时的牌很糟糕。很显然，他对刘翔的比赛结果非常失望。在这里我找到了很有价值的一点，如果你想知道比赛的真正结果会怎样，你必须去看那些真正在意这场比赛是赢还是输的人的牌。这个状况就不言而喻了，刘翔对比赛的结果并没往心里去，往心里去是他的教练。如果在比赛之前我认识到这一点，就会做出刘翔输掉比赛的预测了。

我曾为美国大选（2012 年）做预测，我个人比较喜欢米特·罗姆尼（Mitt Romney）。当我观看这场竞选的战役如何展开时，牌展示给我的是两个候选人在这次的竞选中都会赢。一方面，预测哪个人会胜出更容易了，因此现在我可以找到代表他们个人成功或失败的标志。而且从这个角度来看，我还是认为罗姆尼比奥巴马（Obama）更有优势。看看副总统的牌也会有帮助。就像我看刘翔教练的牌一样，副总统的牌也许会展现出总统候选人在经验什么样的感受。即使是这样，政治的世界极为错综复杂，实际当中可能还有很多秘密的交易和内在动机，事实上不可能得知候选人的心之所向。但这已经足够做一个猜想了，这是每个人都可以使用的最好方式。

有一些因素会在为个人做预测时创造一些挑战和困境。你必须能在一定程度上确定他们的内在动机，否则的话，你怎么可能清楚他们的牌在告诉你什么信息呢？牌展现的是一个人经历的主观象征，而不是客观上会产生什么样的影响。

在你用牌做预测的时候要牢记这些原则。有些情况下，你不掌握任何解读对象的背景资料。在你的预测中没有任何背景和来龙去脉可参考，这时候我们讲的这些原则和技巧就能发

纸牌科学全探索

挥作用了。希望你将来为别人解读和预测时能记得，你所看到的牌，是从被解读者的视角去体验和感受的，而不是从你的角度。

计算当日牌

从《生命之书》中你已经学会自己手绘制图去做一周运势解读。我之所以推荐做周解读是为了帮助大家学习认知这些牌。建议那些做了一年周解读之后的学生们可以开始学习计算每日牌和每周牌的方法。与周解读的不同之处在于，这个计算方法可以用于规划一些目标。真正的计算步骤是相当复杂的，但在这儿我会告诉你一个简化的版本。这种方法使用的牌阵和 90 个流年牌阵相同，但 90 不再指 90 年，而是指 90 个星期。单是知道这个应该已经足够你们中的一些人去解开剩下的答案了。

在《生命之书》中你知道，零岁牌阵不仅代表人生的第一年，也代表着人生的第一个 7 天以及第一个 7 年周期。同理，我们可以用 1 岁牌阵来代表我们人生的第二个星期，也代表人生的第二年和第二个 7 年周期（7~13 岁）。为了找到流年牌阵所代表的当前周，我们必须先确定这个人出生至今，在地球上度过了多少周，想要确定已经度过了多少周就先确定在这个世界度过了多少天，下面介绍一个快速确定这个数字的方法，以得出你一周或一天对应的那张牌。

要使用这个方法，首先准备这几样东西：《生命之书》，一个计算器（特别是像我这样在数学方面感到困难的人更加需要），网络支持（能登上 http://www.7thunders.com 网站上的 "命运之牌" 小程序）。你也可以在这个网站使用日期计算器（http://www.timeanddate.com/date/duration.html）。我提供了一种计算你人生迄今为止度过多少天的简便方法，登录我的网站输入那个天数，点击 "今天" 按钮，在小程序里就会出现这样一句话 "你已经度过了_____天"。用这个天数除以 7，得到的结果就是你已经度过了多少周。接下来，用这个周数除以 90，这个数字是你流年牌阵的总数（当然，不包括我们接下来要讨论的长期牌）。

这个知识点我举一个例子来说明。我出生于 1953 年 7 月 3 日，假如今天是 2012 年 10 月 23 日，使用那个在线小程序我查出，到今天为止我已经度过了 21663 天。用 21663 除以 7 得到的是我度过的周数——3094.71428757 周。现在我需要抹掉小数点以后的数字，保留整数 3094，用 3094 除以 90 个牌阵来确定哪一年的流年牌阵和我当前周的牌阵一致。3094 除以 90 等于 34.3777777。现在我需要忽略整数，而保留小数点后面的数字，用小数点以后的数字

0.3777777 乘以 90 的结果四舍五入等于 34。因此我知道了，我当前周的牌是和 34 岁牌阵一样的。

接下来，我想知道我今天处于一周的哪个行星日。这个部分非常容易，你先要知道你出生的那天是星期几，那天始终会是你的周水星日。我出生于周五，那么周五就是我的周水星日。今天是周二的话，周二就是我的周土星日。当我在查看 34 岁牌阵的时候发现，这一年我的直接土星牌是 Q♥，垂直土星牌是 A♠，同时这也是我今天的两张今日牌。如果你知道自己出生的时间是那一周的周几，你可以在 7thunders.com 上使用同样的小程序查出你现在处于当前周的哪一天，由此推断出自己的周水星日，同时获知你出生在哪个行星日。如果从小程序得知今天是周三，是你的周海王星日，这表明你出生在一个周四。在网上也有这样的内容讲解，可以浏览这个网站：http://scphillips.com/cgi-bin/day.cgi。

除了长期牌你还不知道，当前周所有的牌你都可以获得，通过使用当前周的牌可以让你对这一周的情况有更详实的了解。现在你知道了一周的冥王星牌、结果牌、环境牌和置换牌，还有每一天对应的垂直牌，这就比只有当日牌获得了更多的重要信息。

流年牌阵的长期牌同样也来自于那 90 个牌阵，但每周的长期牌来自于 49 年周期，让整件事增加了一些难度。既然每个 7 年周期都有一些长期牌，这些长期牌来自于 7 倍于 7 年的周期，这个周期长度就是 49 年。这样，零岁牌阵的水星牌统御 7 年周期，水星牌就是 0～6 岁的 7 年周期的长期牌，零岁牌阵的金星牌是 7～13 岁周期的长期牌，火星牌是 14～20 周期的长期牌，以此类推。在周牌阵中，我们要找出一个 7 周牌阵（49 天）去获得这一周的长期牌。回到我个人的例子上，用我在地球上生存的天数 21663 除以 49 等于 442.10204，这就是我到目前度过了多少个 7 周周期。现在找到与我当前的 7 周周期一致的流年牌阵，用 442.10204 的整数部分 442 除以 90 等于 4.9111111，再用 4.9111111 小数点后面的部分 0.9111111 乘以 90 得到 82。因此，与我当前所在 7 周周期一致的牌阵就是 82 岁牌阵。那么，在那一周我处于哪个行星周期呢？我需要知道那个流年牌阵中 7 张牌的哪一张是我当前周的长期牌。我们回到刚才的第一个除法算式中，用得数的小数点后面的部分 0.10204 乘以 49 约等于 5，这就告诉我们正处于 7 周周期（49 天周期）的第 5 天，这意味着是在第一个 7 天或者说在第一个星期，这是 7 周周期中的水星周期。如果算出的数字大于 7，那就是另外一周了。假如说算出来的数字是 39，就用 39 除以 7 结果的部分是 5，就说明处于 7 周周期的第 6 周，天王星周。

一旦你知道自己处于哪一周或哪 7 周周期，可以很容易利用这本书找到这些周对应的牌。每进入新的一周，对于当日牌和每周的其他牌，就按次序推进看下一岁的牌阵，而对于长期牌，就去看牌阵中的下一个行星周期的牌，一直到海王星牌。当进入一个新的 7 周周期，就要求你移动到下一岁的牌阵去获得当前 7 周周期的牌。

有一个简单的办法，就是使用 7thunders.com 或 e7thunders.com 两个网站上的小程序查找。研究你的当日牌并写下那一周的水星牌、金星牌、火星牌等等。再在《生命之书》中找到对应牌阵中的牌，你会知道你当前正处于 90 个不同的牌阵中的哪一个。这虽然不能直接帮你找到周长期牌，但除此之外你会知道一周其他的牌，包括周环境牌、周置换牌、冥王星牌和结果牌。

第三章

亲密关系

如果使用得当，纸牌可以提供给你既快速又准确的亲密关系解析。人们使用《爱情之书》所教的技巧解读时会获得非常准确的解读，每当这时都会让他们很震惊。这个系统实在是太精准了，我认为在解读亲密关系时应当首选纸牌这个工具。

为什么《爱情之书》不够精确

尽管《爱情之书》很准确，也无法向我们展现出亲密关系的全貌。解读亲密关系时如果想要十分精确，需要得到关系中两个人的全貌。你马上就会知道这么说的原因是什么。把一整个纸牌系统写进一本可以轻松上手使用的书里，真的无法尽述纸牌系统的每一个方面，只能使用一些简略的描述和特定的关键要素。虽然你可以通过《爱情之书》得到较为准确的解读，但有些信息，特别是某些重要信息被省略和遗失了。一旦你学会了我现在要教你的这个方法，我想你可能再也不会使用《爱情之书》了。"爱的纸牌播报员"（Love Cards Reporter）软件比那本书更为精确。因为它包含了解读关系所有的过程，并未省略任何一个方面或任何一个步骤。这样的话，书和软件查询的结果会有一些差异，当两者产生矛盾时，请始终以软件为准。

为什么你可能永远都不会精确

当你学习了解读方法，掌握了基础的方法论，这时候就会面临一些选择。在我书写《爱情之书》和创造相关软件时我也面临过同样的抉择。你不得不根据关系连结的重要性决定使用它们的先后次序。这样的取舍我也必须要做。比如说，我断定两个人生命牌之间的连结最重要。但你经过自己的调查，也许会发现两个人行星守护牌之间的连结更重要。在你做出的关系解读中，你可以在解读两个人生命牌之间的连结之前自行决定优先考虑哪些牌的连结。这样的决定和选择可能会让抱有些许怀疑态度的人质疑整体解读的准确性。当你使用软件查询，它会提供给你很大的自主权去选择使用哪两张牌做对比以及使用怎样的顺序。这样的话，你输入的内容就会对解读的结果有很大影响。事实上在你所有的解读中都是这样的，你选择的优先顺序影响着最终的解读结果。我会告诉你我认为最好的方法，这样你可以在此基础上选择最适合自己的方法。

纸牌科学全探索

关系连结的基础

我们把两张牌放在一起比较它们之间联系的做法，很像在占星中使用的方法。在占星学中，行星之间会形成一定的角度，也叫做相位。其中有一些相位是非常有利的，也有一些是比较困难的。事实上没有"差的"一说，只是有些相位比起其他的更具挑战性。每一种特定的相位会有它独一无二的气质和自我展现的方式。行星之间构成了相位，它们守护的太阳星座和宫位之间也形成相位，这些相位创造出两个行星（或两个人）之间相互关联相互影响的动态关系。这和牌与牌之间的相互关系是同样的原理。我们经常谈论的牌之间的关系连结，大部分是由两张牌在人生牌阵或灵性牌阵中从一张牌到另一张牌的相对位置所决定。举例来说，在牌阵上横向挨着的两张牌之间有水星连结和日月连结。横向隔着一个位置，或者说相距两个位置的两张牌之间是金星连结。多数关系连结是以自然界中的行星为参照基础，也有一些连结是依据其他因素，比如业力牌连结。互为业力关系的牌，不管在人生牌阵还是灵性牌阵都不存在位置上的关联性，但由于它们互为业力牌，因此它们拥有一种强有力又非常特殊的关系。

综上所述，我们可以通过这些关系连结确定亲密关系如何自我展示，这连结也揭示出关系中的两个人为什么会走到一起。下面这两种连结是最基本的范型：

1、相对位置的连结，如金星连结、火星连结、冥王星连结等。

2、特殊连结，如业力牌连结、业力表亲连结、权力连结。

你可以在《爱情之书》中找到大部分关系连结的解读，在这里我就不赘述了。但我会讲解它们来源于哪里以及如何快速找到它们，以便帮你把亲密关系解读变得更容易。

相对位置连结

我们在解读亲密关系中使用最多的连结是相对位置连结。相对位置连结是基于大太阳牌阵中一张牌到另一张牌相距的位置，主要分成三种形式：

1、直接连接

2、垂直连接

3、对角线连接

熟悉《爱情之书》中提到的那些关系连结的人都知道，这些连结有自己的简称，比如 MARS 或 JUM。以下就是代表这些连结的代码。

1、行星的两个首写字母代表相关行星的连结。MA 代表火星（Mars），JU 代表木星（Jupiter），SA 代表土星（Saturn）等等。

2、以下这些字母通常会告诉你关系连结的能量流向。F 代表直接连接和垂直连接中的能量流动是正向的。R 意味着相反的方向，它的意思是从另一张牌的角度看待这个关系。M 则代表着相互的或对角线的方向。对角线连结的关系没有特指的方向，因为两个位置之间没有方向性，实际上能量是双向均衡流动的，这就让对角线连结更有力量。

3、如果一个代码以 S 结尾，这个连结就来自于灵性牌阵。如果结尾没有 S 就说明来自人生牌阵。

这些都是较为基础的代码，而我们现在要了解的会远超过这些了。

下面列举的例子会帮助你理解相对位置连结是如何找到的。要做两张牌位置的连结对比，我们必须先确定哪张牌是第一张，哪张是第二张。我们会从相对位置连结中每一张牌的角度去查看。

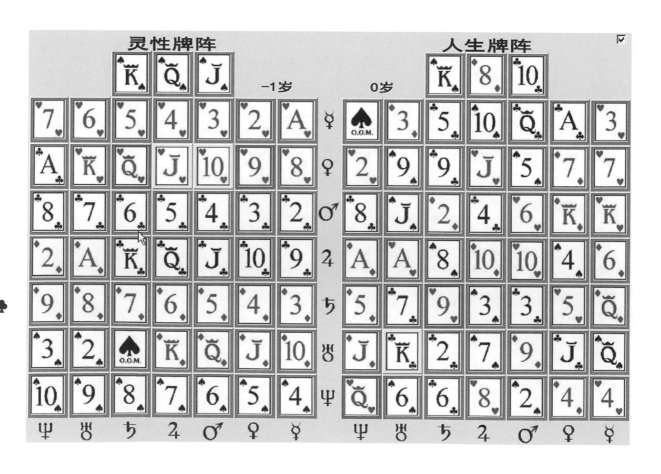

如果你仍然记得我们在流年牌阵和其他牌阵上怎么数牌，这个部分对你来说就非常简单了。你先不要考虑大太阳牌行和列的行星影响，现在我们要把全部的注意力放在两张牌之间的相对位置。在上面的牌阵中我对比了 Q♥ 和 9♥ 两张牌之间的相对位置。在灵性牌阵当中，以 9♥ 为基准，往左数 3 张牌的位置上是 Q♥，相距 3 个位置意味着两张牌之间存在着火星连结。因此我这样说，Q♥ 是 9♥ 在灵性牌阵的火星牌，而不是 9♥ 是 Q♥ 的火星牌。我们始终遵循从右往左的顺序来数，横向连结（直接连结）是单向的从右往左看。在人生牌阵当中，我们会发现 9♥ 和 Q♥ 之间有一个对角线的双向连结。在这个连结中，两张牌中任意一张距另一张都是 2 个位置，所以它们之间存在着金星连结。因此我会说，9♥ 和 Q♥ 在人生牌阵是双向的金星连结。我们再来举一个例子观察可能发生的其他情况。

现在我们来对比 3♣ 和 Q♣ 这两张牌，正如下图中所示，在灵性牌阵中我们可以看到，Q♣ 是 3♣ 的宇宙回报牌，也叫做结果牌。这是由于以 ♣3 为基准，横向往左数 9 个位置的牌是 Q♣。而在人生牌阵中，这两张牌在垂直方向上也有连结。在垂直方向我们始终按照往上的顺序来数牌。如果以 3♣ 为基准，向上距离 4 个位置的地方是 Q♣，也就是说 Q♣ 是 3♣ 的木星牌。这里需要重申一下，它们之间的连结不是双向的，到现在为止我们还没有发现这样的连结有双向的能量流动。但如果我们以 Q♣ 为基准向上数，会惊喜地发现 3♣ 也是 Q♣ 的垂直木星牌。

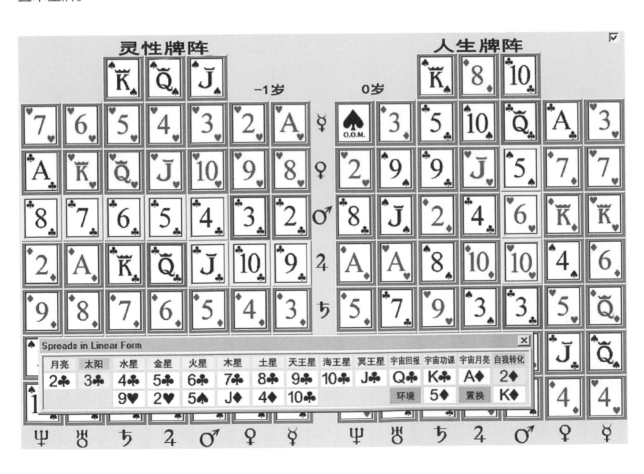

这个很少见的垂直方向的双重连结组合，只可能发生在人生牌阵或灵性牌阵中坐落于火星列、木星列、土星列的牌。当一张牌是另一张牌的垂直木星牌，那么反过来也是一样，另一张牌也是这张牌的木星牌。但在水星列、金星列、天王星列和海王星列中，一张牌如果是另一张牌的垂直木星牌，另一张牌就是这张牌的火星牌了。

在你进行关系解读时，相对位置连结在你使用的关系连结中大概会占 90% 或以上。请确保你已经理解如何使用它们。在练习和实践一段时间后你应该达到这样的程度，只用灵性牌阵和人生牌阵就可以解读任意两个人之间的亲密关系。

人生牌阵和灵性牌阵的重要性（终身连结）

你可以用这个方法找到 90 个大太阳牌阵中牌与牌之间的连结。稍后我们会进行这一探索，以找到出现在流年牌阵和 7 年牌阵中的关系连结，这些连结对于我们人生的特定周期来说至关重要。需要重点强调的是，在任何关系的解读中，最重要的都是人生牌阵和灵性牌阵中的关系连结。如果你记得特定周期牌阵只限定在那个时期对我们产生重要影响，就会认识到人生牌阵和灵性牌阵中出现的连结要比流年牌阵或是 7 年牌阵中的连结更为意义重大。因此，做关系解读时我始终把目光放在这两个牌阵的连结上。我所做过的大约 90% 的解读都能在这两个牌阵中得到全部答案。

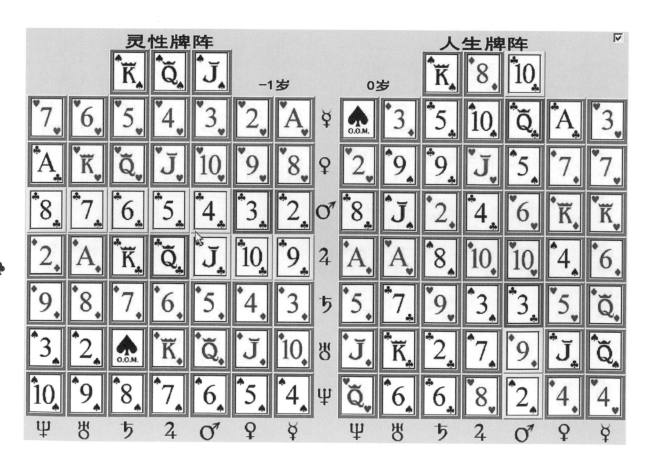

人生牌阵和灵性牌阵中连结的不同之处

如果你已经很了解这个知识点，你大可以跳过下面的段落。如果你还没有特别清楚，那么你需要知道，在灵性牌阵中找到的关系连结代表过去世的关系连结模式。而人生牌阵中的关系连结则代表个性特征的连结。灵性牌阵的连结源于两个人在以前生世是如何关联和相互影响的。如果是一种爱的连结，就像灵性牌阵中的金星连结，那么两个人即便从未遇到过也会有一见钟情的感觉，不管他们二人之间的个性连结如何，也不管他们在今生有着怎样的价值观和偏好，都不会阻止这种感觉的出现。你或者我，我们会遇到一些与自己在灵性牌阵有金星连结的人，我们和他们之间在任何一个方面可能都没有共同之处，但我们仍然会感觉到对他们的爱意。去找出那些和你有灵性牌阵的金星连结的牌，特别是对角线金星连结，这绝对是一个好主意，因为你和这些牌的人相处时总会带着轻松、愉悦的心情。当然，人生牌阵中的土星连结或火星连结也许会抵消一些金星连结的能量，尽管如此关系的双方仍然能觉察到金星这种特殊的爱。右侧的灵性牌阵中展示了 5♣在灵性牌阵中所有的金星连结，5♣的金星牌是 7♣和 4♥，而 5♣是 6♦和 3♣的金星牌，5♣又分别和 6♥、2♥、8♦、4♦有双向金星连结。像 5♣这种坐落在灵性牌阵中间的牌，它们的双向金星连结数量最多，这对 5♣人来说是一种好运气。其他的落在比如像水星行和列、海王星行和列的牌就没有这样的机会了。

从另一方面来说，人生牌阵的金星连结表示你们两个人在价值观和志趣上有着共同之处。也许你们之间没有出现过去世的关系连结，但人生牌阵的这个金星连结会让你们的相处非常愉快。你兴许会找到你们之间的很多相同点，特别是在愉悦感方面的共性——能为你们带来喜悦和快乐的事物很相似。这样的话，你们就能共享对双方来说都很愉悦的好时光。你们可以一起开心地谈论很多话题，一起做彼此都很喜欢的事情。最后你们可能真的会深深爱上对方。就像人生牌阵的金星连结带来的愉悦感，大部分经历过灵性牌阵金星连结的人这种感觉更强烈。这是因为灵性牌阵的金星连结暗示了你所爱的已经在过去世创造出来了。即便有了这么好的基础，灵性牌阵金星连结还是有不尽如人意的一点，尽管你们已经深深地爱上对方，你们的个性特质和价值观今生可能已经有所变化，而后你们会发现在一起是不太可能的。想必你已经了解一个关系连结在各个牌阵中如何展现出积极和消极的一面。

类似的动态平衡适用于所有的关系连结中。如果一个关系连结出现在灵性牌阵，就代表着过去世两个人在一起的关系模式。如果出现在人生牌阵，就代表着你们今生的个性互动模式。记住我所说的，然后回到《爱情之书》中去阅读这些关系连结的说明，也许你能从中找到更多的意义和相关性。

大部分连结的能量流向

所有的关系连结都有能量流向，换句话说就是一种特定的行星能量在两人之间流动到这一方或另一方，在业力牌和业力表亲牌中也存在这样的能量流向，理解其中的意义对你来说非常重要。从根本上讲，所有直接连结和垂直连结都是能量单向流动。如果你的生命牌或行星守护牌刚好是我人生牌阵的火星牌，当我看到你时就像我看到或体验到火星能量，而你会回应我引发的火星能量。当我们遇到自己火星牌的人就能体会和这个人之间的火星连结。火星掌管着激情，因此这连结会带来一种激情或性的欲望，当然也有可能激发出竞争性、刺激性、愤怒甚至是憎恨，这些也同样被火星所统治。因此，不管是我们的直接火星牌还是垂直火星牌都会促发我们和对方之间的火星能量联系。倘若你是我的火星牌人，你不会感觉到任何的火星能量。你的感觉取决于我们之间其他的关系连结，特别是你作为能量接收者的连结。如果你是我的火星牌人，你可能注意到，待在你旁边时我会变得多么热情高涨、多么易怒或者多么容易被刺激，然而这些却完全影响不到你。只要你不想理会就可以对此视而不见。但作为接收来自你的火星能量的我来说实在无法忽略这种感觉。

如果有些人是你人生牌阵的木星牌，他们会情不自禁地无私给予你和帮助你。你甚至不用主动去要求。这会基于你们之间的连结自然而然地发生。你可能不会有想要给予或帮助他们的想法，但他们对你确实是有这样的冲动。在这个例子中，你是木星能量的接收者，而木星能量永远是有益的。如果作为火星或土星能量的接收者就不确定是否能获得好处了。通常情况下是不能，因为火星和土星是两颗阳性特质的行星，有些时候它们会带来好的礼物，但更常见的情形是，这个连结需要你做出意识上的努力。

作为金星和木星能量的接收者通常收获的都是好东西。天王星和海王星的能量可以表现出正面也可以表现出负面。这两个行星本身不是阳性能量，但却具备类似的特性，它们让你滥用接收到的能量，抵消这能量的积极面向。

这样的话，清楚谁才是从关系中接收能量的那个人总是非常有必要。这个知识非常有利于构建有意义、有帮助和支持性的关系。

对角线连结的重要性

就像在前面提到过的，对角线连结是相互的。因此对角线连结的能量流动是双向的。相比单向连结，这能量达到双倍甚至三倍之多。对角线连结的双方只要在一起就能聚合超强的连结能量。这可以是好事，也可以是坏事，取决于哪种关系连结以及两个人的意识层次如何。刚刚我们讲过的金星连结是所有连结中最好的连结之一。但如果两个人互为火星连结、互为土星连结呢？拥有双向火星或土星连结的伴侣们要格外小心，因为关系中的紧张感和压迫感会显化出这两个阳历特质行星的负面影响。一个双向的木星连结，特别是出现在人生牌阵中的双向木星连结，可能是你最好的生意伙伴人选。这在人生牌阵中很多牌之间都有体现。要记住，当一张牌坐落于人生牌阵的火星列、木星列、土星列，那么这张牌和它的垂直木星牌是相互的，这是一种双重的木星关系，是由于从两张牌中的每一张牌出发，木星牌都是另外一张，比如 6♥ 和 2♠。如果一对伴侣拥有双重木星连结，这连结通常会给他们带来巨大的财富。很多有钱的夫妇之间都会有一个双重或双向的木星关系。

查看人生牌阵或灵性牌阵时你会发现，有一些牌的对角线连结非常少见。对角线海王星连结不存在。对角线土星连结和对角线天王星连结只在一小组牌中存在。拿灵性牌阵来说，对角线天王星连结的牌只能在牌阵的四个角找到，那就是 7♥ 和 4♠，A♥ 和 10♠。在人生牌阵也是一样。所以，当我们在做个案解读时如果看到双向的天王星连结，就可以告诉个案这是多么的罕见和特别。

解读亲密关系连结时用到的个人象征牌

下面是我解读亲密关系连结时用到的牌：
1、生命牌
2、行星守护牌
3、生命牌的第一张业力牌
4、生命牌的第二张业力牌
5、行星守护牌的第一张业力牌
6、行星守护牌的第二张业力牌
7、身份牌

通常我只会使用生命牌、行星守护牌和其中一张业力牌，这些牌之间就可以找到 7~8 个关系连结，依我之见，这些就足以让你了解这两个人之间的真实关系了。超过 8 个连结没有太多意义。

非相对位置的连结或特殊连结

除了在关系解读中大量使用的相对位置连结，我们也必须要关注一系列的特殊连结：

1、相同生命牌的连结。这个连结很显然是指两个人有同一张生命牌。他们的生日也许一样也许不同，但共享同一张生命牌确实创造出一种区别于其他连结的内在动力。从根本上讲这会制造出镜像效应，但实际上比那个程度更剧烈。在《爱情之书》的 323 页可以查看这个内容。

2、业力牌连结。业力牌连结也是一种很容易找到的连结。我们要把一副牌分成两个家族来看待，第一个是 45 张牌家族，这个家族中的牌是相互连结的（还记得那个魔法圈么？）。45 张牌家族的业力牌关系总是遵循固定的能量流动方向，两张牌中的一张是给予者，另一张是接收者。在《爱情之书》的 321 页可以查看这个内容。

3、业力表亲连结。这个连结很像业力牌连结，但又没有那么高的紧张度。它们之间也有能量流动的方向，从一方流向另一方，认出谁是接收者或给予者很重要。在《爱情之书》的 322 页可以查看这个内容。

4、灵魂双生子连结。7 张特殊牌家族（包括固定牌和半固定牌）有两种不同的业力连结。第一种就是业力灵魂双生子连结，这种连结涉及两对牌，A♣和 2♥，7♦和 9♥。一副牌中再没有其他牌像这两对牌有灵魂双生的业力连结。这个连结在《爱情之书》中没有做描述和说明，但我的软件中包含了这个内容。

5、权力连结。3 张固定牌之间存在着权力连结，在 J♥的牌义章节详细讲解了这个内容。当然也可以在《爱情之书》的 323 页查看相关信息。

6、生命牌和行星守护牌相同的连结。就是说一个人的生命牌和另一个人的行星守护牌是同一张牌。这是一个非常不错的连结，对于建立良好关系有很大的贡献，甚至可以促成婚姻。很像两个人共享相同生命牌的情形，但这种关系却不会时常制造出困难和高强度紧张感。在《爱情之书》324 页可以查看相关信息。

7、**相同行星守护牌的连结。**两个人拥有同一张守护牌，也和相同生命牌连结的能量互动类似。在《爱情之书》324 页可以查看相关信息。

查找关系连结的顺序

一旦你已经掌握了在灵性牌阵和人生牌阵中查找两张牌之间关系连结的方法，你需要在解读中决定连结的使用顺序。我找到了一个很适合我的顺序，我认为这是最好的方式。但你可以决定适合自己的顺序，可能跟我的有所不同。正如你所看到下面所列出的清单，在解读中你需要同时用到关系中双方各自的象征牌，也可以用软件来查找，软件的顺序与下面所列的顺序是一致的。从第 5 条开始我们列出了双方的牌各种可能的组合，你可以从中找到所有我上面讲解过的牌与牌之间的连结。

查找顺序如下所示：
第 5 条之前是特殊连结，而不是相对位置连结

1、查找相同生命牌的连结
2、查找业力牌连结（包括 45 张牌家族中互为业力牌的连结，以及固定牌、半固定牌之间的权力连结，灵魂双生连结）
3、查找生命牌和行星守护牌相同的连结
4、查找相同行星守护牌的连结

当关系中的一方或双方是太阳天蝎座，你要选用天蝎火星牌作为行星守护牌来考虑，也就是选择第二张行星守护牌。在此处及下文提及的第二张行星守护牌，即太阳天蝎座在人生牌阵中的火星牌

以上这些都是非相对位置连结，下面我们再来看人生牌阵和灵性牌阵中的相对位置连结

生命牌和生命牌之间
5、人生牌阵中第一个人的生命牌和第二个人的生命牌之间的连结
6、灵性牌阵中第一个人的生命牌和第二个人的生命牌之间的连结
注意：先确认双方的牌中是否有三张固定牌中的一张，固定牌在两个牌阵中的位置永远不变

生命牌和行星守护牌之间

7、人生牌阵中第一个人的生命牌和第二个人的行星守护牌之间的连结

8、灵性牌阵中第一个人的生命牌和第二个人的行星守护牌之间的连结

9、人生牌阵中第二个人的生命牌和第一个人的行星守护牌之间的连结

10、灵性牌阵中第二个人的生命牌和第一个人的行星守护牌之间的连结

如果双方有一个人或两人都是太阳天蝎，你需要用天蝎火星牌作为守护牌

11、如果第一个人是天蝎座，就像第 7 条一样，就用他在人生牌阵中第二张守护牌

12、如果第一个人是天蝎座，就像第 8 条一样，就用他在灵性牌阵中第二张守护牌

13、如果第二个人是天蝎座，就像第 9 条一样，就用他在人生牌阵中第二张守护牌

14、如果第二个人是天蝎座，就像第 10 条一样，就用他在灵性牌阵中第二张守护牌

行星守护牌与行星守护牌之间

15、人生牌阵中第一个人的行星守护牌和第二个人的行星守护牌之间的连结

16、灵性牌阵中第一个人的行星守护牌和第二个人的行星守护牌之间的连结

17、查找业力表亲连结，我把这个连结记录在这里是因为我认为它不像行星守护牌之间的连结那么重要

第一张业力牌和生命牌之间

18、人生牌阵中第一个人的第一张业力牌和第二个人的生命牌之间的连结

19、人生牌阵中第二个人的第一张业力牌和第一个人的生命牌之间的连结

20、灵性牌阵中第一个人的第一张业力牌和第二个人的生命牌之间的连结

21、灵性牌阵中第二个人的第一张业力牌和第一个人的生命牌之间的连结

第一张业力牌和行星守护牌之间

22、人生牌阵中第一个人的第一张业力牌和第二个人的行星守护牌之间的连结

23、人生牌阵中第二个人的第一张业力牌和第一个人的行星守护牌之间的连结

24、灵性牌阵中第一个人的第一张业力牌和第二个人的行星守护牌之间的连结

25、灵性牌阵中第二个人的第一张业力牌和第一个人的行星守护牌之间的连结

如果两个人中至少有一个人是天蝎座，涉及到天蝎火星牌，那么就是一个人的第一张业力牌和另一个人的第二张行星守护牌之间的连结

26、人生牌阵中第一个人的第一张业力牌和第二个人的第二张行星守护牌的连结

27、灵性牌阵中第一个人的第一张业力牌和第二个人的第二张行星守护牌的连结

28、人生牌阵中第二个人的第一张业力牌和第一个人的第二张行星守护牌的连结

29、灵性牌阵中第二个人的第一张业力牌和第一个人的第二张行星守护牌的连结

30、灵性牌阵中第一个人的第二张业力牌和和第二个人的生命牌之间的连结

31、灵性牌阵中第一个人的生命牌和第二个人的第二张业力牌之间的连结

注意： 我们跳过了人生牌阵中第一个人的第二张业力牌和第二个人的生命牌，因为这和第21条中灵性牌阵第二个人的第一张业力牌与第一个人的生命牌连结的道理是一样的

32、灵性牌阵中第一个人的第二张业力牌和第二个人的行星守护牌之间的连结

33、灵性牌阵中第一个人的行星守护牌和第二个人的第二张业力牌之间的连结

34、灵性牌阵中第一个人的第二张业力牌和第二个人的第二张业力牌之间的连结

35、灵性牌阵中第一个人的第二张业力牌和第二个人的第一张业力牌之间的连结

36、灵性牌阵中第一个人的第一张业力牌和第二个人的第二张业力牌之间的连结

如果两个人至少一个人是天蝎座：

37、灵性牌阵中第一个人的第二张业力牌和第二个人的行星守护牌之间的连结

38、灵性牌阵中第一个人的第二张行星守护牌和第二个人的第二张业力牌之间的连结

以上所列举出的连结中，实际上没有把行星守护牌的业力牌和身份牌涵盖在内，如果加上这两种象征牌的话，会多创造出 12 对关系连结。那就会变成这样的问题："在什么情况下我的解读会用到行星守护牌的业力牌之间的连结对比？"

这个清单展示出做一个完整解读的复杂性。既然每一步都产生一个或一个以上（有时候会超过两个）的连结，你会发现关系解读中两个人之间的连结能达到 40 个或 40 个以上。不夸张地说，这实在是使用过度了。一般我会止步于 8 个连结。最初的 8 个连结几乎包含这个两两关系中 90% 及以上的特征。因此，在实际解读中真的没有必要使用超过 8 个连结。如果一个解读师为他的个案提供 12 个或更多的连结解读，在让个案更加迷惑混乱的同时又削弱了前 7 个连结的重要性。

当然也有一些伴侣或夫妻的生日特别一些，需要用到行星守护牌的业力牌才够 7～8 个连结。举例来说，一对夫妻各自都是太阳狮子座（狮子座没有单独的行星守护牌），再假设两个人都是固定牌或半固定牌中的一张，比如一个人是狮子座的 J♥（出生于 7 月 30 日），另一个人是狮子座的 8♣（出生于 8 月 18 日）。这两个生日对应的牌是不可能找到 7～8 个连结的，因为它们没有单独的行星守护牌，也没有业力牌。而且它们都是固定牌，在人生牌阵

和灵性牌阵中总是待在同样的位置上，不曾移动半分，这也会让他们之间的连结变得更少。当这种情况或其他我找不到 7 个连结的情况出现时，我就会用到身份牌。如果是男性的话我会给他使用 J，倘若是女性的话我会给她使用 Q。这通常就是我查找 7～8 个关系连结的全部方法。

关键的关系连结

在我从以上清单找出的 8 个连结中，我会着重关注最前面的 3～4 个。一般来说，这些连结是伴侣之间、愿意结为亲密关系的人之间、想要长久发展的人之间的几个关键连结。

你属于哪个"社区"

人生牌阵和灵性牌阵可以被分为几个区域或者说"社区"。包括水星行和金星行在内的"上部社区"，火星行、木星行、土星行所属的"中部社区"，还有天王星行、海王星行所在的"下部社区"。很多时候，我们相遇相识并一起走向生命终点的人和我们来自同一个社区。因此，你会发现 10♠ 的人和位于大太阳牌阵的水星行和金星行的人有着紧密连结。以这种方式查看也要顾及到我们的业力牌和它们的位置。还以 10♠ 来举例，它的两张业力牌 4♥ 和 Q♥ 都位于大太阳牌阵的海王星行，由此你可能也会看到 10♠ 的人和位于大太阳牌阵天王星行、海王星行的人交往或确定情侣关系。你会发现在一些夫妻之中这是一个普适性规则。还存在一种有趣的情况就是，有时候整个家庭中的成员都集中在大太阳牌阵的一行或两行中。

纸牌科学全探索

关系连结的两张牌之间的牌

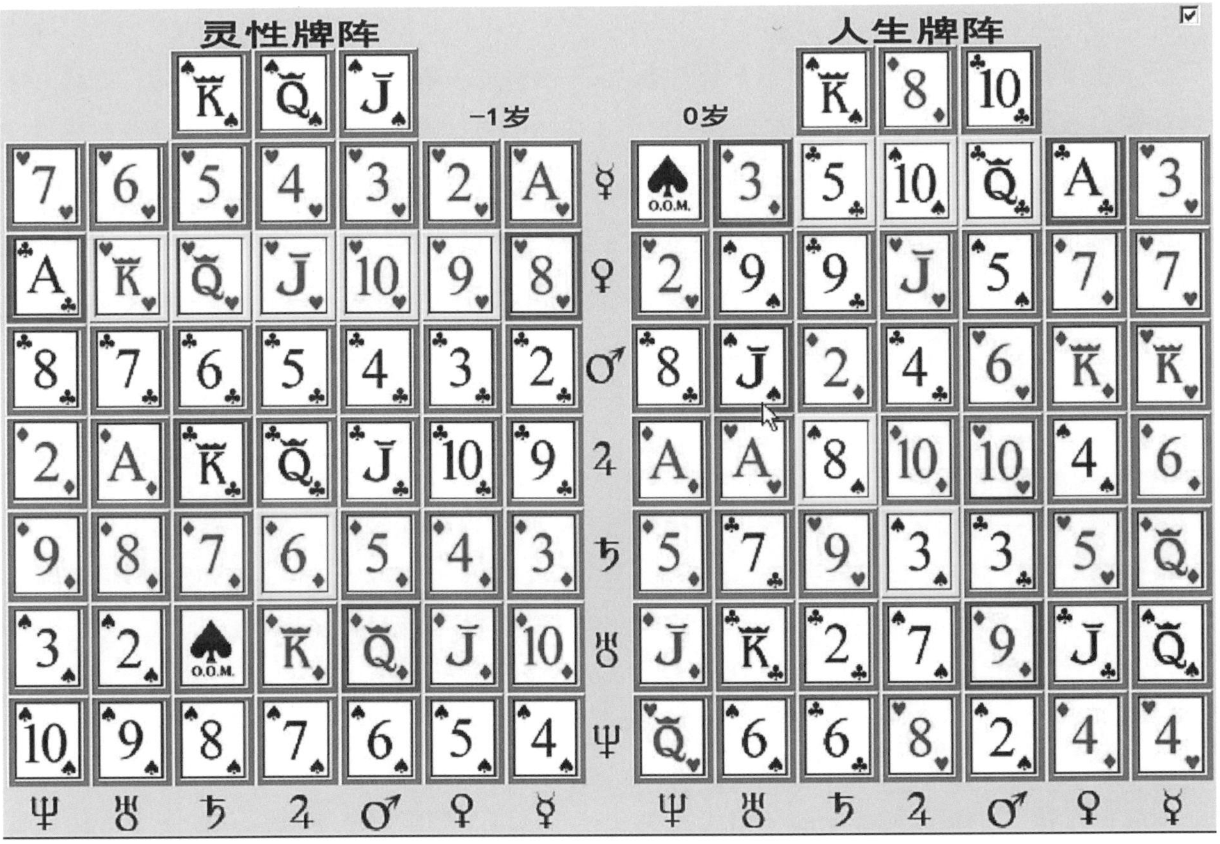

灵性牌阵　　　　　　　　　人生牌阵

-1岁　　　0岁

上面的牌阵图中我们可以看到 4 个关系连结的对比。首先，在灵性牌阵中 K♣ 和 Q♦ 之间存在着对角线金星连结，两张牌之间是一张 6♦，这张牌有着不寻常的意义。当 K♣ 的人和 Q♦ 的人在一起时，我们可以推断出他们的相聚是要解决和完成来自前世（灵性牌阵）的财务和经济议题。这未必是一种负面的业力债务，特别是由于他们始于金星的关系，这很有可能对双方来说都是好的业力。他们之间共同的爱对于他们来说已经是一种业力偿还了（6♦）。他们要做的是偿付爱的债务。

再来看第二个例子，灵性牌阵的 8♥ 和 A♣ 之间是天王星连结，牌阵上两张牌之间有 9♥、10♥、J♥、Q♥、K♥ 这几张强大的红心牌。灵性牌阵的天王星连结代表两个人在过去世（灵性牌阵）同属于一个灵性组织或团体（天王星）。同时也表示在那个前世中两个人真正学习了尊重对方的个体性特征和给予对方充分个人自由的课题。而灵性牌阵上在这两张牌之间的牌，可能代表那个生世同一类特质的团体中的其他成员。由于这个团体的成员都是红心人，这极有可能是一个音乐类或艺术类团体。

转到上图右侧的人生牌阵中，首先我们可以看到，3♠ 和 J♠ 在人生牌阵中是对角线金星连结，这两张牌之间有一张 8♠。如果他们两人在一起，他们之间的爱（金星）会和工作或和某种权力有相当多的关联。当他们在一起时，彼此之间的友情或亲密关系会创造出一股巨大的力量。

人生牌阵中的另一个例子是 3♦和A♣之间，3♦是A♣在人生牌阵的木星牌，如果A♣的人和 3♦的人在一起，A♣会享受到来自 3♦带来的有益的木星影响。牌阵上这两张牌之间坐落着 Q♣、10♠和5♣，这几张牌明确阐释了木星的能量影响，它们既可以体现在世俗层面也可以体现在灵性层面，如何体现取决于关系中两个人的本质特性。由于三张牌中的两张都是梅花牌，这种木星的祝福一定是与信息相关，很可能是神秘信息。而另一张牌 10♠则表示3♦人也会为A♣人带来生意上的成功。

上面列举的这些例子说明了牌阵中有连结关系的两张牌之间的那些牌很重要，它们可以帮助两张牌共享的连结揭示出更多的内涵和特点。我建议你仔细查找这些牌，几乎在每个相对位置连结的牌之间都可以找到它们。

7 年周期中和流年周期中的关系连结

你已经在人生牌阵和流年牌阵中查找关系连结建立了非常好的基础。正如我早些时候提到的，当我们解读和对比两个人的关系，首先要查看这两个牌阵，这是最能展现长远意义的地方。但在有些特定时期，如流年周期和 7 年周期也非常重要。因此了解这些特定时期中一个人对另一个人的影响会有很大帮助。当你生命中某个人的牌是你 7 年牌阵的结果牌（也是你 7 年牌阵的宇宙回报牌）会怎么样？如果你自己的牌出现在 7 年周期的天王星年、海王星年又会如何？我已经发现 7 年结果牌的作用至关重要。就我个人的经历而言，三年前（1991年）我提前预测到我儿子的出生，因为我当时 7 年周期的结果牌是 K♥。结果牌或宇宙回报牌通常是你认识或遇到的人的生命牌或守护牌（如果不是这张牌，就是这张牌的潜在牌）。我儿子的出生是非常好的例证，因为同时在生命牌和潜在牌两个方面有所显现。

下面的牌阵图是我 35～41 岁的 7 年牌阵，K♥是我 7 年周期的结果牌或者说宇宙回报牌，请注意 K♥的潜在牌是 7♠和 K♦。这个 7 年中最开始的 3 年我并不知道出生的是女儿还是儿子，也不知道孩子会是哪张牌，只是根据 K♥判断出我可能会成为父亲，K♥对男人而言有成为父亲的意思。在我 41 岁时，我妻子生下了我们的儿子，他的生命牌是 K♦。

这在任何关系中都会奏效，当我们接近 7 年周期的末尾时，这会变得格外重要。如果你或者你的个案处于单身状态，正在寻觅一位合适的对象，极有可能在这个时期你最终选择在一起的人就是 7 年周期结果牌对应的人。

流年牌阵中所昭示的也是同样的状况。一般来说 7 年周期牌比一年周期牌会更重要，因为它们掌管着更长的时期，因此我会首先查看 7 年牌阵。另外一个你务必要关注的点是，应该同时查看你所查找的牌的潜在牌。我儿子的生命牌 K◆ 的例子会让你深入理解这一点。

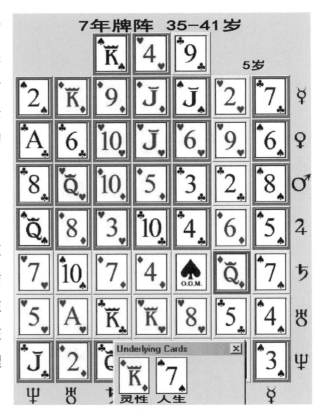

例外的情况

我发现一些夫妻在人生牌阵及灵性牌阵中确实没有强烈的连结。起初这种情况让我很迷惑，很显然这些夫妻之间有着非同寻常的联系。曾有一对情侣，他们有了一个孩子之后就结婚了。但他们的生日（5 月 14 日和 2 月 3 日）不像很多夫妻彼此之间匹配度那么高。当然所有的两两关系之间都会有一些连结，但我认为这两个人实际上比这些关系连结所展示出的拥有更多共同点。很快我发现他们在 7 年牌阵中有强烈的连结，强烈程度远超过在人生牌阵和灵性牌阵中看到的连结。由此我明白了一个道理，出现在我们人生周期中的关系连结真的非常重要。在人生牌阵、灵性牌阵中找到的关系连结一般都是最重要的，而现在我们讨论的情况是一个例外。事实上人生牌阵、灵性牌阵中展示的关系连结仍然是最关键的，因为它们会从长远的角度告诉我们这个关系连结的展现，但两个人之间 7 年牌阵的连结在那个时期会取代人生牌阵和灵性牌阵中连结的影响。

其他的例子

即便从两个人的生日看，他们之间的连结非常紧密、强烈，仍然应该针对当下的关系去查看 7 年牌阵中的连结。7 年牌阵的连结可能会展现出与两个人惯常的互动模式相反的一面，这时候经常会揭示出一个隐藏的主题，可以解释他们之间到底发生了什么。

在下面的牌阵图中，我们会看到 7 年牌阵和流年牌阵中 Q♣人与 J♦人之间的关系连结。在灵性牌阵中，他们拥有最好的连结之一的双向金星连结，除此之外，J♦的一张业力牌是 J♣，J♣是 Q♣灵性牌阵的月亮牌，每一个因素都诠释了这两人能享有非常令人满意的关系。但在我们下面要列举的例子中，流年牌阵和 7 年牌阵的连结则会使他们的关系尝试不同的体验方式。查看左边的 7 年牌阵会发现，从 Q♣的角度来看，J♦是他的直接土星牌和垂直海王星牌，7 年周期的直接土星牌会在两个人之间造成很多障碍和摩擦，让他们原本契合的关系变得紧张起来。如果你更仔细地观察，还会看到 7 年周期中 Q♣置换了 2♠，2♠是 J♦在人生牌阵的直接火星牌，也是灵性牌阵的冥王星牌 6♠在人生牌阵相同位置的牌。出于这个原因，作为 J♦的人在那个时期也许会发现一些关系中面临的挑战。要记得我们现在只是在 Q♣的牌阵中查找关系连结。我们也要查看任何与她产生联系的 J♦人的牌阵，可能是年轻的 J♦人也可能是年长的，从而得到关于他们关系的全貌。

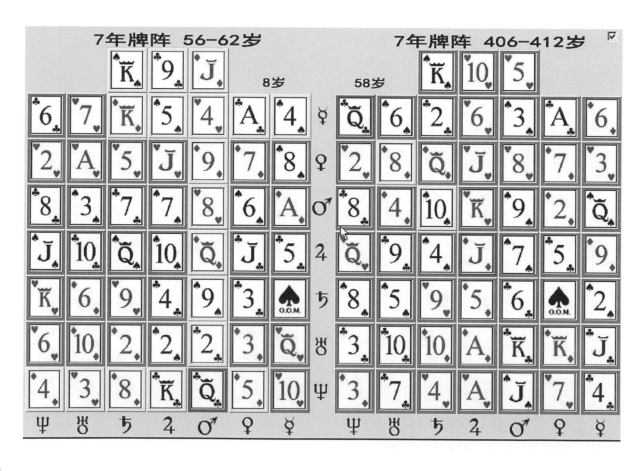

看向 58 岁流年牌阵我们会立刻发现，Q♣和 J♦有一个双向火星连结。这具有创造出挑战和困难的潜力，而 Q♣置换人生牌阵的 A♠也是引起挑战性关系的一个因素（A♠在人生牌阵坐落在水星行/海王星列，这个位置又恰好是 J♦在人生牌阵的垂直土星牌、J♦在灵性牌阵的双向土星牌）。汇集了上述所有信息之后会发现，当前的流年周期和 7 年周期对于 Q♣和 J♦的伴侣关系来说颇为困难。

纸牌科学全探索

联合解读关系连结的技巧

在这里你应该看到我所展示给你的，并且从中学到一些重要的内容。我不仅比较两张牌在 7 年牌阵和流年牌阵的相对位置连结，也要回到人生牌阵和灵性牌阵去查看它们的相对位置，来确认他们的牌在当前年份的位置连结与终生位置之间的关联，这种联合解读关系连结的技巧通常会揭示出你平时很难发现的细节，而恰恰是这些细节能向你解释当前年份到底发生了什么。下面我们来举一个有趣的例子，请尝试用不同的视角去理解。

我会以我结婚那年的流年牌阵为例进行说明。我娶了一位天蝎座的女士，她的生命牌是 K♣，守护牌是 4♦ 和 Q♥。她父亲的牌是 8♥，正好是她人生牌阵的直接土星牌，我们结婚那一年我置换 8♥ 这张牌。在我们结婚之前她和父亲的关系有很多需要处理的地方。她要去解决他们之间的这些课题。结婚那一天，她父亲把她的手交给我，从那一天起，我取代她父亲成为她生命中最重要的男性，正如牌面所显示的。

另一个有意思之处是，这一年 A♠ 坐落在人生牌阵原本属于 K♣ 的位置上，尽管这不是她的流年牌阵，还是会指出我在结婚那年如何看待她。我看到她那年发生了惊人的转化。不仅如此，我和她那一年开始全职从事纸牌工作，A♠ 同时也说明了这一点。

最终，如果你在我流年牌阵中看到她生命牌 K♣ 的位置，你会发现 K♣ 置换人生牌阵水星行/水星列的 3♥，3♥ 在她的流年中显著地表明她的生活中发生了什么，至少是从我的角度来看。这代表她与原生家庭之间需要做大量的沟通和交流，并且她与家人的关系面临很多不确定性。

7年牌阵　273-279岁

39岁

K♠	A♠	Q♠				
5♦	5♠	J♦	8♦	8♠	2♠	K♣	☿
A♣	7♠	J♠	J♣	9♣	9♥	9♦	♀
8♠	3♣	9♥	J♥	10♦	6♦	K♦	♂
6♠	2♥	2♣	6♥	Q♦	10♥	10♣	♃
5♥	A♥	7♦	4♣	4♣	3♠	4♦	♄
4♥	A♠ (O.O.M.)	3♣	3♦	5♥	10♠	2♥	♅
7♣	8♣	K♥	Q♠	7♥	6♥	Q♠	♆

♆ ♅ ♄ ♃ ♂ ♀ ☿

现在要讲的是一个强大而有用的技巧，你可以立刻就去尝试。查看你的流年牌阵，找到对你来说比较重要的人的生命牌。接下来查找这样两张牌。第一，在那一年的牌阵中，查看哪张牌置换了他们的生命牌。第二，查看他们的生命牌置换了哪张牌。这两张牌会告诉你，那一年中你是如何看待这个人的。

关系连结解读举例

下面用到的例子中，我们只为每个人使用前四张个人象征牌，不会用到行星守护牌的业力牌。

金·贝辛格　出生于 1953 年 12 月 8 日

亚历克·鲍德温　出生于 1958 年 4 月 3 日

	生命牌	行星守护牌	生命牌的第一张业力牌	生命牌的第二张业力牌
金·贝辛格	10♣	A♣	J♠	4♠
亚历克·鲍德温	5♠	9♠	10♥	4♦

下面会列出两个人之间最重要的关系连结。

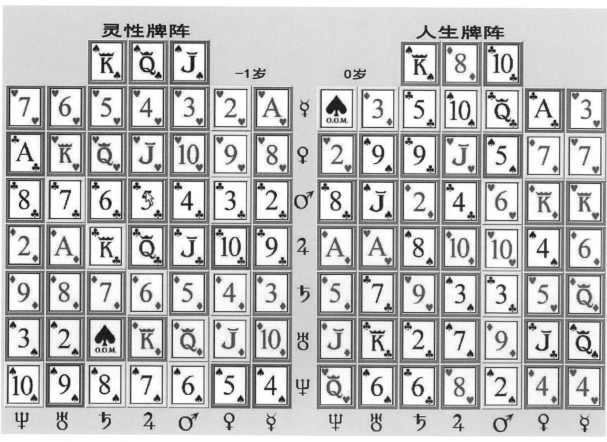

金·贝辛格（1953 年 12 月 8 日）和亚历克·鲍德温（1958 年 4 月 3 日）

1、首先使用生命牌与生命牌的连结。在人生牌阵中，金的 10♣ 是亚历克的 5♠ 的垂直金星牌，如果从 10♣ 数到 5♠，亚历克就是金的垂直天王星。因此我们看到了他们关系中一分为二的特点，那就是从亚历克的角度来看，体验到的是金星能量，而金体验到的则是天王星能量。天王星连结会在亲密关系中造成一些困难，因为它会造成意想不到的事情发生。对金来说，她会在与亚历克的亲密关系中体验到这一点。

2、在灵性牌阵中，10♣ 是 5♠ 的垂直火星牌，而 5♠ 是 10♣ 的垂直木星牌。这个垂直的火星连结使得金对亚克力具有无法抗拒的诱惑力，就像他们在电影《抱得美人归》所扮演的角色第一次相遇时一样。在那部电影中他们激烈地争吵，激情地缠绵交欢，他对她始终难以忘怀，两人分分合合前后结了大概 5 次婚。

最前面的四个关系连结固然涵盖了最重要的关系模式，但还有一些其他的连结也值得一提。

3、在人生牌阵中，亚历克的 5♠ 是金的 A♣ 的冥王星牌，这个连结看起来对金远比对亚历克更具挑战性。

4、在灵性牌阵中，金的 4♠ 是亚历克的 5♠ 的月亮牌，同时金的 J♠ 还是亚历克 9♠ 的金星牌。依我之见，这两个连结可能是促成他们结婚最重要的连结。

比尔·克林顿　出生于 1946 年 8 月 19 日

希拉里·克林顿　出生于 1947 年 10 月 26 日

	生命牌	行星守护牌	第一张业力牌	第二张业力牌
比尔·克林顿	7♣	7♣	8♦	J♠
希拉里·克林顿	9♥	Q♠ K♣	7♦	

这个例子很好地展示了两个人互为对方的月亮牌时所构成的"共同领导"关系。首先，在人生牌阵中希拉里的 9♥ 是比尔的 7♣ 的月亮牌，而比尔的业力牌 J♠ 是希拉里第一张行星守护牌 Q♠ 在灵性牌阵的月亮牌。而且，在人生牌阵中希拉里的行星守护牌 Q♠ 是比尔的生命牌 7♣ 的金星牌，第二张行星守护牌 K♣ 是比尔的 7♣ 的海王星牌。这两个连结让他们的关系富有浪漫色彩。还是在人生牌阵中，比尔的第二张业力牌 J♠ 是希拉里 K♣ 的垂直火星牌，而 K♣ 是 J♠ 的垂直木星牌。这些在伴侣之间都是非常好的连结。另一个重要的连结是灵性牌阵中比尔的 7♣ 和希拉里的 K♣ 形成的天王星连结。说明他们之间存在深厚的友情，这友情支

持着彼此做各自想做的事。以上所有这些关系连结无一不阐释出二人亲密关系很牢固而且极可能携手到老。他们对彼此都有很大帮助，几乎不存在会造成关系持续紧张的连结。

比尔·克林顿（1946 年 8 月 19 日）和希拉里·克林顿（1947 年 10 月 26 日）

流年牌阵中的组合连结

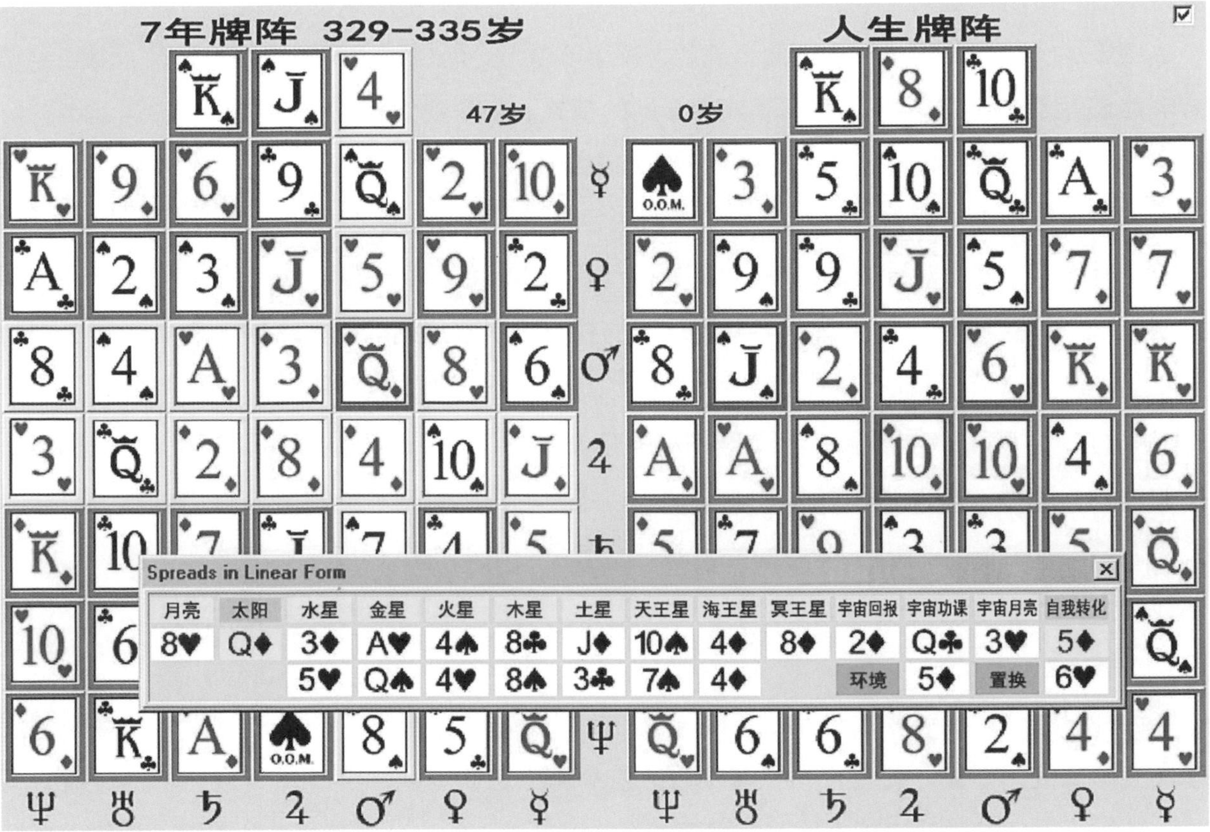

7年牌阵 329-335岁
人生牌阵
47岁
0岁
Spreads in Linear Form
月亮 太阳 水星 金星 火星 木星 土星 天王星 海王星 冥王星 宇宙回报 宇宙功课 宇宙月亮 自我转化
8♥ Q♦ 3♦ A♥ 4♠ 8♣ J♦ 10♠ 4♦ 8♦ 2♦ Q♣ 3♥ 5♦
5♥ Q♠ 4♥ 8♠ 3♣ 7♠ 4♦ 环境 5♦ 置换 6♥

罗伯特・李・坎普的 47 岁牌阵上与特瑞莎的连结

从上面的牌阵图中可以看到我本人的流年牌阵，用这个例子来说明众多连结组合起来使用的技巧。在我 47 岁生日的前几周我遇到了特瑞莎，她是生命牌 6♥的太阳天蝎座。我的确曾设想过，在我 47 岁时可能会遇到一个 6♥的人。因为在我 46 岁这一年置换 3♦，就遇到了几个 3♦的人。所以当我在阿什维尔做演讲时遇到特瑞莎并没有令我感到特别惊讶，那时我还住在田纳西州的查特怒加市。在我生日之后的一周，我和她有了最初的私人层面的接触，那一年的 7 月 20 日——我生日的 17 天后，我们开始进入一段亲密关系中。特瑞莎是天蝎座，有两张行星守护牌 J♠和 10♦。除了灵性牌阵和人生牌阵中的连结，流年牌阵中的连结更像是在以现实中的真实面貌示人。我流年牌阵金星时期的牌是 Q♠，这张牌代表特瑞莎，因为她的行星守护牌之一是 J♠，而那个时期正是我们的亲密关系形成的时候。在我的金星时期我决定搬去和特瑞莎同住，与她生活在一起。

我遇见她之后便对将要发生的事有预感。我火星时期的牌是 4♠，4♠的潜在牌也恰恰是她的守护牌之一 J♠。我有强烈的预感，我将会搬家并购买一所房子，与她和她的儿子一起建立一个家庭。同时，在人生牌阵中我的 Q♦ 和她的 6♥ 有一个双向的金星连结，这两张牌之间的牌正是 4♠。出于这样或那样的原因，4♠ 在我们的亲密关系中包含了重大的意义。

由于那一年我置换 6♥，因此必须要为特瑞莎付出。而且我还是她的业力表亲，能量流动方向也是我流向她，这再次确认了我给予她的模式。自从我们相遇我就感知到了这连结的能量流动趋势，我也很愿意遵循能量流动的方向去给予。但 6♥ 作为置换牌也标志着学习承担关于爱的责任的功课。这是一种土星与金星的组合能量，红心花色与金星能量相近，数字 6 代表着土星的业力法则。很有趣的是，从占星上来看，我 47 岁一整年都被土星与金星结合的能量所影响。在这一年，我也得到了从特瑞莎的视角来观察生活的机会。她人生牌阵的土星牌 6♦ 是我 47 岁牌阵土星牌 J♦ 的潜在牌。她人生牌阵的冥王星牌 10♦ 是我 47 岁牌阵冥王星牌 8♦ 的潜在牌。再有，她的两张行星守护牌所在人生牌阵的位置正是我 47 岁牌阵火星和冥王星的位置，因此这一年中她既是我的火星人也是我的冥王星人。无需多言就可以看出，这会是充满张力和戏剧性的一年。我们的关系开始于金星与冥王星形成三分相的那一天，这构成了我们之间金星/冥王星相结合的关系。

这种情况一直延续到下一年我置换 4♣ 为止。在这里我不再赘述当中的细节。4♣ 是特瑞莎人生牌阵的水星牌，她生命牌 6♥ 所在人生牌阵的位置是我 48 岁牌阵月亮牌的位置。同时，她的行星守护牌再次成为我流年牌阵中牌的潜在牌。但这一次有所不同的是，她的 J♠ 是我 48 岁牌阵金星牌 4♥ 的潜在牌，她的 10♦ 是我那年海王星牌 7♣ 的潜在牌。当这崭新的一年在我们生命中铺展开来，我衷心希望我们的关系能迈进新的纪元并且变得更加缓和顺畅。

新的亲密关系连结

每当新的启发和灵感出现总是让我格外兴奋。这让我意识到纸牌系统尚有很多未知领域等待我们去了解和探索。言归正传，我要向你介绍一种全新的关系连结，这连结非常强大，而且无法在人生牌阵和灵性牌阵的任何一个牌阵中找到。它几乎存在于任意两个人的生日之间。这个连结不再依靠大太阳牌阵中的牌及其相对位置，它可能发生在看起来似乎并没有那么匹配的两张牌之间。然而，这个连结所带来的亲密感不亚于金星连结或日月连结。我把它称作"置换连结"。这个连结出现在当两个人在各自的流年中每年都置换同样的牌的情况下。这个连结的强度也很大。两个人的出生日期（月份和日期）挨得最近的，连结的强度也最大。因此，你和另一个人的出生日期距离越远，这个连结就越弱。关于这一点我所研究的还不足以得出确切的结论。出于这个考虑，可能只对生日的间隔在一个月之内的部分人奏效。我还是通过举例进一步解释一下这个连结。

最初引起我注意的是我的一个朋友。她是天蝎座的 K♣（11 月 7 日），她母亲是是射手座的 4♦（12 月 1 日）。首先，她们都有 4♦ 这张牌，4♦ 是我朋友的守护牌之一。她们有 25 岁的年龄差，但每年有一个月的时间，她们几乎同时会有相同的置换牌。她们生日（月份和日期）相距不超过一个月，因此大概会有 3～4 周的时间两人处于同一行星时期。我相信这在她们的关系中会造成强有力的影响。思考一下我所说的，你会知道我所讲的意思。

从某个特殊的方面来说我们的置换牌非常重要，它决定我们流年中每一个时期的潜在牌是什么。这些潜在牌通常对流年中的各个行星周期实际发生的状况施加了很大影响，这种影响甚至无法从行星周期牌上看出来。潜在牌和流年牌阵中的垂直牌不是一回事，在《生命之书》中没有讲过这张牌。你流年牌阵中的每一张牌都有两张潜在牌，它们会向你展示更多关于当前周期的具体情况。因此，当你和某个熟悉的人在每一年都置换同一张牌，那么你们的潜在牌也会相同。这会让你们每一年发生的事情具有一定相似性。除此之外，如果你们的生日刚好又非常接近，有时候你们就会处于同一个行星周期。这就会造成你们共同面对同样的事情，而且这些事件就发生在你们同处于的行星周期。以我个人之见，这种连结会使两个人很紧密，不管有意还是无意，都可以让两个人走到一起。

3 年前我搬到阿什维尔之后，结交了一个非常要好的朋友。他是巨蟹座的 K♥（1943 年 6 月 30 日）。而我出生于 1953 年 7 月 3 日，尽管我们的个人象征牌不同，年龄相差 10 岁，但我们每一年有相同的置换牌，每年的行星周期有相同的潜在牌。我们的生日仅相差 4 天，我们在同一地域居住的那些年，两个人的关系非常紧密。现在我们流年牌阵中各自的牌非常不同，但由于我们的潜在牌相同，看起来就像是我们同时经历人生中相同的课题。

这个连结不是那么常见，很多人即便有这个连结也通常不会注意到它。但我每次都会看到这个连结出现在关系紧密的两个人之间。

在关系解读中看是否适婚的重要性

很多读过《爱情之书》的人会有这样一个误解，他们认为牌与牌之间的连结是衡量亲密关系质量的最重要指标，不管这个关系连结是否会起作用。事实上，这种理解是错误的。我曾看到很多夫妻的牌非常匹配，有很好的关系连结，然而婚姻最终还是走向解体。之所以说这个理解有偏差，并不是因为他们之间的连结不好，也不是书上写得不正确，这其中的主要原因是关系中的一个或两个人不适宜结婚。我们为伴侣做关系解读时的黄金法则第一条，就是查看两个当事人是否具备维系亲密关系的能力，这一条要在查看关系连结之前进行。有些人的确不太具备信守关系中承诺的能力，这样的人不管跟什么样的伴侣在一起都会是同样的结局。

如果你观察过很多人的人生道路就会发现，我们大部分人都沿袭着某种特定的模式。我们在自己的人生中不断重复同样的经历。拿我的一个姐姐来说，她整个人生都在重复同一个模式——找到新工作，工作表现出色，然后就会和一个或几个男同事发生争执，继而被辞退或者主动辞职。她是白羊座的 6♣，这种模式不仅限制了她的工作，也影响了她整个人生，同样的情况也发生在她的亲密关系领域。我相信你身边也有一些这样的人，他们不断在这个领域重复着旧有的模式。也可以说我们所有人都不可避免地重复着同样的模式。那些无力保持长久关系的人都有特殊的人生课题，这通常来自于以往生世的业力，使他们难以维持一段长久的亲密关系。这些人并非无法克服这个挑战，真正的问题在于会这么做么？或者说他们真的愿意这么做么？我的生日是 1953 年 7 月 3 日，我属于高度不适婚人群。到现在为止我已经结过 4 次婚。尽管我对这一次的婚姻感到非常满意和幸福，我期望自己不再离婚和再婚。但我对此不能十分确定。这并不是我当前婚姻中的任何一个亲密关系连结的错。关系的告吹和终结，完全是因为我没有能力或没有意愿长久维持下去。你怎么看 Q♦ 这张牌？这张牌的人生牌阵中有 4 张不同花色的 3，其中两个 3 分别在火星和金星的位置，这两个位置对亲密关系有着深刻的影响。我的第一张业力牌 3♦ 造成我犹豫不决、担忧纠结的个性，这个特点也体现在我的亲密关系中。《爱情之书》第七章针对适婚情况作了完整的说明。我强烈建议每个解读亲密关系的人先仔细阅读并熟悉这一章节。每张牌涉及的因素及适婚系数都做了列举和讲解。

因此，先查看关系中涉及到的人至关重要。除了审视是否具备保持长久亲密关系的能力外，还有一些其他因素也应该被考虑进去。比如，他们当下是单身吗？如果我告诉你我的很多个案和已婚人士陷入恋情，你可能会感到有些吃惊。单身也包含很多种形式，认识以下提到的所有形式会对你的解读有帮助。下面是一个简短的列表，我个人觉得非常有用。

1、他们结过婚吗？

2、他们快要离婚了或者正在办理离婚手续吗？

3、他们离婚之后是否还和前任保持密切的来往？

4、他们正处在一段感情当中吗？

5、他们是否下意识里已经决定不再对关系做出承诺？

6、他们是否处于两段关系的过渡期？

一个很好的例子就是 K♥的女性，这种情况并非发生在每一个 K♥人的身上，但我发现的确很常见。K♥的女性对亲密关系爱憎分明，从纸牌的角度来看她们非常擅长保持婚姻关系，通常在很年轻的时候就会进入对她们来讲很重要的一段婚姻中。之后她们很少会再次结婚，尽管余生中经常会宣称自己想要新的亲密关系。这是因为她们下意识就会轻视男人，觉得她们自己才是国王，远胜于男人。她们具有强大的阳性能量，并且渴望将男人曾经对她们做错的事"复位"，这会让她们长久保持单身。除非她们有一天能袒露和面对这些感觉，否则很难找到合意的伴侣。

　　2♦人也遇到类似的情况。2♦的金星牌是固定牌 8♣，一般来说他们对婚姻的态度非常固定，认为婚姻必须天长地久。这张牌本身非常缺乏安全感（人生牌阵的冥王星牌是 A♥）。因此他们通常很早就会步入婚姻，并且承诺婚姻永续。但 2♦的男人经常会有出轨行为，他们感情上的不安全感会引发婚姻中的两性问题。他们的婚姻很多时候以离婚告终，然后会暗自发誓，再也不允许同样的事情发生。所以你猜他们会怎么做？他们绝不会再步入婚姻。

　　我已经见识过足够多这样的例子，一些不擅长维持长久关系的人和已婚人士相爱。这种情况发生得太过频繁。当某些人在感情上被已婚人士所吸引，那么答案很明确，这个人其实还没有准备好对一段关系做出承诺。这可能出于很多原因。我也曾见过一些原本很适合结婚的人，在某段特定的时期也会和已婚人士来往，这经常发生在过渡期。那些准备离婚的人处于情感的过渡期。即便不是离婚，当一些人离开一段重要的亲密关系时也需要一段过渡期。过渡期一般会持续 1～2 年，在这段期间，这个人还没有准备好进入一段长期的亲密关系中。

　　当评测两个人的亲密关系成功的可能性时，所有这些因素都必须考虑在内。不能仅凭关系连结就对关系做出判定。正确的做法是，彻底审视关系中两个人各自的所有具体情况后，最后再来查看亲密关系连结。

　　我们在亲密关系中所做的大部分决定都在纯粹的无意识中进行。理解这一点非常重要。并不是我们的头脑在为亲密关系做出选择，而是我们无法控制的部分在促成这个决定。当我们被某个特定的人吸引或决定和谁发生性关系以及结婚时，我们是被一种力量所牵引，是这些无形中的力量驱动着我们。要关注适婚指标，因为它通常是无意识作用下的影响。

日月连结

　　我近来做了大量的个案解读，其中大部分个案都在经历亲密关系的挑战，而这些人的亲密关系有一个共性，那就是都存在日月连结。我认为对像我一样学习和解读纸牌的人来说，了解日月连结如何在现实生活中起作用会对自己的解读非常有帮助。日月连结在大多数婚姻关系中都能找到。我没有计算过具体的比例，但我估计应该占到总数的 70% 左右。当人们遇到自己日月连结的人常会立即感到一种天然的默契和亲近感。彼此之间的交流非常轻松和容易，并且能够找到共同兴趣点。即便其中的一个人不是很健谈，当他和日月连结的人在一起时也会变得很乐于沟通。如果是灵性牌阵的日月连结，比如 3◆人遇见 4◆人，也会有深切的亲昵感立现于前，这种感觉很神秘且不可思议，完全不受彼此相识时间长短的影响。之所以如此是因为两个人在以往生世曾经在一起。对彼此很熟悉、相处很轻松的感觉很难用理性解释清楚。这让我们和自己日月连结的人在一起相处会很舒服。对很多人来说，仅仅是这种舒适的感受就足以让他们感觉似乎"永生永世在一起"。但并不是所有的日月连结都会起作用或持续下去。为了阐释这一点，我们列举出以下几个原因。首先，我们来看日月连结能量的定向性。

　　在日月连结中，一张牌在另一张牌之前，这是因为人生牌阵中的牌遵循着特定的顺序。就像是一张牌跟着另一张牌不断向前行进。在这种秩序之下，这副牌中的每一张都跟随着一张牌，同时也被另一张牌跟随。

　　我们来看下大太阳牌阵图，也是我们的人生牌阵图。牌阵右上角的 3♥是起点，按照从右到左的顺序行进，在 3♥的左边是 A♣，然后是 Q♣、10♠、5♣、3◆、A♠、7♥，以此类推。行进到牌阵左下角的 Q♥之后，紧接着就来到皇冠行的 10♣，然后是 8◆和 K♠。到了 K♠就再次回到 3♥。在下面列出几对日月连结的牌中，我们很清晰地看到哪张牌跟随哪张牌。仔细研究这些例子你就会知道我讲的这些是如何展现的。

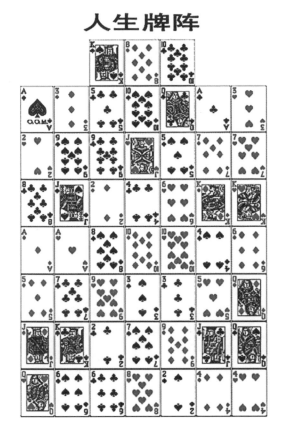

人生牌阵

太阳牌（引领者）	月亮牌（跟随者）
7♦	7♥
7♥	A♠
10♣	Q♥
3♥	K♠
8♣	J♠
Q♦	A♦
6♣	8♥

人生牌阵的日月连结

每张牌都被另一张牌所跟随，跟随它的那张牌就是这张牌的月亮牌，被跟随的牌就是太阳牌。在这里我们只给出了人生牌阵的例子。灵性牌阵中的连结也同样重要，当然这很容易找到。这是因为灵性牌阵的牌以一种"完美秩序"被排布。不像人生牌阵以 3♥ 作为起点，在灵性牌阵是以 A♥ 作为开始，其后按自然顺序排列依次是 2♥、3♥、4♥ 等，花色的排序先是红心，然后是梅花、方片、黑桃。不管你拿起哪一张牌，都能很轻易地确定它在灵性牌阵的月亮牌：那就是比这张牌低一个数值的牌。下面有一些灵性牌阵日月连结的例子，你可以很快找出来。

灵性牌阵的日月连结

你可以用生命牌、行星守护牌和业力牌来查找锁定它们之间的连结。但生命牌和行星守护牌是所有牌中最重要的。

现在我想深入探讨关系中月亮牌和太阳牌之间的差别。其差别主要源于这关系的定向性特质。首先要提到的一个重点是，这些连结中角色的选定从不会改变。从一降生，这个角色的特性就已经被设定好，两个人之间如果是日月连结，太阳人永远是太阳人，月亮人永远是月亮人。出现在流年中的连结可能会在一定程序上削弱这连结的能量。但流年的影响再强也比不过人生牌阵中连结的影响。如果你和亲密关系中的另一个人之间只存在日月连结，这个连结已然定义了你们之间的互动方式，这种方式不会发生变化。了解这一点会将你拯救于经年的挣扎，让你更加坦然面对。在人世间所做的任何努力都不会改变这个连结的能量流向。

太阳牌（引领者）	月亮牌（跟随者）
7♦	6♦
7♥	6♥
10♣	9♣
A♥	K♠
8♣	7♣
Q♦	J♦
A♠	K♦

　　让我们举一个普通的例子说明日月连结。假定一位 J♦ 的男士遇到一位 Q♦ 的女士。由于 J♦ 是 Q♦ 在灵性牌阵的月亮牌，这位男士完全被 Q♦ 女士迷住，他感觉到无法抗拒的亲密感和默契度。在灵性牌阵中她"排在他的前面"。她能带给他好的点子和一个全新的视角，还能贡献给他意义深刻的交谈。对这位女士来说，她感觉男士是命中注定出现在生命中的，她也很享受和他在一起的亲密感。他会用自己独特的方式进一步激发这种共有的亲昵感。他自发产生出一种想要照顾她的愿望。不管从任何方面看来这都是一对理想伴侣。但是，如果 J♦ 的男士有强烈的大男子主义倾向，他可能不想跟随其他人，更遑论是一个女人。很多男性都持有这一观点。这样在他们的关系中，跟随的一方没有遵循能量的定向性。我也的确看过很多男士从这样的关系中离开。而且通常这离开发生得很突然，人间蒸发后不留下只言片语。这是因为他内在很清楚这关系中的天然模式是无法改变的，他没有什么可争取或辩白。这样的男士会选择突然消失然后和其他人结婚。一个非常典型的例子就是麦当娜（Madonna）和肖恩·潘（Sean Penn），她是 10♣ 而他是 9♣，他有强大的男性自我意识，不喜欢在关系中扮演属于女性的角色。他和另一个出生于 1966 年 4 月 8 日/K♦2♦ 的强大女性罗宾·怀特（Robin Wright）也是以分手告终，但这段关系中他不是罗宾·怀特的月亮牌。

　　一个女性如果吸引了一个作为她月亮牌的男性来到亲密关系中，通常是因为这个女性在关系中想要拥有掌控力。当然，男性吸引一个月亮牌女性进入关系也是同样原因。但在这里我想指出的是，一个害怕在关系中失去控制力，害怕被男性照顾的女性，一般倾向于找到为自己扮演月亮角色的男性。这样的女性把这些男性当作"较弱小的男人"。因此我们通常会发现，在关系中充当太阳牌角色的女性有一种与生俱来的盛气凌人，她们只是不愿意或不能让自己在关系中居于"被给予"的地位。举例来说，北交点在天蝎座或北交点位于第八宫的女性，通常在接受男性的给予方面存在困难。这样的女性一般会选择自己的月亮牌男性做伴侣。事业心强的女性也会做出相似的选择。这样的女性拥有较强的阳性能量。一般情况下她们在男性占多数的环境中更为舒展，如果周围都是女性会让她们感到不适。有时候你会发现她们少有亲密的女性朋友，相反却有很多不错的男性朋友。这是男子气概占主要地位的几个标志。很多这样的女性和自己的月亮牌男性建立起美满的婚姻关系。尽管如此，在随后的相处中男性可能想要让自己更加"闪耀"，一旦这种情况发生，这个男性需要被认可和肯定的渴望也许会制造出关系中的冲突。由于这样的关系对男性来说不再适合，可能会导致婚姻的解体。

有一些选择月亮牌人作为伴侣的女性仅仅是害怕男性会比她们自身更强。选择月亮牌人就永远不用面临被挑战的局面。而有趣的是，同是这些女性也期待能找到让自己尊重和仰望的男性共度一生。这种特质的女性迟早会选择对方是太阳人，而自己作为月亮人的亲密关系。

很多时候一段关系中存在两个日月连结。关系中的两个人既是对方的太阳人，也是对方的月亮人。第一个日月连结可能存在于一个人的生命牌和另一个人行星守护牌之间，第二个日月连结可能存在于一个人的行星守护牌和另一个人的一张业力牌之间。当这些日月能量以均衡的方式显现，关系中的两个人扮演的角色也同样均衡。伴侣双方轮流去扮演各种角色，或者每个人都选择他们彼此更认可、更愿意遵循的那个角色。这样的亲密关系将会非常令人满意和愉悦。

不管两个人在性的方面如何展现，日月连结已经确定关系中谁会充当更具阳性能量的角色，谁又扮演阴性特质更强的角色。这对于理解伴侣之间动态平衡中最关键的部分颇为有益，这种动态平衡指出了两性关系的核心。即使是同性别恋情中，牌也能清楚地确定谁扮演什么角色。

这种"性别之舞"是很神奇的。其中没有固定不变的规则。而且谁扮演太阳或月亮的角色无关紧要，也不需要有任何基于恐惧的潜在因素。最终在我们每个人之内都会既包含男性能量也具有女性能量。我们选择搭档来平衡自身的能量，或者通过同伴反射出我们自己，在这样的过程中，我们在亲密关系中获得满足与和谐。

太阳牌人	月亮牌人
想要做关系的主导者	想要支持和滋养太阳牌人
对关系有更多的掌控力	对关系的掌控力较弱
想为月亮牌人带来可以从不同方面帮到对方的新东西	享受太阳人带来的新点子、有用的信息及其他东西
是关系中的"给予者"和"保护者"	是关系中的"接收者"和"被保护者"
当自己的付出与贡献被月亮牌人接纳和认可时，会感觉被支持	为太阳牌人倾倒，甘愿追随他的脚步，想要和他亲近
当需要离开月亮牌人时，对太阳牌人来说相对容易	与太阳牌人关系破裂时，月亮牌人会很痛苦
不仰视月亮牌人	仰视和尊重太阳牌人
对关系的走向负有更大责任	对关系中的情感部分负有更大责任
感觉似乎自己承担了关系中太多的责任	感觉似乎自己从没有机会主导关系，或者总是在关系中扮演女性角色
在双方的争论中总能赢	在双方发生争执时总是输
在牌阵上总是坐落在月亮牌人的左边	总是坐落在太阳牌人的右边
不论性别如何，在关系中始终扮演类似丈夫的角色	不论性别怎样，在关系中总是扮演类似妻子的角色

纸牌科学全探索

第四章

牌义详解

THE ACE OF HEARTS

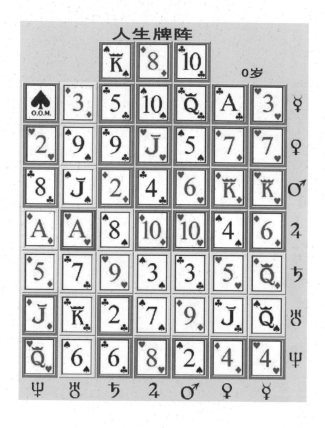

爱的渴望　自我找寻

本命牌阵

月亮	太阳	水星	金星	火星	木星	土星	天王星	海王星	冥王星	宇宙回报	宇宙功课	宇宙月亮	自我转化
8♠	A♥	A♦	Q♦	5♥	3♣	3♠	9♥	7♣	5♦	Q♠	J♣	9♦	7♠
		J♠	9♠	3♦	6♠	K♣	7♣			环境	A♥	置换	A♥

灵性牌阵

月亮	太阳	水星	金星	火星	木星	土星	天王星	海王星	冥王星	宇宙回报	宇宙功课	宇宙月亮	自我转化
K♠	A♥	2♥	3♥	4♥	5♥	6♥	7♥	8♥	9♥	10♥	J♥	Q♥	K♥
		4♠	10♦	3♦	9♣	2♣	8♥			环境	A♦	置换	3♥

人生牌阵位置：木星行/天王星列

灵性牌阵位置：水星行/水星列

业力牌：A♦（第一张）　3♥（第二张）

A ♥可以被称作"探寻幸福之牌"。它代表在情感领域中崭新的开始。它是灵性牌阵的第一张牌，两张业力牌分别是 3♥和 A♦。所有 A♥生命牌的人，行星守护牌无一例外都是 3♠，因为只有一个生日对应这张牌。我们可以马上认识到重要的一点，和 A♥有关联的牌除了 A 就是 3。这里要说的重点是，较小的数字往往不那么成熟。说这些牌不成熟并不是负面意义，也绝不是无礼地贬低。不成熟是指一个人在他人生的这堂大课上要通过犯很多错误来考验和磨练自己，以学会属于他花色和数字的牌对应的人生功课。在占星中我们发现这样一个特点，大部分红心花色的人，也是整副牌第一个花色的人，都有行星落在他们宫位的较低度数（较低度数是指 10 度之内）。红心花色本身也类似于纸牌数字中的 A、2、3，就特定人生课题和人格特质而言，它们都象征年轻、有活力以及经常疏忽大意的人生成长阶段。A 的人通常很有野心，攻击性强，有探索和发现的渴望，有一些鲁莽和以自我为中心，也经常因为过于旺盛的精力加上不计后果的作为犯一些错误。这些属于 A 的特点，A♥全都具备。另外，还要把 3 这个数字带来的势不可挡的影响考虑在内。数字 3 和占星中的双子座、第三宫、水星相关。双子座的象征是一对年轻的双胞胎，他们彼此相伴玩耍，时不时会拌嘴，注意力集中的时间很短。这是关于思维的宫位，所有生命牌或行星守护牌是 3 的人，他们对生活都有很强的思考能力和构建能力。这意味着他们通常会先行构思事情的脉络和发展，然后再到现实生活中应用和实践。这就是他们学习的方式。他们有太多东西需要学习，因为他们是所有数字中经验最少的。他们认为通过尝试内心所想，最终总会从结果中有所收获。只有通过亲身经历才能真正地学习，所谓实践出真知。因此，在某种程度上可以说所有数字 A 和数字 3 的人今生是来获得经验，以帮助他们将学到的知识转化为内在智慧。

A♥的人极其善于思考，有非凡的创造力。创造力强是所有数字 3 的人的共同特点。他们的思维很活跃，总是在修正和调整自己的想法，提出一些新的构思组合，冒出一些新点子，在这样的思维过程中他们能得到莫大的快乐。3 的人乐于把新想法和最初的点子汇合成一曲动人的思维乐章。A♥的人非常渴望得到爱，也希望在爱中体验多样性。与其说是一种渴望，更确切地说是体验多样性的爱的一种能力和驱动力。我认识的几乎所有 A♥的女性都有不止一位情人，而且是同时拥有几个情人。而 3 的人不管出于什么原因，天生就具有强烈的浪漫特质。他们喜欢投入于新恋情，追逐新的关系，陶醉于春天般繁盛的爱的轮回之喜悦中。也许他们能在非常浪漫的长久亲密关系中得到满足感，但事实往往并非如此。一般来说他们有广泛的兴趣点，热衷于探索爱的愉悦。3 的能量使他们在一段爱恋关系中停留的时间很短暂，要想吸引他们并让他们保持注意力需要花大量精力。就像双子座的双胞胎一样，他们不顾一切地想要得到自己未曾拥有的东西。

A♥人在工作中通常会相当地痴迷。有 3♠作为守护牌，相当一部分人都非常醉心于工作。因此生命牌 A♥的人，他们的人生同时富有对事业的强烈追求和对浪漫的热切渴望。他们在自己的职业领域都很成功。A♥的水星牌A♦给他们以野心和进取心。木星牌 3♣和行星守护牌 3♠给予他们通往成功之路的创造力。3♣的潜在牌是 K♦，3♠的潜在牌是 J♦。这些强大有力的潜在牌为他们在商业领域获得成就提供了切实的保障。还有一点要记得，所有A♥的人都是太阳摩羯座，他们本命牌阵中从金星牌到冥王星牌都坐落在大太阳牌阵的土星行。这会有一种强烈的驱力使他们成为职业典范，并让他们渴望创造辉煌成就。当然不是所有A♥的人都会如此表现，但的确有相当比例的人会是这样。

3♠这张牌还表明，A♥的人经常会遇到健康问题，而且习惯于多虑。自我转化牌 7♠也同样指出健康方面的课题。他们需要保持一种平衡的生活方式，这样才有时间去享受成功带来的丰硕成果。如果他们的工作失去控制，健康问题迟早会暴露出来。很多时候他们的健康问题源于 3♠引起的身心失调，这让他们对身体方面忧虑过度。强烈推荐他们通过瑜伽和冥想让自己的头脑安静下来。当停止向他们的大脑填充信息，治愈就奇迹般地发生了。海王星牌 7♣让他们天生具有忧虑的特质，但同时也赠予了他们超强的灵性洞见。很多A♥的人为他人提供了丰富的灵性知见和心灵上的鼓舞。

冥王星牌 5♦以及宇宙回报牌 Q♠的组合说明了他们终身的课题之一是改变价值观。5♦让他们对金钱充满不必要的担忧。同时这张冥王星牌 5♦也意味着，他们自身难以安定的特质会成为成功路上的阻碍。

不管A还是 3，本质能量都属阳性，因此所有A♥的女性在很多方面都展现出强烈的阳性能量。她们有着强大的意志力，习惯于按照自己的方式处理问题。她们选择的伴侣一般是自己的月亮牌人，而很少选择太阳牌人作为另一半。一旦她们发现自己的强大力量，就会想要在关系中充当主导者，而通常她们确实如此。Q♠对A♥的女性来说有双重含义。因为 Q♠是她们行星守护牌的身份牌，这意味着 5♦与强烈的浪漫渴望相关，并且与她们的女性身份相连（她们自身花色对应的皇后牌）。这一信息表明，她们一生中的感情生活不得不面对的挑战是情感难以安定。宇宙回报牌或者说结果牌就是要帮助她们找到女性化的一面。另外，我们还要考虑 Q♠原本的意义——自我驾驭。通过人生的种种挑战和历炼，A♥的人终将学会成为自己人生的掌舵者。最幸福的A♥就是那些能够最大化发展自己的能力和技术，达到他们早已实现（也是被土星能量驱动）的成功和巨大影响力（又一个土星影响或第十宫的特点）的人。A♥的人在运用个人力量和为自己的人生全权负责方面能教我们很多东西。他们向我们展示出一个果敢、有决断力而又野心勃勃的人如何实现目标。

THE TWO OF HEARTS

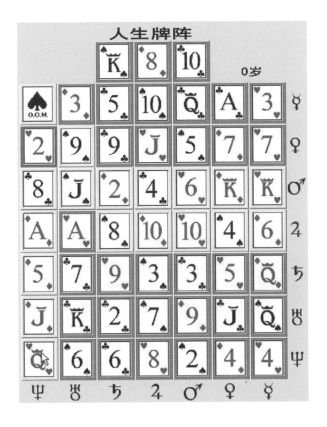

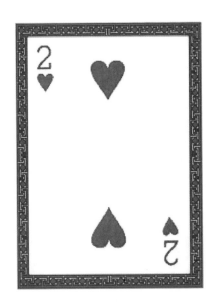

爱人

商业和爱的结合体

本命牌阵

月亮	太阳	水星	金星	火星	木星	土星	天王星	海王星	冥王星	宇宙回报	宇宙功课	宇宙月亮	自我转化
9♠	2♥	K♥	K♦	6♥	4♣	2♦	J♠	8♣	6♦	4♠	10♥	10♦	8♠
		A♠	Q♥	J♦	5♦	A♦	8♣			环境	2♥	置换	2♥

灵性牌阵

月亮	太阳	水星	金星	火星	木星	土星	天王星	海王星	冥王星	宇宙回报	宇宙功课	宇宙月亮	自我转化
A♥	2♥	3♥	4♥	5♥	6♥	7♥	8♥	9♥	10♥	J♥	Q♥	K♥	A♣
		5♠	J♦	4♦	10♣	3♣	9♥			环境	A♣	置换	A♣

人生牌阵位置：金星行/海王星列

灵性牌阵位置：水星行/金星列

灵魂双生子：A♣

作为拥有两个 2 的牌（行星守护牌 2♦），2♥可能是整副牌中最具女性魅力的牌之一。但女性特质如此明显并非没有弊端。女性特质偏向于被动地接受，同时也带有恐惧感，特别是害怕独自一人。这种过度的恐惧感让 2♥人在自己的亲密关系中总会做出糟糕的选择。一位名人玛丽·泰勒·摩尔（Mary Tyler Moore）就是 2♥，她曾在一次公开演讲中谈到自己对于孤独的恐惧。她曾是令整个国家为之倾倒的大众情人。水星牌 K♥ 一般指童年时期有一位强大的父亲角色，通常是一个很有支配欲和主导力的人。当这个女性成年之后也常会在亲密关系中吸引有强烈支配欲和统御力的成功男性（金星牌 K♦）。

2♥和 A♣是宇宙灵魂双生子，它们共有很多同样的特点和业力。就像 A♣和 A♥在亲密关系方面有很多相同的观念。 A♣坐落在人生牌阵的水星行/金星列。于是我们会在他们身上发现一种水星特质的爱。他们都是学习爱的信徒，以想象的概念为基础进入爱的学习课程。但由于坐落于金星行/海王星列的位置，2♥和 A♣这海王星式的梦幻之爱要比 A♥更加缥缈。这两张半固定牌的人深信，一定存在理想中的爱情，总会有一个人在爱的彼岸为他们守候。他们一直保有这个想法，从未放弃。可能他们在现实中没有真的和理想中的那个人相遇，但他们相信一定会有一个人在某个角落等待着他们。当他们感到自己的幻想破灭时仍然会以此想法聊以自慰。

由于行星守护牌 2♦的助力，2♥的人都很聪明，并且在商业方面很有天分。他们喜欢和朋友们保持紧密的关系，会爱上有商业才能的人，甚至可以和爱人在生意上双剑合璧、强强联合。虽然这种相处模式不推荐所有人使用，但对他们来说的确很有帮助。所有的 2♥都是摩羯座，由此可知他们都非常重视事业和生意。身为数字 2 的人，他们的逻辑指令性很强，大部分 2♥的人精于使用电脑和各种社交软件。他们注重细节，且拥有足够的野心在众多种类的商业活动中取得巨大成功。

2♥的人一生中充满了好运和有利影响。你注意到了么？他们的本命牌阵中没有奇数牌。他们太应该感恩生命的给予。但一贯性的恐惧心理会让他们隔绝生命中的祝福，直到他们学会如何感激所拥有的一切，祝福才会降临。

所有生命牌 2♥的人都有 2♦作为行星守护牌，他们最终共享了 2♦的特点。其中一个显著特征是在婚姻方面他们都有固化的观念。就像 2♦一样，2♥的人在一段糟糕的亲密关系中会呆很久，第一个原因是他们害怕孤独，第二是由于他们头脑中预设的观念，认为婚姻就该持之以恒。他们必须要学会分辨当下的亲密关系是否是他们梦想中的关系，或者仅仅是理想关系的合理化副本。他们所找寻的是真正的灵魂伴侣。不幸的是，他们中的一些人最终放弃了追寻，他们明明有机会拥有更好的却选择满足于当下。

THE THREE OF HEARTS

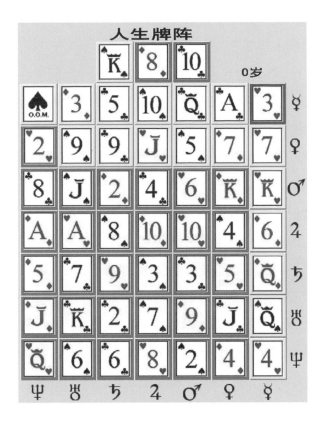

爱的多样性和不确定性

具有艺术才华

本命牌阵

月亮	太阳	水星	金星	火星	木星	土星	天王星	海王星	冥王星	宇宙回报	宇宙功课	宇宙月亮	自我转化
K♠	3♥	A♣	Q♣	10♠	5♣	3♦	A♠	7♥	7♦	5♠	J♥	9♣	9♠
		4♥	Q♠	Q♦	6♦	K♥	7♥			环境	3♥	置换	3♥

灵性牌阵

月亮	太阳	水星	金星	火星	木星	土星	天王星	海王星	冥王星	宇宙回报	宇宙功课	宇宙月亮	自我转化
2♥	3♥	4♥	5♥	6♥	7♥	8♥	9♥	10♥	J♥	Q♥	K♥	A♣	2♣
		J♠	6♠	Q♦	5♦	J♣	4♣	10♥		环境	A♥	置换	Q♣

人生牌阵位置：水星行/水星列

灵性牌阵位置：水星行/火星列

业力牌：A♥（第一张）　Q♣（第二张）

　　3♥从某种程度上说是被它的第一张业力牌 A♥ 所驱动。3♥人非常想要得到爱并且似乎永不满足。他们也想（3）让爱（♥）持续下去。在很多情况下他们表现得像我们前面讨论过的 A 和 2♥ 的人，他们热切地想要学习爱和浪漫的课题。有些 3♥人，比如《男人来自火星，女人来自金星》（Men are From Mars, Women are From Venus）这本书的作者约翰·格林博士（Dr. John Gray）通过分享他对爱的理解来赚钱。生命牌 3♥ 只涉及两个生日，一个是行星守护牌 3♦ 的摩羯座，另一个是行星守护牌 5♣ 的射手座。不管是这两张行星守护牌的哪一张对 3♥ 的婚姻方面都没有任何帮助。3♦ 使他们很难下定决心和同一个人维持长久的亲密关系，而 5♣ 则会令他们抗拒任何妨碍他们自由的事，而且会发生出轨的情况（金星牌 A♠）。因此 3♥ 能否维持一段长期的感情可能还是个疑问。摩羯座的 3♥ 拥有两个 3，他们可能是最有创造力的人群，你也许认为这些最具 3♥ 特质的人会和创造性的追求紧密联系在一起。然而，火星牌 10♠ 使他们具有很强的事业驱动力，能够让他们获得声望和成就。10♠ 处在火星位置意味着他们在典型的男性管理或主导的行业中更能获得成功，比如金融行业，法律行业等。因此，在这些领域我们通常会发现 3♥ 的人表现非常出色。由于 3 的能量很显著，3♥ 的人能分别展现出创造性法则最高阶和最低阶的层次。这张牌充满不确定性，这不确定性主要在情感方面，通常也表现在他们渴望的事物上。他们担心是否能获得足够的感情、金钱以及其他东西，这担忧的念头过分活跃。他们的不确定性甚至会延伸到性取向方面。有些 3♥ 人无法确认自己是男性人格还是女性人格，很多 3♥ 人似乎生来就是双性化人格。对基本性取向不确定的还包括那些人生牌阵中有 3♥ 的人，比如 2♠、6♠、8♦ 等。并不是说所有这些牌的人都是双性恋，但当你研究同性取向人的生日时会看到这些牌经常突然出现。举例来说，巨蟹座 A♣ 的人（6 月 29 日）行星守护牌是 3♥，这就给了 A♣ 人很多类似 3♥ 的能量。

你会发现很多颇具创造力的人都拥有这张牌，如艺术家、音乐家、诗人和作家。土星牌 3♦ 揭示出，他们中的很多人会以从事某种形式的艺术类工作作为最终的事业。就像 2♥ 的土星牌是 2♦，3♥ 的土星牌和它本身也是同一个数字。这种情况在人生牌阵中出现得很频繁，你可以自己到人生牌阵中试着查看，生命牌和土星牌是相同数字的情况出现了多少次。通常土星牌决定了我们真正的事业方向和领域。至少它决定了这个世界如何通过我们所做的工作来定义我们本身。还记得我之前写过关于土星的内容吧，在占星中土星掌管第十宫相关的声望、成就和事业，这很像位于大太阳牌阵皇冠行的那些牌。尽管 3♥ 不在皇冠行，但它仅处于皇冠行之下的位置，在大太阳牌阵中算很高的位置。而它的火星牌 10♠ 几乎可说是一个人能拥有的最强摩羯能量牌之一。因此我们得出这样的结论，3♥ 的人具有追求声望和成就的强大驱动力，这种驱动会展现在他们的工作和事业上。

冥王星牌 7♦ 和宇宙回报牌 5♠ 告诉我们，3♥ 的人在财富领域（7♦）必须克服负面模式，这样才能获得他们热爱的自由（5♠），成为他们想要的样子。土星牌 3♦ 使这个课题增加了难度。但完成它并非不可能。通过创造性的表现可以释放两个 3 带来的紧张和焦虑感。而强大的进取心成为他们达到财务自由的保障。当然不是每个 3♥ 的人都能达成这个目标，只有当他们决定进行投资时才有可能。

天王星牌 A♠和海王星牌 7♥向我们讲述了很多关于 3♥人的信息。这两张牌都是非常有灵性的牌。就像 A♣、A♠、3♦及其他一些生命牌一样，3♥如果想要获得心灵上的宁静，晚年必须转向灵性层面。否则他们会很孤独并且毫无幸福感可言（7♥的负面展现）。

THE FOUR OF HEARTS

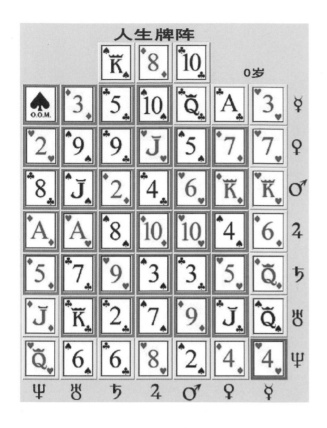

人生牌阵

0岁

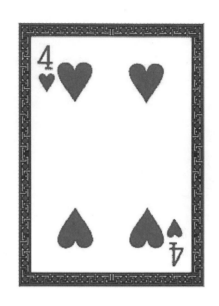

爱的满足感和安全感
家庭牌

本命牌阵

月亮	太阳	水星	金星	火星	木星	土星	天王星	海王星	冥王星	宇宙回报	宇宙功课	宇宙月亮	自我转化
J♦	4♥	4♦	2♠	8♥	6♣	6♠	Q♥	10♣	8♦	K♠	3♥	A♣	Q♣
		Q♠	Q♦	6♦	K♥	7♥	3♥			环境	4♥	置换	4♥

灵性牌阵

月亮	太阳	水星	金星	火星	木星	土星	天王星	海王星	冥王星	宇宙回报	宇宙功课	宇宙月亮	自我转化
3♥	4♥	5♥	6♥	7♥	8♥	9♥	10♥	J♥	Q♥	K♥	A♣	2♣	3♣
		Q♠	7♠	K♦	6♦	Q♣	5♣	J♥		环境	4♠	置换	10♠

人生牌阵位置：海王星行/水星列

灵性牌阵位置：水星行/木星列

业力牌：4♠（第一张）　10♠（第二张）

　　看到这张牌时千万别被它的数字和花色迷惑，拥有这张牌的人是整副牌中极具力量感的
人群。当你看到火星位置和冥王星位置的数字 8，就知道它在展现力量方面多么擅长。尤其是
天蝎座的 4♥人（10 月 31 日），他们的两张行星守护牌是两个 8。但其实不管什么星座的

4♥人都有具备这种力量。只不过天蝎座生日的 4♥人的表现更典型。4♥是整副牌中的巨蟹牌，尽管没有 4♥人真的是巨蟹座，但他们的确表现出强烈的巨蟹特质，而且他们占星的本命盘中通常带有很浓重的月亮或第四宫的影响。这些特征包括他们与母亲、家庭之间的紧密联系，以及本性中对安全感的依赖。4♥既是一张巨蟹牌也是一张家庭牌，它集这两个角色于一身。它也象征着一个基本的家庭单位，一个家里有一个爸爸，一个妈妈，一个女儿，一个儿子——4 颗心。不管 4♥人是否已经结婚或组建了属于自己的家庭，他们总是设法在自己的人生中拥有一小组重要核心人群，把这个小团体作为自己支持系统的基础。他们和自己的原生家庭也会保持非常紧密的联系。当你看到一个射手座（11 月 29 日）、一个天蝎座（10 月 31 日）和一个摩羯座（12 月 27 日）都展现出巨蟹座的一面时真的非常有趣，这些星座很显然与安全驱动型的巨蟹座有着天壤之别。

6♠ / 9♠ 的组合

4♥是整副牌中唯一一张具有强大而可敬的土星牌 6♠/9♠组合的牌。在下面的灵性牌阵和人生牌阵中你会找到这两张牌，我们已经知道大太阳牌阵上的这个位置在一个人的生命中常会引起戏剧性效果和强大的负面效应。可能因为它们在牌阵中位于海王星行/天王星列，这样的位置组合的确会造成意想不到的灾难性事件发生。但当我们的流年中置换 2♣、K♣、J♦、4♥一直到 6♣中的任意一张牌，又恰逢我们行星周期置换那张 6♠时，会发生一些对我们影响很大通常又非我们所愿的事。

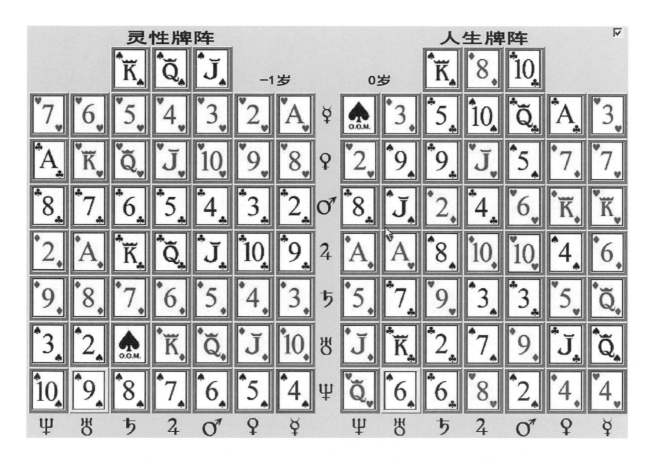

让我们用一个例子来说明这一点。6♠是 2♣终其一生的冥王星牌。因此，当我们在流年中置换 2♣时，我们在那一年的冥王星牌的潜在牌就是 6♠（灵性牌阵的潜在牌是 9♠）。事实上不管你流年中的冥王星牌是什么，6♠/9♠的潜在牌组合都会带来一些困难。当我们置换 K♣时也会发生类似的情况，6♠/9♠的动态二重奏组合是那一年直接海王星牌的潜在牌。如果我人生中的某一年置换 K♣，对于在水域旅行或是服用处方药（两者都由海王星统治）我会非常小心，特别是在那年的海王星时期，两张潜在牌可能会以很直接的形式显现出来。

纸牌科学全探索

4♥人土星位置上的 6♠和 7♥这两张牌，无疑增加了潜在的负面影响。而直接土星牌 6♠和垂直土星牌 7♥的组合表示在健康领域存在着一个强烈的预警式影响。4♥人切记不要虐待或过度使用自己的身体，因为他们稍一过度就比其他很多人更容易遭受到身体上的痛苦。6♠已经是一种土星式、业力式的影响了，仅是它本身已经昭示着严峻的业力反射作用。当它处在土星的位置上就会产生双重甚至是三重的效力。这一点对于我先前提到的所有牌都具有重要意义。在人们的生命牌置换 4♥的流年中，那一年他们直接土星牌的潜在牌就是 6♠/9♠。这种影响需要特别小心留意。

火星牌和冥王星牌的数字 8，表明"力量"是描述 4♥人的关键主题。这力量可以发挥在个人层面，也可以展现在所属的专业层面。一般来说很多 4♥人在他们的工作和生活中都很丰足富有、受人欢迎，并且有足以支配一切的力量，他们总能得到丰硕的成果。他们当中有些人的出生星盘有冥王星落在巨蟹座的配置，很多出生在 20 世纪 30 年代的人就是如此。他们身上蕴藏的巨大力量与他们对安全感的强烈需求相关。当然这力量同样会表现在他们的家庭生活中。4♥的人想让他们的家庭生活以他们想要的方式开展，否则他们是完全不允许的。但就像所有拥有强大力量的人群一样，被冥王星这个"毁灭之神"统治，最终会迫使他们发生彻底转化。另外，一旦他们学会不滥用权力和力量，定会得到宇宙回报牌 K♠所代表的更多权力。当 4♥人学会不再因为害怕失去而控制别人，他们会得到更大的职责和更多的赞誉。木星牌 6♣和 K♥能帮助他们到达更高的位置。他们经常结交那些在所属领域的金字塔上层居于高位并对此很满足的人。

The Five of Hearts

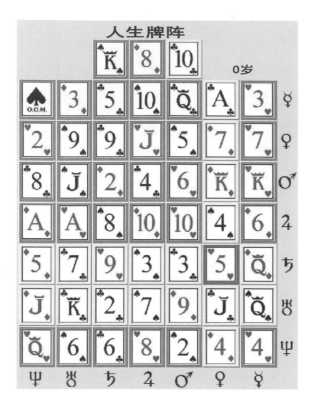

人生牌阵

0岁

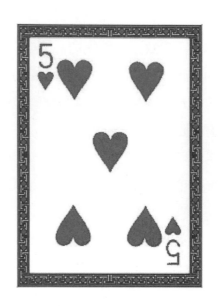

在爱中寻求自由

无处安放的心

本命牌阵

月亮	太阳	水星	金星	火星	木星	土星	天王星	海王星	冥王星	宇宙回报	宇宙功课	宇宙月亮	自我转化
Q♦	5♥	3♣	3♠	9♥	7♣	5♦	Q♠	J♣	9♦	7♠	2♣	K♣	J♦
		4♠	K♦	7♦	A♣	4♦	J♣			环境	5♥	置换	5♥

灵性牌阵

月亮	太阳	水星	金星	火星	木星	土星	天王星	海王星	冥王星	宇宙回报	宇宙功课	宇宙月亮	自我转化
4♥	5♥	6♥	7♥	8♥	9♥	10♥	J♥	Q♥	K♥	A♣	2♣	3♣	4♣
		K♠	8♠	A♠	7♦	K♣	6♣	Q♥		环境	4♦	置换	5♣

人生牌阵位置：土星行/金星列

灵性牌阵位置：水星行/土星列

业力牌：4♦（第一张）　5♣（第二张）

　　就像所有数字 5 的牌一样，5♥也有一种难以安定的特质。如果你考虑到它的第二张业力牌 5♣和土星牌 5♦，会发现它比任何一个 5 都更难安定。再加上 5♥在人生牌阵中具有重要意义的水星牌是 3♣，而 3♣的潜在牌是 5♦，如此我们就会看到 5 的能量在 5♥身上的夸张

纸牌科学全探索

版展现。所有的数字 5 都表明了大量的不满足感和不安定感。5 是一个如此重要的数字，现在也许是我们深入了解它的好时机。

在我们生活的世界上，5 具有非同小可的重要意义。我们每只手有 5 根手指，脸上有 5 个孔，宇宙中有 5 个可见的行星。5 被我称作是"人类的数字"。我们是一个具有 5 的特质的种族，从某种意义来讲我们都是探索者和冒险家。人生的意义也许可以简单地定义为"收集经验"。从这个方面看，我们每个人都是"5"。而那些 5 的人在与我们共有的不满足于现状、富于冒险精神、反对任何形式的囚禁方面表现得更为突出。"自由"是 5 的代名词——一种探索和积累经验的自由。而最关键的是，自由地成为他们选择成为的样子。但不管是好事还是坏事，数字 5 都与土星紧密相关。这是因为土星是从地球开始的第 5 颗行星。它象征着束缚、限制性、界限、权威角色和责任。即便所有数字 5 的人都想实现彻底的人生自由，他们还是要持续带着觉知去体会自由要付出的代价以及需要承担的责任。很多 5 的人非常抗拒权威角色对他们施加的影响，这要从他们孩提时代的父亲算起。所有这些特征都表明土星课题是他们通常会感到很难处理的功课。自由与约定俗成的规范之间的较量会是一个持续的斗争过程。

因此，尽管 5 的人作为整个人类种族的代表，却常常感到不那么被护佑和祝福。他们有自己的"十字架"要承担。如下图所示，所有 5 的牌面上点数的形状都像一个十字。我惊讶地发现，数字 5 的人在占星的本命盘中都有很多的大十字（一个人的出生星盘中有四个或更多行星形成对冲相位）。

5♥人拥有充沛的 5 的能量。他们钟爱旅行，经常会走出去。当 5♥这张牌赫然出现在流年牌阵中，从字面上可以理解为住所的改变。因此我们会发现 5♥人频繁地更换他们的住所。我的生命牌是 Q♦，我人生牌阵的水星牌是 5♥，5♥统御我人生的第一个 7 年周期（7 年长期牌）和第一个 13 年周期（人生牌阵中统御 13 年周期的第一张牌）。我可以坦白地告诉你，在我上高中之前至少搬过 8 次家。

在 5♥人的人生旅途中，可能会经受各种失去。诸如家人的离世，令人痛心的离婚，健康方面的挑战，与所爱之人的分别，所有这些失去都是他们需要为自由所付出的代价。而这些也是冥王星牌 9♦和宇宙回报牌 7♠所代表的一部分意义。他们要通过不断与那些把他们拉回来的牵绊告别（9♦），习得 7♠所代表的如何生活的信念。他们事实上很受 4♦这张牌的保护和庇佑，4♦既是他们的第一张业力牌也是垂直土星牌。尽管困难一次又一次降临于他们，他们总是想法设法克服这些看似不可能穿越的艰难困苦。4♦提供了这种木星式的保护。

5♥的土星影响对他们来说非常沉重。就像我提到过的，仅仅作为一个 5 的人就会带来土星的课题。但对于 5♥人来说，在人生牌阵和灵性牌阵同时存在土星的影响，5♥在人生牌阵中位于土星行，在灵性牌阵中位于土星列。还有来自水星和金星这两颗个人行星（个人行星是距离太阳最近的行星）的影响。这加重强调了 5♥人注定要平衡的业力。在他们人生中发生的很多事件，尤其是在人生的早期阶段，通常是一种负面业力债务的偿还。人生牌阵中的两个 3 掌管着他们人生的前 14 年，昭示童年和部分少年时期出现的不确定性和各种困难。事实上，他们大部分人生牌阵的牌都位于土星行。直到人生的天王星周期才转到天王星行，对应的牌是 Q♠，它的潜在牌是 10♦，这让他们摆脱了土星时期的压制性能量，获得人生的自由。在天王星统御的 13 年周期中，他们会获得巨大的自我满足和丰盛的资源。

THE SIX OF HEARTS

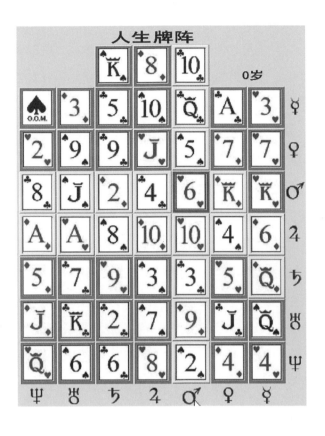

人生牌阵

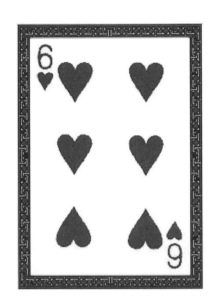

爱的法则

基督之爱

本命牌阵

月亮	太阳	水星	金星	火星	木星	土星	天王星	海王星	冥王星	宇宙回报	宇宙功课	宇宙月亮	自我转化
K◆	6♥	4♣	2◆	J♠	8♣	6◆	4♠	10♥	10◆	8♠	A♥	A◆	Q◆
		5♠	Q♣	10♣	2♠	9◆	3♣	10♥		环境	6♥	置换	6♥

灵性牌阵

月亮	太阳	水星	金星	火星	木星	土星	天王星	海王星	冥王星	宇宙回报	宇宙功课	宇宙月亮	自我转化
5♥	6♥	7♥	8♥	9♥	10♥	J♥	Q♥	K♥	A♣	2♣	3♣	4♣	5♣
		9♠	2♠	8◆	A◆	7♣	K♥			环境	4♣	置换	3◆

人生牌阵位置：火星行/火星列

灵性牌阵位置：水星行/天王星列

业力牌：4♣（第一张）　3◆（第二张）

　　6♥这张牌展示出一些令学习纸牌的人感到吃惊的特点。首先，它是"和平使者"之牌，同时又代表着神圣的灵性之爱，也称作"基督之爱"。但尽管如此，它在人生牌阵中所处的火星行/火星列的位置应该给了你提示，他们具有鲜明而强烈的个人风格，但初相识可能会让你忽略 6♥ 人鲜明个人风格中的竞争意识和侵略性。在占星中他们的本命盘里经常能看到显著的火星面向，好像火星与太阳或与其他个人行星相刑。或者还有类似的情况，就是火星作为一个突出的能量元素在星盘上展现出来。当然他们也非常向往和平，但当你遇到 6♥ 人时还是小心这股火星能量。6♥ 人在竞技体育项目和商业活动中通常有很强的竞争力。数字 6 的天秤座本性让 6♥ 人在高压的竞争之下表现出极为冷静和泰然自若的一面，其他 6 的牌也是一样。

他们的另一个让人惊艳之处是具有英明之见。6♥ 在灵性牌阵中水星行/天王星列的位置可以作为这个论点的参考。水星落入水瓶座恰逢水星处于耀升的时刻，水瓶座又被天王星所守护。这样的话，水星/天王星的位置提供了对实相深刻的洞见和觉察天分，这是来自过去生世的天赋。在人生牌阵中他们的水星牌是 4♣，木星牌是 8♣，不管是 4♣ 还是 8♣ 都给了他们透彻的思考能力，而他们同时拥有这两张牌。4♣ 同时也是他们的第一张业力牌，这表明他们拥有这个天赋，在今生使用这个能力对他们来说非常重要。作为整副牌中的处女座牌，这是一种警示，时刻提醒他们驱散头脑中的迷雾，着手开始以一种脚踏实地的、有秩序的方式经营好日常生活。他们有心想要这么做，但是真的会去做吗？尽管 6♥ 人拥有远大而深刻的见解，但他们不会经常强调这一点。他们具备这个天赋，会在必要的时候使用它，但他们的注意力却总放在其他地方。这个其他地方一般指的是亲密关系领域。

所有的红心人都有这个倾向，把焦点放在情感关系上。然而，6 并不是个人数字，它是继数字 5 之后的第一个数字，是从物质层面迈向精神和意识层面的第一步。就像合一意识一样，在灵性层面万物都是一，这是基于灵性法则新的起始。6♥ 的爱不是针对某一个具体的人，而是对世界的大爱。这是一张基督之牌，这个人群的使命是对别人施以援手，给需要的人们以疗愈和无私的爱。但 6♥ 也是一张爱的业力之牌，因此他们当中很多人的亲密关系都不可避免的要履行业力责任。

6♥ 人是整副牌中拥有最幸运本命牌阵的人之一。本命牌阵中几乎所有的牌都是偶数牌，这象征着在物质世界的成功。而且这些牌不是在火星行就是在木星行。它的冥王星牌是位于木星行/木星列的 10♦。6♥ 人拥有太多带来幸福的因素，他们实在应该感激和感恩这一切。但这张冥王星牌也代表如何学习接受，以及在他们的人生挑战中学会居于以祝福为核心的能量流里。

尽管从很多方面来看 6♥ 都拥有幸运的本命牌阵，我们还是不能小视他们的生命牌，这是亲密关系的业力之牌。对 6♥ 人来说，他们的人生课程中有相当多亲密关系的业力去处理。在某些情况下，这业力会偷走他们幸运的本命牌阵中其他牌带来的幸福和成功。

土星牌 6◆ 提示他们在所有和财务相关的方面都要保持警惕。而通常他们很早就学会这一点，当他们被要求拿钱给别人时会特别留心。如果他们没有注意这些，这惩戒就会非常严厉，因为 6 处在土星的位置就会带来关于偿还的双重负面业力影响。除此之外，垂直土星牌 9◆ 也会彰显它的威力。

关于 6♥，还有非常重要的最后一点要提醒，就是关于他们的冥王星牌 10◆。如果你仔细研读这本书中 10◆ 的详细描述就会清楚它的课题是什么。6♥作为整副牌中唯一一张位于火星行/火星列的牌，它的冥王星牌 10◆ 揭示出学习如何接受的课题。但火星恰恰不是一个接受者，而是非常有进取精神的干将。10◆ 承诺给予 6♥ 人全世界的好东西，确保他们所有的愿望都被满足。但如果想要得到这样的祝福，他们必须能够完全敞开自己，允许好东西进来。这包括人们为之神往的爱、财富和美妙的生活。你也许会认为，拥有如此幸运的本命牌阵的 6♥ 人想必人生没有太多课题了。但他们好战的特点和火星能量处理起来并非那么容易。

THE SEVEN OF HEARTS

人生牌阵

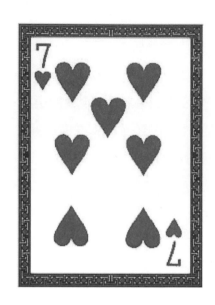

无条件的爱
爱的魔法

本命牌阵

月亮	太阳	水星	金星	火星	木星	土星	天王星	海王星	冥王星	宇宙回报	宇宙功课	宇宙月亮	自我转化
A♠	7♥	7♦	5♠	J♥	9♣	9♠	2♥	K♥	K♦	6♥	4♣	2♦	J♠
		3♥	4♥	Q♠	Q♦	6♦	K♥			环境	7♥	置换	7♥

灵性牌阵

月亮	太阳	水星	金星	火星	木星	土星	天王星	海王星	冥王星	宇宙回报	宇宙功课	宇宙月亮	自我转化
6♥	7♥	8♥	9♥	10♥	J♥	Q♥	K♥	A♣	2♣	3♣	4♣	5♣	6♣
		10♠	3♠	9♦	2♦	8♣	A♣			环境	8♥	置换	A♠

人生牌阵位置：金星行/水星列

灵性牌阵位置：水星行/海王星列

业力牌：8♥（第一张）　A♠（第二张）

　　就像A♥、2♥和 3♥，7♥由于人生牌阵金星行/水星列的影响，也会把诸多心思放在情感方面。但这个位置也给了他们思维上的天分，因为水星牌是 7♦，在金融领域特别能凸显出他们的思考能力。在一个红心花色或者数字 7 的人身上不要指望经常会看到这样的特质，这些因素解释了为什么那么多的 7♥人最终会成为有创造力的金融角色。他们乐于给予，喜欢与他人分享那些自己从中获益（木星牌 9♣ 和 Q♦）的知识和信息。7♥人最主要的人生课题是他们的情感生活。他们是红心人，第一张业力牌也是红心牌，一张 8♥。任何以数字 8 或 K 为第一张业力牌的人，很可能在以往生世滥用过权力，或者从某种意义上讲没有整合好自己的权力观。在这一生中，关于权力的主题剧目再次上演，但通常只体现在个人的亲密关系领域。因此在他们的本命盘中强烈的冥王星/金星的组合能量很常见。7♥的人不约而同地吸引有权力的搭档或伴侣到来自己的生命中，并且与其较量和抗衡。这种较量通常关于争夺控制权。这控制权经常与经济层面相关，但也并不总是如此。关于权力之争的课题进一步被土星牌 9♠ 所强调。9♠ 是另一张有滥用权力之嫌的牌，这是因为它的第一张业力牌是 K♥。对于 7♥人来说，如果想要用权力支配和控制别人，这张 9♠ 会带给他们非常多的损失。在过去世他们可能已经努力在摆脱这种行为，但在这一生中，相应特质带来的惩罚来的既迅速又有戏剧性，是一种现世报。

一般来说，7♥人很贴心周到、与人为善。这些课题和特质只在他们的私人关系或亲密关系中才会显现。作为一个 7 的人，7♥必须学会放下我执。他们务必要以灵性或神圣之爱的丰盛取代固有的害怕被抛弃的恐惧。7♥人通常有足够的觉知去处理这一问题，但需要花上一些时间。

7 的能量鼓励他们无私地给予他人。他们经常会充当朋友或所爱之人的顾问和参谋。像所有数字 7 的人一样，他们容易经验放下我执，不再充满恐惧地控制和忧虑。他们中的很多人最终会从事这样的职业，在这个职业领域中他们能够分享伟大的爱之力量，以帮助他们把牌的低阶表现转化为高阶。他们的其中一个天分是就是第二张业力牌 A♠ 所代表的方面。这张牌帮助他们完成由低层次生命能量向高层次的必要个人转化。而且 A♠ 重燃他们在神秘学方面的兴趣，这方面他们在前世可能早有涉及。如果能以灵性视角去探索自己的生活，他们将获益颇多。

天王星牌 2♥/K♥ 为他们的情感生活增加了复杂性。这经常会引起突然而强烈的短暂吸引。在任何情况下这都不是情感关系中的寻常之爱。他们本命牌阵中大部分的牌都位于金星行，因此几乎所有的苦难和人生遭际都来自于情感体验中。他们也有其他的人生功课要克服，当然最核心的还是习得给予他人无条件的爱。

THE EIGHT OF HEARTS

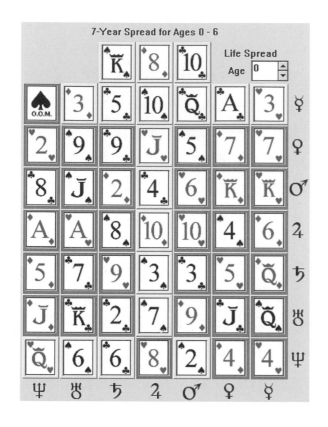

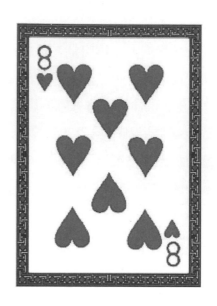

爱的力量
与他人的权力之争

本命牌阵

月亮	太阳	水星	金星	火星	木星	土星	天王星	海王星	冥王星	宇宙回报	宇宙功课	宇宙月亮	自我转化
2♠	8♥	6♣	6♠	Q♥	10♣	8♦	K♠	3♥	A♣	Q♣	10♠	5♣	3♦
		7♠	3♠	10♦	4♣	J♥	10♠	8♦		环境	8♥	置换	8♥

灵性牌阵

月亮	太阳	水星	金星	火星	木星	土星	天王星	海王星	冥王星	宇宙回报	宇宙功课	宇宙月亮	自我转化
7♥	8♥	9♥	10♥	J♥	Q♥	K♥	A♣	2♣	3♣	4♣	5♣	6♣	7♣
		A♥	4♠	10♦	3♦	9♣	2♣			环境	7♠	置换	7♥

人生牌阵位置：海王星行/木星列
灵性牌阵位置：金星行/水星列
业力牌：7♠（第一张）　7♥（第二张）

　　这是多么幸运的一张牌！8♥这张牌拥有太多的祝福，简直无法尽数。但这并不意味着他们的人生中只有幸福快乐。这又是一张向我们展示这个道理的牌——并非是我们所拥有的东西带给我们幸福，而是我们感恩所拥有的才能真正带来喜乐。8♥人具有疗愈师的力量。他们仅仅注视着另一个人就能给对方带来爱的感受。他们也能让别人感觉到自己非常特别并且格外能被接纳，甚至可以治愈童年时期造成的创伤。他们用自己的爱疗愈我们的内在小孩。但是被赋予这样能力的人也有巨大的诱惑力去滥用这力量。所有数字 8 的人在一生中无一例外地要完成这方面的功课，只有那些拥有足够觉知力的人能真正学会成为这力量的主人。

8♥位于灵性牌阵中的金星行/水星列，这位置赋予他们类似 7♥人在思维方面的天赋，7♥人在人生牌阵占据与 8♥在灵性牌阵同样的位置。同时 7♥又是 8♥的第二张业力牌，为 8♥人带来美好的礼物。毫无疑问很多 8♥人最终在交流和表达领域找到自己的职业方向。他们可能成为作家或戏剧家。

第一张业力牌 7♠是一种双重的打击。对力量的过度使用一般会通过健康的课题反噬到自己身上。但这对大部分 8♥人来说是小概率事件，因为他们大部分人的人生显然是一帆风顺的。第二张业力牌 7♥赋予他们剥离恐惧、为他人付出真挚的爱的能力。在亲密关系中他们无所畏惧。和 7♥人不同的是，即便 8♥人没有明智恰当地使用力量，也不会造成即刻的业力现前。

恰当地使用力量会为 8♥人带来成功和荣耀。他们本命牌阵的木星牌、土星牌、天王星牌都位于皇冠行。他们的人生大概从 39 岁开始非常令人惊叹。虽然在那之前的岁月他们过得也不错，不过受制于 13 年水星周期和 13 年金星周期两张 6 的影响，直到 26 岁都不会发生太多事。但由于 6 的业力影响，可能会发生一些命定之事。那些注定会获得成功的人在人生的早期阶段已经可见一斑。天王星位置的 K♠让他们在退休后对政治产生兴趣并获得成功。土星位置的 8♦作为一个显著的标志预示着他们必将熠熠生辉，到达人生的巅峰。

当我们置换 8♥这张牌时，我们会亲身体验到作为 8♥人的流年或 7 年周期能量趋势。不管我们的职业或工作领域是什么，那个周期都被认为是更容易获得声望和物质嘉奖的时机。

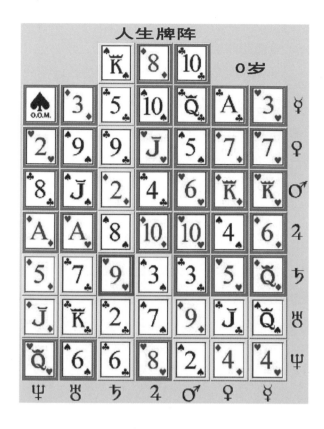

人生牌阵

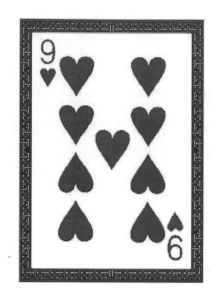

宇宙之爱

爱的给予者

本命牌阵

月亮	太阳	水星	金星	火星	木星	土星	天王星	海王星	冥王星	宇宙回报	宇宙功课	宇宙月亮	自我转化
3♠	9♥	7♣	5♦	Q♠	J♣	9♦	7♠	2♣	K♣	J♦	4♥	4♦	2♠
8♠	2♦	9♣	5♣	K♠	6♣	2♣				环境	9♥	置换	9♥

灵性牌阵

月亮	太阳	水星	金星	火星	木星	土星	天王星	海王星	冥王星	宇宙回报	宇宙功课	宇宙月亮	自我转化
8♥	9♥	10♥	J♥	Q♥	K♥	A♣	2♣	3♣	4♣	5♣	6♣	7♣	8♣
2♥	5♠	J♦	4♦	10♣	3♣					环境	7♦	置换	7♦

人生牌阵位置：土星行/土星列

灵性牌阵位置：金星行/金星列

宇宙灵魂双生子：7♦

　　这张牌在人生牌阵中所处的行和列想必已经向你揭示了关于他们人生道路和个性特征的大量信息。有人能从人生牌阵土星行/土星列的位置推测出什么吗？土星代表困难，9♥则意味着情感上的损失。当涉及情感关系时，这两者结合到一起会铺成一条布满荆棘的人生道路。

纸牌科学全探索

事实上没有任何一张牌能让我们与幸福真正隔绝。9♥也是一样，如果他们能跟随并活出这张牌的灵性层次，就会获得极大的满足感。作为数字 9 的人，通常是经由无私奉献于这个世界来获得满足感，如果他们只重视个人的得失将会制造出非常多的失望和沮丧。数字 9 和数字 A 刚好相反。A 与个人满足感相关，而 9 则是和宇宙层面的满足感相关。所有数字 9 的人都要通过给予自己的同胞得到幸福和安乐，他们越是致力于更高层次的使命和目标，他们的生活则会越美好。

9♥和 7♦互为宇宙灵魂双生子，这两张牌在相当程度上共有类似的业力模式。整副牌中有两对宇宙灵魂双生子（A♣/2♥，7♦/9♥），每一对之间都注定分享同一种业力，但两对牌中的每一张在人生牌阵中的位置都分别强调了这张牌的重点所在。比如说 9♥，它处于土星行/土星列的位置，从这一点开始 9♥的人生已经被描绘出来，尽管每隔一年它会移动到自己的灵魂双生牌 7♦的位置（金星行/金星列）。总的来说，7♦人拥有更为轻松容易的人生模式，并且他们有更大的潜力获得成就，但 9♥人则是通过努力工作可以得到幸福和成功。这仅仅是因为 9♥比 7♦具有更强的土星能量。但我们必须牢记，这两张牌在每相距一年的流年牌阵和每隔 7 年的 7 年牌阵中，会循环往复地在土星行/土星列和金星行/金星列之间交换位置。这会让他们每一年的生活都发生极大的变化。金星行/金星列的位置全部都是关于爱的主题，7♦的金星牌 J♥、土星牌 2♥切实说明爱是他们生命中严峻的课题。而 9♥本身就是红心花色的牌，又是数字 9。9 意味着结束和完成。从某种意义上讲，每一个 9♥人今生都在释放过去生世在亲密关系上破坏性的行为模式，包括获取爱的方式、婚姻模式和处理家庭问题的方法。

9 是双鱼式数字，所有 9♥作为生命牌或行星守护牌的人都会有强烈的双鱼特质，在他们的星盘中会彰显海王星或十二宫的影响。这种影响会在一定程度上造成个人亲密关系中的相互依赖性。他们总是想要"拯救"另一半。很多潜在的需求和渴望融合在一起，使他们故意对伴侣的错误视而不见，这种趋向引起亲密关系上的诸多问题。本书中提到的希拉里·克林顿就是一个很好的例子，她是天蝎座的 9♥。尽管她拥有强大的行星守护牌，还是在她与丈夫的亲密关系中遭受 9♥的折磨。试图拯救别人并不能改变对方的本性或他所做的选择。

9♥的土星牌是 9♦。对所有摩羯座生日（12 月 22 日）的 9♥人来说，这种情况造成他们人生中遭受损失的双倍打击，这损失通常是指金钱方面和其他有价值的事物上。生于 12 月 22 日的 9♥人，他的行星守护牌是 9♦。这会时常提醒他们，要通过自己的职业和工作向世界播撒爱。但从任何意义上讲，这都不会改变他们个人亲密关系方面的业力，而是给了他们第二个关注点，让他们专注于完成摩羯式的追求。

9♥的金星牌是 5♦，9♥同时也是 5♦在灵性牌阵的潜在牌。这再次指出 9♥人在亲密关系上经历的失望和损失。位于人生牌阵土星行/海王星列的 5♦表明，亲密关系在土星的高压手腕之下持续被观察和衡量，最终关系幻灭。有时候 9♥人难于安定下来其实是源于他们在亲密关系方面的问题。但由于他们天性中的海王星特质，可能导致他们很难看清真实的自己。

　　任何一张牌从一个极端的位置金星行/金星列移动到另一个极端的位置土星行/土星列的过程中，都会经历很多困难和挫折，而且他们会抗拒接受人生中突然发生的变故。9♥人生性固定、持久性强，这也是为什么他们要用一生的时间去改变和修正自己在爱中、在家庭和婚姻中的惯性模式。但当他们做出承诺时也非常值得信赖，他们说到做到。就像 7♦人一样，家庭是他们重要的人生组成部分。总之，"施比受有福"是他们的真实写照，在给予中他们才能获得真正的满足。

THE TEN OF HEARTS

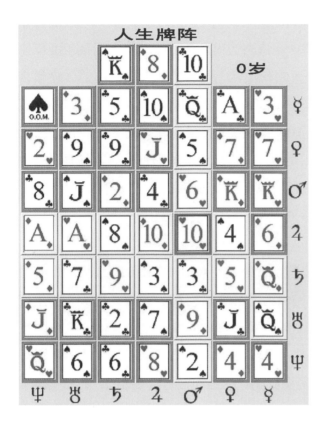

人生牌阵

在团体中和艺术领域取得成功

本命牌阵

月亮	太阳	水星	金星	火星	木星	土星	天王星	海王星	冥王星	宇宙回报	宇宙功课	宇宙月亮	自我转化
4♠	10♥	10♦	8♠	A♥	A♦	Q♦	5♥	3♣	3♠	9♥	7♣	5♦	Q♠
		6♥	5♠	Q♣	10♣	2♠	9♦	3♣		环境	10♥	置换	10♥

灵性牌阵

月亮	太阳	水星	金星	火星	木星	土星	天王星	海王星	冥王星	宇宙回报	宇宙功课	宇宙月亮	自我转化
9♥	10♥	J♥	Q♥	K♥	A♣	2♣	3♣	4♣	5♣	6♣	7♣	8♣	9♣
		3♥	J♠	6♠	Q♦	5♦	J♣	4♣		环境	J♣	置换	5♠

人生牌阵位置：木星行/火星列

灵性牌阵位置：金星行/火星列

业力牌：J♣（第一张）　5♠（第二张）

　　10♥在两个牌阵中都位于火星列，这双重的火星影响让 10♥ 看起来很像 6♥ 一般，有很强的竞争意识和关于易怒的课题。然而，它在两个牌阵中所处木星行或金星行的位置，与火星能量相结合能激发出有利的一面。在占星学上，木星和金星不论如何都能带来益处和便利，因此 10♥是非常幸运的一张牌，拥有它的人应该尽可能去感恩。当这些令人欢欣鼓舞的影响与火星能量组合到一起，10♥人能从充满竞争性和斗志的活动中获益（木星行/火星列）。10♥人与他人相处时有一种特殊的能力，那就是通过个人魅力征服对方。既然拥有如此幸运的人生，为什么很多 10♥人会卷入犯罪事件或病态的谎言之中呢？当人们谈论类似这样的事，讲到这样一个人完全愚弄了他周围所有人或者欺骗、剥削了别人，这样的人通常会是 10♥人。从很大程度上来说，这是因为 10♥的第一张业力牌是 J♣。如果你还记得的话，应该知道第一张业力牌代表我们从前世携带至今生的弱点，要想得到真正的满足我们必须集中精力去攻克它。尽管他们是被祝福的存在，来自前世的 J♣低层次的习性还是常常会湮没他们。观察一个 10♥人的本命盘时你会发现，他的月交点会落在射手座、双子座，或者第三宫、第九宫，这表明他的创造性思维必须转向确保对事实的承诺和践行。

你应该已经知道，数字 10 的人在行为方式上很像 A 的人。A 和 10 都是以自我为中心的一类人，他们可以非常自私。在人生牌阵中 10♥的水星牌也是一张 10，10♦。而火星和木星的位置上都是 A，进一步看的话会发现，火星牌 A♥的第一张业力牌又是一个 A，A♦。这些自我倾向的小我特质让 10♥人成为你见过最固执己见和自恋的人之一。在 10♥人的星盘里几乎总是会发现大量的火星、白羊座和第一宫的能量影响，这些都充分展现出 1 的能量。木星位置的 A♦让 10♥有时候会展现出人意料的慷慨大方，他们所付出的确实能帮助其他人。不幸的是，这些付出远远不如他们的自我更加突出，常常会被自我为中心的行为盖过。

10♥的人生成就来得比较早，这是水星位置的 10♦所致。10♦坐落于大太阳牌阵的正中心，木星行/木星列的位置上。这个位置能带来众多的祝福和好运，这也是整副牌"注意力的中心"。因此 10♥人在童年时期常常很出色，成为众人注视的焦点，这会为他们余生的行为模式带来影响。很多表演者都是 10♥，比如迈克尔·杰克逊（Michael Jackson）。由于他们人生的早期阶段有这样的影响，在众人面前他们通常会感觉如鱼得水。这种表现在处女座生日的人身上更加显著，因为他们的行星守护牌是 10♦。

如果算上潜在牌，10♥的人生牌阵中统共有 3 张数字 3 的牌。包括海王星位置上的 3♣、冥王星位置的 3♠以及土星位置 Q♦的潜在牌 3♦。拥有这么多 3 的能量，给 10♥人带来大量的不安定感和恐惧。也许正是这种恐惧感让他们看不到自己其实拥有相当多的幸运和财富。

THE JACK OF HEARTS

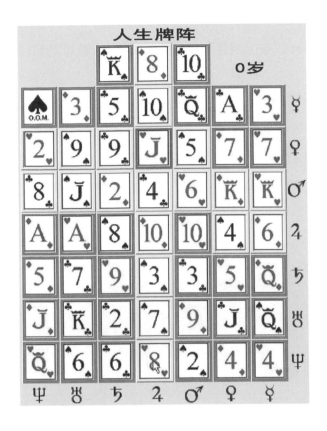

基督之牌

爱的奉献

本命牌阵

月亮	太阳	水星	金星	火星	木星	土星	天王星	海王星	冥王星	宇宙回报	宇宙功课	宇宙月亮	自我转化
5♠	J♥	9♣	9♠	2♥	K♥	K♦	6♥	4♣	2♦	J♠	8♣	6♦	4♠
		10♠	8♦	8♥	7♠	3♠	10♦	4♣		环境	J♥	置换	J♥

灵性牌阵

月亮	太阳	水星	金星	火星	木星	土星	天王星	海王星	冥王星	宇宙回报	宇宙功课	宇宙月亮	自我转化
10♥	J♥	Q♥	K♥	A♣	2♣	3♣	4♣	5♣	6♣	7♣	8♣	9♣	10♣
		4♥	Q♠	7♠	K♦	6♦	Q♣	5♣		环境	J♥	置换	J♥

人生牌阵位置：金星行/木星列

灵性牌阵位置：金星行/木星列

业力连结：7 张特殊牌家族

　　J♥是固定牌中的一张，它在人生牌阵和灵性牌阵中都占据金星行/木星列的独有位置。如下面的牌阵图所示，这个位置正好是牌阵中十字的交叉点。

这张"奉献之牌"在人生牌阵水星和金星的位置上都是数字 9 的牌。这也是塑造 J♥ 人的个性特质极为关键的两张牌，使他们成为自己之所是。这些人非常固执和固定，这种固定性也被带进他们爱的方式中。当你真正需要他们的时候，他们的爱总是在那里为你守候。但如果你没有置身于危难之中，他们的爱可能不会随时"与你相伴"，因为他们正忙着拯救和帮助其他人。

由于他们固执的天性，想要尝试改变他们并不会奏效。你必须能够爱他们本来的样子，或者放手让他们自由飞翔。整副牌中只有 3 张牌有如此固定的能量。当然半固定牌的人也很固执，但程度上要比固定牌弱一些。J♥ 与生俱来的固定性让你了解到，只要你需要，他们永远都会守在那里。如果他们答应做什么事，你可以完全信任他们的承诺。而且正因为很少改变，他们的道路显然是由"当下"所说与所做决定。

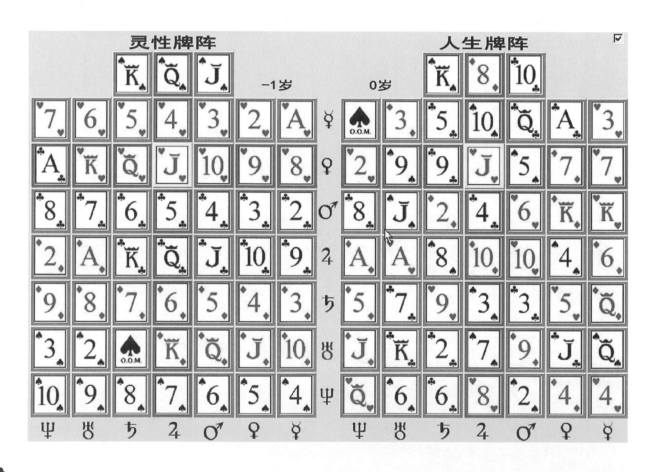

不管 J♥ 人实际上是什么星座，从占星上讲他们的爱就像金星落在双鱼座。金星落在被海王星守护的双鱼座，会发挥它的最高表达。从灵性意义上讲，最高层次的爱就是为所爱之人的利益而奉献自己。J♥ 人可以轻而易举就可以做到这一点。那些本命牌阵中有 J♥ 的牌，如 7♦、7♥、A♠、3♦ 等，也会有类似的倾向。他们的奉献和牺牲通常是为了利益孩子们。当然对于在他们眼里看起来不是那么走运的人，他们也会这样做。

在浪漫关系上他们非常活跃。虽然他们是基督之牌，但并不缺乏杰克 J 的特质。杰克都相当有创造性、幽默感以及浪漫情怀。J♥的火星牌是 2♥，他们通常是亲密关系中的发起者和主导者。像其他花色的杰克一样，当他们以杰克的低层次运作时会一次又一次陷自己于困境之中。这看似有点荒谬，但仍然会反复发生这样的情况。

不管出于什么原因，J♥与耶稣有深刻的联系。四个国王 K 就是四福音书。在这些国王之中，K♥对这张基督之牌来说弥足珍贵（K♥是 J♥的木星牌），它代表犹太先知施洗者约翰。而另一个国王 K♦是 J♥的土星牌，它代表商人和收税人马太[8]。K♦代表的有权力和王者气势的商业模式是 J♥人的挑战。

J♥是仅有的三张"独眼"牌之一。牌面的图案只露出一只眼睛具有很重要的象征意义。独眼牌（J♥，J♠和 K♦）很难保持客观性。他们更倾向于自己的主观意识。他们用睁开的一只眼睛观察外部世界，或者查看内在动态，但无法同时照看外在世界和内在世界。这种盲目性通常会让他们对自己的错误视而不见。然而有趣的是，这盲目性却让他们对别人的过失更加明察秋毫。作为基督之牌，J♥就像 9♥以及其他少数几张牌一样，总是充满双鱼和海王星的能量。由于害怕遭遇失望，习惯成为"拯救者"的 J♥人对自己所爱之人的错误也选择无视，当然对自己的过错他们也有能力无视。他们忽略自己不成熟的一面，在一些基本的人生课题上逃避自己应承担的责任，深深陷入拯救者的角色中（所有花色杰克共有的特质）。他们的盲目性加上固执已见，会让有些 J♥人很难相处。

权力连结

在固定牌之间存在一种特殊的连结，称为"权力连结"。当 3 张固定牌（8♣，J♥和 K♠）中的任意两张牌相遇，会产生一种特殊的力量。由于他们的天性都很固执，一般来说两个固定牌的人很难长时间在一起——谁也不会做出过多的改变和让步去维系关系。但在某种特定的情形下，两个固定牌人相聚在一起实际上是为达成一个伟大的目标。当这两个人有共同目标时，他们会把力量和稳定性相结合，形成一股难以置信的压倒性气势，这能为他们带来巨大的成功。

---

8 译者注：耶稣的门徒之一。

THE QUEEN OF HEARTS

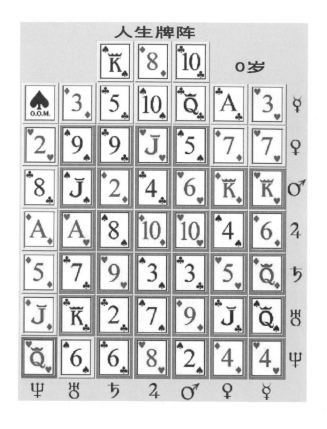

人生牌阵

母亲牌

感官享受、愉悦感和性

本命牌阵

月亮	太阳	水星	金星	火星	木星	土星	天王星	海王星	冥王星	宇宙回报	宇宙功课	宇宙月亮	自我转化
6♠	Q♥	10♣	8♦	K♠	3♥	A♣	Q♣	10♠	5♣	3♦	A♠	7♥	7♦
		J♦	5♦	A♦	8♣	2♥	A♠			环境	Q♥	置换	Q♥

灵性牌阵

月亮	太阳	水星	金星	火星	木星	土星	天王星	海王星	冥王星	宇宙回报	宇宙功课	宇宙月亮	自我转化
J♥	Q♥	K♥	A♣	2♣	3♣	4♣	5♣	6♣	7♣	8♣	9♣	10♣	J♣
		5♥	K♠	8♠	A♠	7♦	K♣	6♣		环境	10♠	置换	9♣

人生牌阵位置：海王星行/海王星列

灵性牌阵位置：金星行/土星列

业力牌：10♠（第一张）　9♣（第二张）

纸牌科学全探索

　　Q♥可能会使你感到有点意外。作为海王星行/海王星列的牌，他们富有激情，热爱美的事物，充满爱并且具有梦幻理想主义的特点。Q♥的负面显化是懒惰和耽于声色。如果用一幅画来描绘 Q♥，可能会是一位非常有魅力的女人一天到晚无所事事，除了享受美食就是沉迷于床第之欢。所有红心花色的女性都有 Q♥作为她们的身份牌，而她们身上的确或多或少都有这样的特点。但相识之初人们通常不会注意到 Q♥有多么喜欢运用自己的权力，多么喜欢为所欲为。毫无疑问，他们也经常想怎么样就怎么样。不管和谁生活在一起，他们都是稳居于宝座上的女皇。Q♥被称为"母亲牌"，他们以非常认真的态度养育孩子。但就像 K♥人一样，他们总会把更多的关注留给自己的孩子，远比给丈夫或妻子的多。身为家长的角色对他们来说是至高无上的。为了确保自己在这个角色上做到最好，他们要求绝大部分的家庭事务要按照自己的想法和方式进行。

这种权力可以在他们的火星牌 K♠上窥见一二。当你查看很多 Q♥人的出生星盘时，会洞悉到强烈的冥王星/火星/天蝎座/第八宫的能量，这些能量影响也同样是权力的彰显。所有行使这种权力的人，总是禁不住用权力来缓解自己的人生课题，不惜伤害其他人，甚至是自己的孩子。我曾经有一位个案，她牢牢掌控着四个女儿，这是因为她极度害怕在朋友面前表现得不够好。她的女儿们一直被她监控，并且不断被检视行为是否得体，以确保使她表现出完美母亲的样子。而她刚好又是狮子座的 Q♥，大部分 Q♥人的星盘上都有很强的狮子能量，不管什么星座的 Q♥都是如此。最后，个案的女儿们开始与她抗争，控诉她一直以来都是很糟糕的妈妈。这个过程持续了大概四年时间，当她认识到自己要为所有这一切负责时，最终取得了很好的结果。当你遇到一位 Q♥人或为 Q♥人做个案解读，首先要去审视她人生中关于权力欲、控制欲和支配欲的课题。

但无论如何，火星位置的 K♠都是一张几乎可以做成任何事情的强大的牌。当我们在任何流年中置换 Q♥时，都会有 K♠作为那个行星周期的火星牌，因为 K♠是固定牌之一，它在大太阳牌阵中从不移动位置。辛普森赢得他被指控谋杀的那一年就拥有这张牌。如果你从火星掌管法律事务和商业竞争方面考虑，就会看到没有什么比这张牌更具优势了。而 Q♥人的一生都拥有这张 K♠作为火星牌，在法庭上或类似场合与 Q♥人对峙时最好慎重。因为他们通常会占上风。

Q♥也是一张性爱之牌。当它出现在一周牌阵、流年牌阵和其他周期牌阵中时，可能暗示拥有性爱体验，通常是大量的体验。Q♥人喜欢性爱，可以毫无顾忌地投入其中享受这美妙。这也是冥王星/天蝎座能量的示现，但这个组合还有更多其他的展现。

木星位置的 3♥让 Q♥人有能力同时驾驭两份或以上亲密关系，或者至少是周旋于 2 个以上的情人之间。当然大部分 Q♥人很忠诚，但如果他们需要或者渴望这样的情况发生，就会毫不犹豫地选择在背地里约会其他人。冥王星牌 5♣、土星牌 A♣以及宇宙功课牌 A♠的组合让他们时刻警戒不能逾矩，要行正道。大部分的 Q♥女性都能遵规重矩。但对于 Q♥的男性来说，循规蹈矩似乎有些困难。著名的 Q♥人迈克尔·道格拉斯（Michael Douglas）承认自己曾有一段时期性成瘾。但看起来他已经解决了这个问题，并且和凯瑟琳·泽塔·琼斯（Katherine Zeta Jones）步入婚姻。有意思的是，她和他的生日是同月同日，我很好奇他们接下来这些年在这一点上会如何展现。

纸牌科学全探索

THE KING OF HEARTS

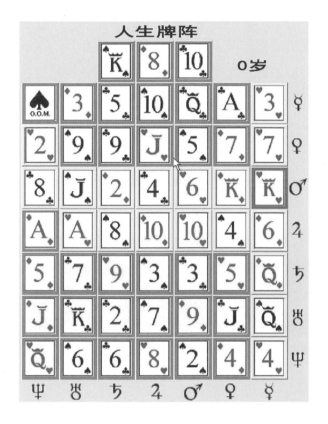

人生牌阵

0岁

父亲牌

爱和家庭领域的权威

本命牌阵

月亮	太阳	水星	金星	火星	木星	土星	天王星	海王星	冥王星	宇宙回报	宇宙功课	宇宙月亮	自我转化
2♥	K♥	K♦	6♥	4♣	2♦	J♠	8♣	6♦	4♠	10♥	10♦	8♠	A♥
		7♥	3♥	4♥	Q♠	Q♦	6♦			环境	K♥	置换	K♥

灵性牌阵

月亮	太阳	水星	金星	火星	木星	土星	天王星	海王星	冥王星	宇宙回报	宇宙功课	宇宙月亮	自我转化
Q♥	K♥	A♣	2♣	3♣	4♣	5♣	6♣	7♣	8♣	9♣	10♣	J♣	Q♣
		6♥	9♠	2♠	8♦	A♦	7♣			环境	2♣	置换	9♠

人生牌阵位置：火星行/水星列

灵性牌阵位置：金星行/天王星列

业力牌：2♣（第一张）　　9♠（第二张）

　　K♥是一张令人惊叹的精神力量之牌，从这方面看他和他的"配偶"Q♥极为不同。当然这不是说Q♥不聪明、不理智，但K♥的第一张业力牌是2♣，而且K♥和2♣[9]都处在水星行

---

[9] 译者注：2♣在灵性牌阵的位置。

/火星列的位置上。水星和火星的组合意味着积极进取的思维方式，带有一定侵略性，享受辩论的过程，并且有很强的竞争性。在 K♥ 的群体中你会发现辩护律师、物理学家、化学家还有其他领域的科学家。不仅如此，你也会发现这个群体中还有诗人、艺术家、精神领袖，这些职业角色展现了 K♥ 作为生命牌或行星守护牌更贴近爱和艺术表达的一面。而火星位置的 4♣ 和天王星位置的 8♣ 赋予 K♥ 人敏锐的思维领悟力和才智，这也是他们在世间获得支持和成就的最有利保障。和 2♣ 类似的是，K♥ 人有时候也喜欢争辩或者是喋喋不休地抱怨。

拥有月亮牌 2♥、第一张业力牌 2♣、木星牌 2♦ 让大多数 K♥ 人喜欢被众多朋友和珍爱的人所包围簇拥。他们不喜欢孤单一人，而且和他们相处会让人非常愉悦和舒适。

K♥ 的男性通常是"后宫佳丽三千"，K♥ 的女性则是"后院闺蜜三千"，这其中包括她们的女儿和与之共事的女性朋友，但你会发现，她们不偏不倚处在中间的位置，能让所有人都很开心。不管 K♥ 男性还是女性，因为在他们生命中与非常多的女性保持着关系，于是很少把焦点和注意力放在一个人身上。这也是为什么有些人会说，K♥ 是很棒的情人，却是很糟糕的丈夫。是否有一个女人能俘获 K♥ 的心还需拭目以待。

另外他们具有很强的父母驱力。一旦进入婚姻，不管男性 K♥ 还是女性，都会把他们的孩子作为最高优先级，对养育孩子的重视程度远超于对配偶幸福的关注度。随后，这会造成配偶感到被忽视，或者还有一种情况就是，配偶慢慢习惯于照顾他们的孩子。我见过不止一位嫁给 K♥ 人的女性，比起妻子的角色她们更像一个保姆，她们的存在感和自我价值完全和孩子绑定在一起，与丈夫之间几乎没有过多的亲密感可言。K♥ 是一张父亲牌或者说家长牌，就像 Q♥ 一样，都是很重要的一张牌。

在所有花色的 K 当中，K♥ 是我听到最多滥用权力和权威的人。而且我听到最多对他们的诟病都来自于他们的孩子、伴侣和情人们。不知道为什么"小暴君"这个词突然闯入我的脑海。

K♥ 这张牌的人非常骄傲，而且他们的本命盘中第五宫（狮子宫）的能量很强。出于这个原因，他们很容易吸引别人的注视和爱慕。在浪漫的爱情关系上，对女性来说 K♥ 代表完美的情人，就像 Q♥ 之于男性的感觉。和 K♥ 女性生活在一起会感到难以捉摸甚至是不好对付。首先，K♥ 和所有的国王一样，拥有很强的阳性能量，展现出领导者的一面。并非所有的男性都能与这种力量匹敌。那些能够把握她们的人通常在结婚之后，特别是有了孩子之后会发现另一个小难题。K♥ 女性拥有自己的孩子之前，会希望家里的一切都按照她的秩序安排。但当孩子降生之后，她们会感到宇宙赐予她们责任去做一切有利于她们自己的决定。从这点上来看，K♥的女性会感觉男人在她们的生命中可有可无。如果他让这个女性感到非常痛苦，她就会踢他出局。任何拥有国王牌 K 的女性都既能担当父亲角色，也能担当母亲的角色，所以她们的孩子可能不会特别有缺失感。

　　充分领会这个特质也许会对你理解 K♥的月亮牌 2♥有所启发。2♥和占星中的第五宫意义很雷同。这是一张爱人牌。它实际上代表一种纯粹的情感。K♥人对他们的爱人感受到一种纯粹的爱。但第五宫也是掌管孩子的领域，一旦 K♥人有了孩子，他们的情感和需求就从亲密关系转移到孩子身上。除非某些 K♥有强烈的性需求，否则他们与孩子之间的关系势必超越和伴侣之间的亲密。绝大部分 K♥人对孩子都特别好，不管在什么情况下都会尽力满足孩子的需要。

THE ACE OF CLUBS

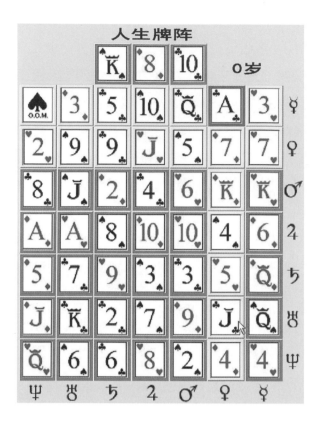

渴求知识

找寻灵魂伴侣

本命牌阵

月亮	太阳	水星	金星	火星	木星	土星	天王星	海王星	冥王星	宇宙回报	宇宙功课	宇宙月亮	自我转化
3♥	A♣	Q♣	10♠	5♣	3♦	A♠	7♥	7♦	5♠	J♥	9♣	9♠	2♥
		4♦	J♣	5♥	4♠	K♦	7♦			环境	A♣	置换	A♣

灵性牌阵

月亮	太阳	水星	金星	火星	木星	土星	天王星	海王星	冥王星	宇宙回报	宇宙功课	宇宙月亮	自我转化
K♥	A♣	2♣	3♣	4♣	5♣	6♣	7♣	8♣	9♣	10♣	J♣	Q♣	K♣
		7♥	10♠	3♠	9♦	2♦	8♣			环境	2♥	置换	2♥

人生牌阵位置：水星行/金星列

灵性牌阵位置：金星行/海王星列

宇宙灵魂双生子：2♥

　　A♣与它的宇宙灵魂双生子 2♥有很多共同的特征和业力模式。如果 A♣的人认真研究 2♥的牌和人生展现将会是特别棒的做法，这样能够更好地理解他们自身。如果说到这两张牌的不同之处，那就是 A♣比 2♥更习惯于独自一人，2♥还有 2♦作为行星守护牌。作为一个数字 A 的人，A♣人也展现出很多自私和专注于自我的行为模式。对所有的牌来说，如何能活出它的真实自性取决于这个人本身的意识层次。他们可以表现成一个唯利是图的人、自私的婴儿，同样也可以展现出乐于给予他人的慷慨。所有的 A♣都有强烈的好奇心，这好奇心驱使他们不断探索新鲜的点子，学习可以改善他们生活的知识。旺盛的好奇心和求知欲让他们保持着年轻的面容，即便上了年纪也是如此。事实上他们永远都是学生，热爱学习新知识，主要是关于爱的知识。

尽管不是 3，但他们坐落在人生牌阵的水星行，而且在金星列，这两个行星组合的能量对他们来说就像是金星落在双子座，或是金星落在处女座，不管他们的星盘上如何显示都是如此。这股影响结合它旁边的牌 3♥，是他们接近爱与生命的精神本质的保证。就像 3♥和 A♥一样，他们对爱持有一种认知——要走出去体验和经历爱。尽管不像 3♥人那么合群，A♣人在拥有很多情人方面同样不逊色。如果你查看出生于 6 月 29 日的 A♣人的牌，会发现这一天生日的人行星守护牌是 3♥。你可以想见在这个人的实际生活中会有怎样的显现。A♣在浪漫关系和性的方面非常活跃。但他们也拥有很多 3♥人缺乏的特质，他们仅有的一张业力牌 2♥保证了他们找到自己的灵魂伴侣时，就会倍感满足和正确。到那时，他们的感情生活会变得比任何东西都更实用主义。

A♣在牌阵上紧挨着 3♥，使 A♣可能会成为双性恋者，或者他们的感情生活中充满不确定性和不安定感。不确定性和多重性，会是哪一个呢？这可能是 A♣人要面对的一个主要问题，特别是他们离开 13 年木星周期（3♦），进入 13 年土星周期（A♠）的时候。

A♣还有其他重要而独特的特质。其中之一是土星牌 A♠。这一般被认为是近乎灾难性的影响。但以一生为基础来看，土星牌也揭示出我们最终从事的职业。对 A♣人来说，土星牌意味着他们最后的工作领域会在灵性科学方面，对死亡或临终相关的工作产生兴趣，或者能带来灵性转化（A♠）的工作。这两张 A 和金星位置 10♠的影响给了他们强大的进取心和事业抱负。也让他们在 13 年金星周期中获得可观的成就和认可。在他们的整个生命中很容易在团体（10）中获得成功，在与艺术（金星）相关的工作中也是如此。大部分 A♣的人都习惯于成为特别的人。他们在学校时会有优异的表现，他们期待自己的名气和成功跟随来到成年后的生活中。然而，在他们人生的火星、木星及土星时期会发生一系列变化。作为半固定牌的一张，他们拒绝改变。他们多希望状态能定格在荣耀的金星时期，或者他们的母亲作为生命焦点的水星时期（0～12 岁）。水星牌 Q♣表明，他们人生的那个时期和母亲的关系很紧密。从这一点来看，他们的人生牌阵与 A♦很相似。把 A♦和 Q♦与 A♣和 Q♣放在一起对比，会昭示很多的相似性。

所有 A 的人都强烈渴望被认可和赞赏。他们需要在人生中达成让自己引以为傲的目标。A♣的人也许在 13 年土星周期之前都无法做到这些，这是因为 3♦这张牌统治着 39 岁到 52 岁这 13 年。但也有一些人在 13 年金星周期提前取得成就，他们随着接下来的火星周期和木星周期的变化顺势而动，在早期取得成就的基础上继续搭建。不管怎样，如果一个 A♣人在人生的土星周期之前没有任何建树，通常他会觉得生活不幸福，而且没有安全感。

THE TWO OF CLUBS

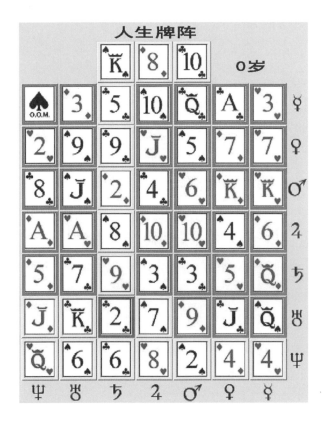

人生牌阵

0岁

分享想法和理念

恐惧的念头

本命牌阵

月亮	太阳	水星	金星	火星	木星	土星	天王星	海王星	冥王星	宇宙回报	宇宙功课	宇宙月亮	自我转化
7♠	2♣	K♣	J♦	4♥	4♦	2♠	8♥	6♣	6♠	Q♥	10♣	8♦	K♠
		9♥	8♠	2♦	9♣	5♣	K♠	6♣		环境	2♣	置换	2♣

灵性牌阵

月亮	太阳	水星	金星	火星	木星	土星	天王星	海王星	冥王星	宇宙回报	宇宙功课	宇宙月亮	自我转化
A♣	2♣	3♣	4♣	5♣	6♣	7♣	8♣	9♣	10♣	J♣	Q♣	K♣	A♦
		8♥	A♥	4♠	10♦	3♦	9♣			环境	A♠	置换	K♥

人生牌阵位置：天王星行/土星列

灵性牌阵位置：火星行/水星列

业力牌：A♠（第一张）　K♥（第二张）

　　2♣主要是一张关系之牌。但我们的确发现一些例外的情况。总的来说大部分 2♣人都会把亲密关系置于人生的最高优先级。作为第一个女性化数字，2 的人通常拥有令人赏心悦目的外表。在我们这个世界上一些最美丽的男性和女性都是数字 2 的人，当然 2♣也不例外。2 也是代表逻辑的数字，代表智力的数字。出于这个原因，大部分 2♣ 人都有敏锐的头脑让他们做出明智的分辨和判断。这会为他们带来很多世俗层面的成功。他们的本命牌阵中充满了偶数牌，这说明他们的人生相对比较容易，并且在物质上受到很多照拂。所有 2♣ 人都应该对此满怀感激之情。

但有一张牌可能会制造一些困难给他们，这张牌位于他们本命牌阵最重要的位置之一。那就是 A♠，整副牌中最具灵性的牌，也是他们的第一张业力牌。由于这张牌的缘故，尽管他们的外在生活已经看起来运气很好了，还是会遭遇很多来自内在的挑战。 A♠ 是转化和死亡的象征。在很多 2♣ 人的整个生命中，都有一种对死亡的恐惧弥漫于他们的头脑中和心里。也许他们并没有意识到自己的这种恐惧，但这些恐慌会在方方面面示现。很多人会患恐慌症。有些人体现在土星牌 2♠ 所涉及的健康问题上。你一般不会把 2♠ 看作是对健康的恐惧之牌。但所有数字 2 的牌在整副牌中属于阴性能量最强的牌，都易于恐惧。把一个 2 放在土星位置上，就会产生对健康问题的恐惧。2♣ 人对于健康的恐惧最重要的课题就是身心无法协调统一，这完全由他们自己的思维和念头造成。他们头脑中想象的远远超过实际发生的情况。如果说有一个方法可以帮到他们，那就是不再允许自己以这种方式陷入混乱之中。他们需要对自己所恐惧的保持觉察。那些四散和游离的念头就是他们最大的敌人。

尽管如此，当 2♣ 人带着觉知思考时将拥有超强的大脑。除了他们，没有人再有此殊荣享受到水星牌 K♣ 带来的这种智力和思想上的福报。没有什么是 2♣ 人运用他们的头脑所做不到的。但不幸的是，在我们当前的社会环境中总会太过于鼓励他们依赖自己的头脑，因为他们的聪明奖励他们，使他无法进入自己的内在获得对情感和感受的掌控。如果情感得不到满足，他们的情感需求会变得疏离和冷漠。金星位置的 J♦ 会给他们的亲密关系带来极大的挑战。这张牌带有奇怪的吸引力——吸引那些不负责任或不忠诚的人成为对象。他们在爱的领域中花花公子的个性会使他们最终和一些令人匪夷所思的伴侣在一起，是那种你无法信任和他建立一份长期承诺的亲密关系的伴侣。

尽管 2♣ 人从某一方面看在人生中倍受祝福和庇佑。但所有的幸福都构建于我们的思想之中，能否得到它取决于我们如何看待实相。而 2♣ 的头脑中存在大量潜在的干扰和忧虑，当我们发现很少有 2♣ 的人真正感到幸福也就不足为奇了。对他们来说，所有的功课都来自内在。A♠ 告诉他们，"进入内心，你会找到自己需要的所有问题的答案。"那些敢于面对自己的内在功课的 2♣ 人最终都获得了平静和满足，而这是他们与生俱来的权利。

纸牌科学全探索

THE THREE OF CLUBS

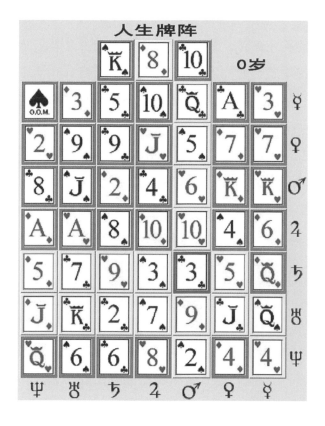

心智的创造力和不确定性

作家牌和演说家牌

本命牌阵

月亮	太阳	水星	金星	火星	木星	土星	天王星	海王星	冥王星	宇宙回报	宇宙功课	宇宙月亮	自我转化
5♥	3♣	3♠	9♥	7♣	5♦	Q♠	J♣	9♦	7♠	2♣	K♣	J♦	4♥
		10♥	6♥	5♠	Q♣	10♣	2♠	9♦		环境	3♣	置换	3♣

灵性牌阵

月亮	太阳	水星	金星	火星	木星	土星	天王星	海王星	冥王星	宇宙回报	宇宙功课	宇宙月亮	自我转化
2♣	3♣	4♣	5♣	6♣	7♣	8♣	9♣	10♣	J♣	Q♣	K♣	A♦	2♦
		9♥	2♥	5♠	J♦	4♦	10♣			环境	5♦	置换	K♦

人生牌阵位置：土星行/火星列

灵性牌阵位置：火星行/金星列

业力牌：5♦（第一张）　K♦（第二张）

　　3♣是一张"集众多优势于一身"之牌。如果你至今还不了解这些，在此我要告诉你，他们具有非凡的创造力，确切地说是心智上的创造力。心念的改变实际上是内心在发挥创造力。当内心领会到一些东西时，就会在此基础上想出改变的策略来完善最初的想法。这是所有艺术表现和创造性表达的根本。我们的心灵寻求自我表达的方式，以展示它能做些什么。数字 3 从数字 2 的平衡与和谐离开，并且不断增加新的色彩。他们增加了经验、想法和言语。这是一种创造力的推动，是宇宙的驱策，它可以创造出生命容许的所有元素组合及变化的可能性，这种力量驱动着 3♣。其实单从梅花的花色来看，3♣已经是心智创造力之牌。所有的梅花牌都代表精神和心智，这也是心的创造性本质。把代表思维的数字 3 和具有同样意义的花色结合在一起将会形成超强的力量。然而不幸的是，大部分 3♣人都无法以积极的方式利用这股能量。

3♣是一张作家牌，所有 3♣人都具备成为成功作家的潜质。而他们的第二张业力牌 K♦使他们倾向于做生意，而且通常是做大生意或者与有权力的人进行商业合作。K♦帮助他们与有权势、有影响力的人物自如地洽谈涉及大笔钱的生意。因此很多 3♣都沉迷于商业帝国中，他们在其中获得不菲的成就。

他们人生牌阵中的另一张梅花牌，火星位置的 7♣，增加了他们保持积极正向心态的需求。如果他们没有做到自我把控，没有认识到这张牌的意义所在，很可能就被 7♣的负面想法带离了轨道。总之，他们的想法非常敏锐，也很实用。他们是所有牌中最能提出独一无二、精彩绝伦点子的人。而且他们的想法层出不穷，绝不会漏掉任何一个好点子。

另一个驱动他们的牌就是第一张业力牌 5♦。这张牌象征他们比较薄弱的一面，代表他们害怕拥有得不够多。这种隐藏的恐惧在于，改变可能带来让人不愉快的结果，或者他们自身的不安定和躁动让他们失去工作中的褒奖。他们对此焦躁不安，这简直吓坏了他们，在他们的担忧清单又添上浓墨重彩的一笔。但 5♦同时也是他们本命牌阵的木星牌，那些带给他们担忧的变化通常会带来好运和祝福。成为销售人员或活动的筹办者、发起人会为他们带来很好的财运。3♣和 K♣是仅有的具备这个特点的两张牌——他们的第一张业力牌和木星牌是同一张牌。不论好坏这都是一种提示，作为伴随他们一生的业力他们必须要面对。旅行，特别是商务出行是 3♣人生命中的重要组成部分。这种不安定的特性进一步由月亮牌 5♥所强调。不管他们喜欢与否，3♣跳上自己的驾驶位开车出去总会让他们感觉不错。开到什么地方并不重要，这是千真万确的。他们只是需要一些改变，呼吸一些新鲜空气，这会让他们暂时忘却自己的烦恼。

还记得所有数字 3 的低层次都表现为不确定性和无休止的担忧吧。3♣人的思维和心智如此夸张，可能他们是整副牌里最容易担忧的人了。有时候他们会想象所有的事情都会朝糟糕的方向发展并且沉溺于其中，因此我称这种情况为"3♣恐慌发作"。但如果他们能忽略这些，这情况会很快过去。

在 3♣的天性中蕴藏着大量的火星能量。两股火星能量进行对抗，一股来自于灵性牌阵，另一股来自于人生牌阵。火星/土星的组合一般来说不太被看好，然而这股能量影响会嘉奖那些努力工作的 3♣人。

181

THE FOUR OF CLUBS

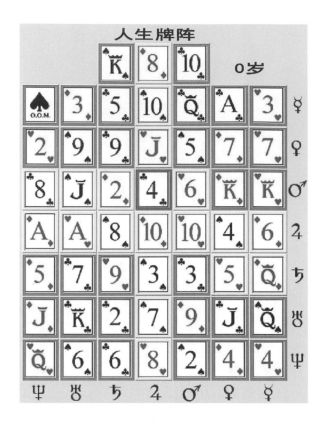

人生牌阵

0岁

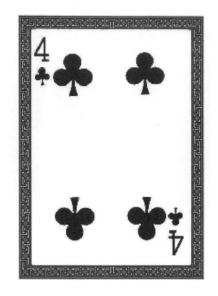

通过内心世界获得满足
组织方面的才能

本命牌阵

月亮	太阳	水星	金星	火星	木星	土星	天王星	海王星	冥王星	宇宙回报	宇宙功课	宇宙月亮	自我转化
6♥	4♣	2♦	J♠	8♣	6♦	4♠	10♥	10♦	8♠	A♥	A♦	Q♦	5♥
		J♥	10♠	8♦	8♥	7♠	3♠	10♦		环境	4♣	置换	4♣

灵性牌阵

月亮	太阳	水星	金星	火星	木星	土星	天王星	海王星	冥王星	宇宙回报	宇宙功课	宇宙月亮	自我转化
3♣	4♣	5♣	6♣	7♣	8♣	9♣	10♣	J♣	Q♣	K♣	A♦	2♦	3♦
		10♥	3♥	J♠	6♠	Q♦	5♦	J♣		环境	5♣	置换	6♥

人生牌阵位置：火星行/木星列

灵性牌阵位置：火星行/火星列

业力牌：5♣（第一张）　6♥（第二张）

　　这是很难找到可抱怨之事的一张牌。这张牌有非常好的业力，他们的人生拥有很多的祝福。除了本命牌阵中拥有众多偶数牌之外，他们还坐落在人生牌阵珍贵的木星列，这一列的牌被木星的福泽保护着，财运也不错。他们大部分的福报都和心灵层面有关。多数 4♣ 人都有强大而卓越的思维能力，不管他们选择什么领域，这能力都能成为他们走进成功盛宴的入场券。我看过数以千计有思维和心智天赋的人的星盘。他们当中思维能力最强的就是生命牌 4♣ 的人。他们没有像其他水星落在水瓶座的人一样，拥有"超觉心智"配置，但他们有极好的木星/水星组合影响，这实际上保证了他们从事任何工作或承担任何风险都能获得成功。

请记住 4 是巨蟹的数字。通常思维强大的 4♣ 人情绪极度容易被影响。他们的想法可以很主观。他们几乎总是以某种方式构建安全感和稳定感。与 4♣ 相处时间较长的人都知道，他们很聪明但是思想却很保守。当他们沉迷于细节的分析考量中，往往忽略了全局。一旦他们对某件事有所了解，或者认识到如何去处理，别人很难劝动他们采用其他的方式去做或者去看待。他们习惯于例行公事和流程驱动。在整副牌中 4♣ 是处女牌。从这个角度来看，这就像是把水星能量注入处女座之中，并且引导这能量完成巨蟹座建立安全感的目标。

所有数字 4 的人都极力保持自己的小世界安全可靠，一切可以尽在他们的掌握。为了保证他们的世界以自己的意愿运行，他们经常会挑起战争。而且他们拥有这种力量。4♣ 的火星位置有两个 8（直接火星牌和垂直火星牌）。木星和冥王星位置上也都是数字 8，这两个 8 应该是在警告其他人不要尝试劝他们改变自己的目标。没有任何一张牌像 4♣，牌阵中有如此多的 8，而且每一个 8 都处在强大而重要的位置上。我曾经有一位个案，她想要跟 4♣ 的丈夫离婚。在离婚之前，她不得不抛却一切。金星位置的 J♠ 让 4♣ 人狂热起来不惜一切代价。就像 8♣ 人一样，当他们固着于一个想法，而涉及其中的他人扮演对立角色时，他们就变得非常危险。同时 J♠ 也让他们吸引一些低层次的不严肃亲密关系。我的很多 4♣ 女性客户很难对轮渡上的赌徒这类男人说不。一个在生活中的大多数领域以自己的安全意识为傲的人，通常在亲密关系中却出奇地大胆和置危险于不顾。

如果你是 4♣ 人的伴侣，要做好被控制的准备。并非他们真的如此需要控制任何人。他们只希望自己的世界能保持一份安全和祥和。如果你成为他们世界的一部分，他们会花大力气去审视你在他们的安全体系中充当的角色。

THE FIVE OF CLUBS

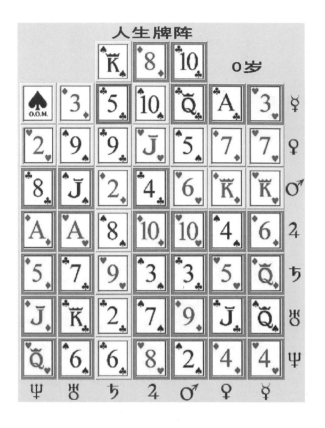

人生牌阵

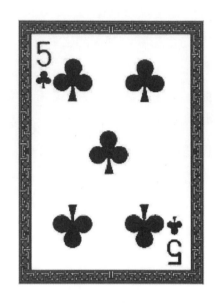

不满足于现状

概念型冒险家

本命牌阵

月亮	太阳	水星	金星	火星	木星	土星	天王星	海王星	冥王星	宇宙回报	宇宙功课	宇宙月亮	自我转化
10♠	5♣	3♦	A♠	7♥	7♦	5♠	J♥	9♣	9♠	2♥	K♥	K♦	6♥
		K♠	6♣	2♣	9♥	8♠	2♦	9♣		环境	5♣	置换	5♣

灵性牌阵

月亮	太阳	水星	金星	火星	木星	土星	天王星	海王星	冥王星	宇宙回报	宇宙功课	宇宙月亮	自我转化
4♣	5♣	6♣	7♣	8♣	9♣	10♣	J♣	Q♣	K♣	A♦	2♦	3♦	4♦
		J♥	4♥	Q♠	7♠	K♦	6♦	Q♣		环境	5♥	置换	4♣

人生牌阵位置：水星行/土星列

灵性牌阵位置：火星行/木星列

业力牌：5♥（第一张）　4♣（第二张）

　　由于本命牌阵中有两个 7 和两个 9，他们的人生道路可能没有那么容易，但他们也有令人欢欣鼓舞的地方。在灵性牌阵中 5♣处在火星行/木星列，这个位置保证了他们有非常多的好财运，大部分 5♣人都能利用好这个优势。5♣是唯一一张以百万富翁牌 7♦作为木星牌的。

至少从经济和财务方面来说，他们有极大的自由去追求经济利益。但是，这么好的财运也难以阻止水星牌 3◆所代表的对金钱的担忧。就像大部分牌一样，这既能带来祝福，也可能是一种挣扎和困境。

不管怎样，亲密关系对 5♣人来说都是真正的挑战。他们本性中倾向于"秘密的爱"（金星牌A♠），这不会给亲密关系带来帮助。而情绪化和浪漫主义的不安于现状对亲密关系也同样没有帮助。他们钟爱秘密的恋情并且喜欢让自己对各种选择保持敞开。旅行通常是他们生活的重要组成部分，他们经常在旅行中遇到浪漫关系中的另一半。宇宙回报牌 2♥揭示出他们真正想要的东西——完美的爱情。如果想要得到这样的爱恋关系，他们必须先处理好 9♠的挑战，丢弃他们的大部分自我，这个部分可能是他们还没有准备好要放下的部分。从这个意义上看 9♠具有强大的力量，在 5♣人获得理想中的完美之爱前，必须把它看作是 5♣要通过的深层转化。对每一个单独的个体来讲，他们身上需要"死亡"的部分各不相同。但这抛却的部分可能与他们对秘密之爱的渴望和持续的不安定感有关。

金星位置的 A♠可以翻译成结婚对象的意思，还可以看作寻找灵魂伴侣——他们所追求的真正的完美和秘密之爱。

佛罗伦斯·坎贝尔曾说，数字 5 牌面上的 5 个点数就像必须由 5 个人来承担的十字架。十字架暗含着冲突以及内在和外在的紧张感。5♣可能是整副牌中最难以满足和安定的一张牌。尽管地球上的男男女女都具有不满足、不安定的天性，这特质在 5♣身上会得到加倍的展现，他们是探索者和冒险家。他们经常会做一些其他人看来毫无吸引力甚至是很危险的事，这仅仅是为了尝试和经验。有一点如果你注意到了会觉得很有意思，所有生命牌 K♠的人都有 5♣作为行星守护牌。因此，K♠人也拥有同样的不满足感和不安定感，有时候很多 K♠人会夸大这一特点。

THE SIX OF CLUBS

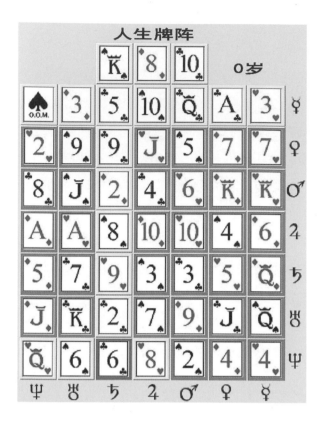

人生牌阵

0岁

使命之牌
对所出之言担负起责任

本命牌阵

月亮	太阳	水星	金星	火星	木星	土星	天王星	海王星	冥王星	宇宙回报	宇宙功课	宇宙月亮	自我转化
8♥	6♣	6♠	Q♥	10♣	8♦	K♠	3♥	A♣	Q♣	10♠	5♣	3♦	A♠
	2♣	9♥	8♠	2♦	9♣	5♣	K♠			环境	6♣	置换	6♣

灵性牌阵

月亮	太阳	水星	金星	火星	木星	土星	天王星	海王星	冥王星	宇宙回报	宇宙功课	宇宙月亮	自我转化
5♣	6♣	7♣	8♣	9♣	10♣	J♣	Q♣	K♣	A♦	2♦	3♦	4♦	5♦
	Q♥	5♥	K♠	8♠	A♠	7♦	K♣			环境	8♠	置换	2♠

人生牌阵位置：海王星行/土星列

灵性牌阵位置：火星行/土星列

业力牌：8♠（第一张）　2♦（第二张）

　　尽管 6♣人表面上看起来很成功，但这张牌在人生牌阵和灵性牌阵双重土星位置的影响下遭遇内在的冲突和挣扎却与外表不符。很多 6♣人对自己具有超自然力（海王星/土星）感到害怕，可能需要一些时间允许自己打开这种能力。然而这是一种强大的天赋，早晚能帮助他们在人生中找到属于自己的道路。数字 6 和土星相应，它象征着确保代表公正的天秤保持平衡。所有数字 6 的人都会认识到，他们的生命被因果业力法则所主宰。双重土星能量的影响带给 6♣ 人以警示——信守你的承诺以及为结果负责。有些 6♣ 人会很好地觉察到这一点，也有一些需要通过传统方式学到这一点，那就是去经验直接的因果报应。

当你观察 6♣ 的本命牌阵时可能会说，"哇，这是多么幸运的一张牌！"它的火星牌、木星牌和土星牌都位于大太阳牌阵的皇冠行，而且这些牌都是非常强大的牌！也的确如此，大部分 6♣ 人在物质世界会拥有不可思议的成就，在世俗中能获得认可和声望。当我们在流年中置换 6♣ 时，对那些在职业发展上有宏伟志向的人来说是非常有利的影响。6♣ 的人生路径代表一种从低谷到顶端的跃升，不管在金钱、成就还是名声方面。

很多真正能享受这些天赋的 6♣ 人都感觉他们需要探求更深层次的人生意义。6♣ 是整副牌中重要的"使命之牌"，通常也被称为"施洗者约翰之牌"，也叫做"指示之牌"等。他们的任务是使世界上贫穷困顿的人、迷失灵魂的人获得"箴言"（♣花色）。所有以他们自认为正确的方式得到的都是一种自鸣得意。作为数字 6 的人刚开始很容易有自满情绪，但水星位置的 6♠ 会真正为 6♣ 人设定基调，两个 6 对他们来说，好的会加倍，坏的也会加倍。从好的方面来说，6♣ 人拥有极强的超自然力，和谐之爱，另外还有竞争性强，富有同情心，一旦开始着手就坚决执行这些特质。但从另一方面来说，"开始去做"是他们感到很困难的事，有时候在亲密关系里他们表现得冷漠而疏离，对别人怀恨在心，非常固执并且经常和自己的感受脱节。世界上政治和灵性领域的一些伟大领袖，他们的生命牌或行星守护牌是 6♣。6♣ 人似乎很清楚自己有使命必须要达成。萨达姆·侯赛因（Saddam Hussein）就是 6♣ 人，尽管我们可能不赞成他的目的和他使用的手段，但无可否认他实现自己愿望的力量之强大。

2♦ 人对 6♣ 人来说是很好的结婚对象，因为这两张牌之间是双向的木星连结。而 2♦ 也是 6♣ 的第二张业力牌，所以 2♦ 人会极力给予 6♣ 人。这样的婚姻关系总是会让家庭很兴旺，而且在大多数情况下他们都会拥有很好的财运。

187

THE SEVEN OF CLUBS

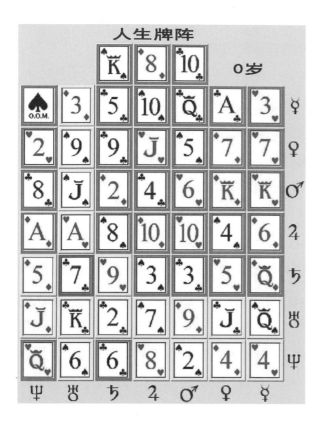

人生牌阵

心灵魔法
开明的思想

本命牌阵

月亮	太阳	水星	金星	火星	木星	土星	天王星	海王星	冥王星	宇宙回报	宇宙功课	宇宙月亮	自我转化
9♥	7♣	5♦	Q♠	J♣	9♦	7♠	2♣	K♣	J♦	4♥	4♦	2♠	8♥
		A♥	J♠	9♠	3♦	6♠	K♣			环境	7♣	置换	7♣

灵性牌阵

月亮	太阳	水星	金星	火星	木星	土星	天王星	海王星	冥王星	宇宙回报	宇宙功课	宇宙月亮	自我转化
6♣	7♣	8♣	9♣	10♣	J♣	Q♣	K♣	A♦	2♦	3♦	4♦	5♦	6♦
		K♥	6♥	9♠	2♠	8♦	A♦			环境	8♦	置换	J♠

人生牌阵位置：土星行/天王星列

灵性牌阵位置：火星行/天王星列

业力牌：8♦（第一张）　　J♠（第二张）

　　7♣双重的天王星影响应该立刻就能展现给你关于这张牌的部分本质。从某种意义上讲，7♣在思想和心灵层面有极高的天赋。数字 7 的能量与天王星相应。水瓶座向往自由的天性适用于所有数字 7 的人。水瓶座的人和数字 7 的人在表现自我时游走于对自由渴望的边缘，这是为了让自己的生活与更高的灵性频率调和一致。罗宾·威廉姆斯（Robin Willams）是一个典型的 7♣ 人。虽然他的太阳星座是巨蟹座，但他的思想和他的个人表现都与具有更高频率的天王星相应，他是极优秀的喜剧表达通道。所有数字 7 的人都像在灵性世界和物质世界之间走钢索。在这种情况下，他们经常会在其中一个世界表现自我的时候走极端。因此，虽然他们在心灵层面有突出的天赋，我们也会发现 7♣ 人展示出充满恐惧、容易依赖别人的特点，他们生怕天会塌下来。7♣ 人有时候情绪非常低落，这可能因为是他们的钟摆从高点摆荡到低点。平衡对他们来说很重要，也是他们需要努力做到的。

就像其他数字 7 的牌一样，7♣ 也有一个 8 作为业力牌，这张业力牌是 8♦，名望和荣耀之牌。对大部分 7♣ 人来说，这代表一种暗暗想成为优胜者的渴望，这渴望又或许是昭然若揭的。有些人会通过桌子底下不光彩的手段达到这个目的，比如曾经的美国总统克林顿，另一位有名的 7♣ 人。第二张业力牌 J♣ 赋予了他们可以侥幸获得成功的权力。同样是这份权力，也可以很容易成为他们从事艺术类或表演类职业的通道。众多男演员和女演员都是 7♣ 人。

木星位置的 9♦ 从某种意义上可以表现得像个百万富翁牌（木星牌 7♦）。木星位置任何一张数字 9 的牌都能带来愿望的达成和实现。但是，这张牌也常代表对资源挥霍无度。这些资源都来自于哪里呢？在消费之前我们先要用某种方式获得，这才真正是财务和金钱上的丰裕与成功。土星牌 7♠/6♣ 所代表的是 7♣ 人必须去攻克的方面。在他们人生的土星时期，健康方面的压力需要被重点关注，而且提示他们整个一生都要投放注意力在照顾自己的身体健康上。从土星牌的组合来看，不健康的生活方式是无法长久被身体容忍的。

尽管 7♣ 人出生于人生牌阵的土星行，但总的来说他们有非常好的业力。只要稍加努力，大部分 7♣ 人就能达成自己的目标和心之所想。有些 7♣ 人真的会成为灵性导师，他们的意识不时会进入更高维度，会有一些来自那里的知识和信息传递给他们，而他们再分享给其他人。他们带给我们"神圣思想"。

THE EIGHT OF CLUBS

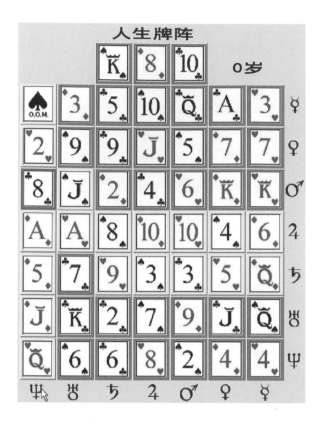

人生牌阵

心智力量和专注力

固执的想法和原则

本命牌阵

月亮	太阳	水星	金星	火星	木星	土星	天王星	海王星	冥王星	宇宙回报	宇宙功课	宇宙月亮	自我转化
J♠	8♣	6♦	4♠	10♥	10♦	8♠	A♥	A♦	Q♦	5♥	3♣	3♠	9♥
		2♥	A♠	Q♥	J♦	5♦	A♦			环境	8♣	置换	8♣

灵性牌阵

月亮	太阳	水星	金星	火星	木星	土星	天王星	海王星	冥王星	宇宙回报	宇宙功课	宇宙月亮	自我转化
7♣	8♣	9♣	10♣	J♣	Q♣	K♣	A♦	2♦	3♦	4♦	5♦	6♦	7♦
		A♣	7♥	10♠	3♠	9♦	2♦			环境	8♣	置换	8♣

人生牌阵位置：火星行/海王星列

灵性牌阵位置：火星行/海王星列

业力连结：7 张特殊牌家族

　　8♣是一张思维固定的牌。思想上的强大对他们来说既是一份礼物，也是一个负担，没有一张牌能像它一样，轻而易举地集聚思维的全部能量，用以完成一个任务。既然思想是发挥创造力的工具，这一特质让 8♣人能完成在其他人看来简直是奇迹的工作。8♣人拥有最强大的金钱牌，就是木星位置的 10◆。单从物质层面看，这是一张成功之牌。但如果要获得灵性层面的成功，则需要内在的驾驭能力，而不仅仅是对外在世界的掌控。8♣的七张直接行星牌都位于大太阳牌阵的木星行。8♣的土星牌是 8♠，这又是一张颇有权力和成功潜力的牌。看起来没有什么能阻挡 8♣勇往直前的脚步，他们终能获得自己渴望的一切。但他们的海王星牌 A◆、冥王星牌 Q◆和宇宙回报牌 5♥展示出一个有意思的现象。其中 Q◆和 5♥在 8♣人的个人转化中所承担的作用可以说是不相上下。要知道，固定牌和半固定牌并不善于改变。但是每一个人都有自己的冥王星牌，冥王星是颠覆性转化和改变的象征。对于 8♣人来说，这转变通常是与方片花色的男性或女性有关。8♣的女性不可避免地会与 A◆、Q◆或其他方片花色的男性相遇，他们会帮助她彻底改变自己的生活。这样的亲密关系一般意味着开启新生活的篇章，向爱和幸福敞开。而 8♣的男性遇见方片花色的女性时也会发生同样的转化。A◆和 Q◆应该是他们最常遇到的方片人了，Q◆又代表所有方片花色的女性，所以它可以表示任何数字的方片牌。

不管是 8♣男性还是女性，这转化的结果都会为他们带来情感和浪漫关系上（5♥）的自由。通常这转变与离婚或搬到全新的住所有关，这两种情况都可以通过 5♥来展示。

8♣人固定的特质是被他们生活中的架构和规范所固化的。有时候 8♣人固着在自己的想法或信念上，即便他们对事物本身得出的结论是错误的，也完全不愿以不同的视角审视它。从这一点来看，8♣人具有 7 张固定牌和半固定牌共有的"独眼"特质。我常说 8♣就像强有力的火箭引擎。这引擎的推动力强大而迅猛，可以发射到任何地方。最重要的在于，拥有如此强大引擎的同时，你必须要配备过硬的导航系统。如果火箭的航向错误将会造成巨大的毁灭。8♣人有责任保持思想的敞开，在他们依据自己的想法和信念行动之前，要确保方向的正确性。但很多时候他们并没有这样做，最后的结果是他们自己和爱人以经受煎熬而告终。

所以我们会发现，每一个出众的天赋都伴随着巨大的责任。而 8♣人拥有最伟大的天赋之一。

THE NINE OF CLUBS

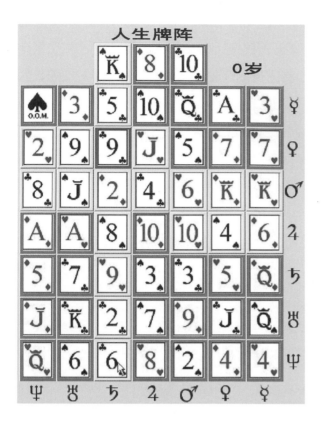

知识的给予者

宇宙智慧

本命牌阵

月亮	太阳	水星	金星	火星	木星	土星	天王星	海王星	冥王星	宇宙回报	宇宙功课	宇宙月亮	自我转化
J♥	9♣	9♠	2♥	K♥	K♦	6♥	4♣	2♦	J♠	8♣	6♦	4♠	10♥
		5♣	K♠	6♣	2♣	9♥	8♠	2♦		环境	9♣	置换	9♣

灵性牌阵

月亮	太阳	水星	金星	火星	木星	土星	天王星	海王星	冥王星	宇宙回报	宇宙功课	宇宙月亮	自我转化
8♣	9♣	10♣	J♣	Q♣	K♣	A♦	2♦	3♦	4♦	5♦	6♦	7♦	8♦
		2♣	8♥	A♥	4♠	10♦	3♦			环境	Q♥	置换	6♦

人生牌阵位置：金星行/土星列

灵性牌阵位置：木星行/水星列

业力牌：Q♥（第一张）　6♦（第二张）

　　人生牌阵中金星行/土星列的位置已经基本上概括出 9♣人的人生境况。爱对他们来说是最重要的事。他们在亲密关系的领域证得圆满之前，有很多的业力要平衡，很多的功课要学

纸牌科学全探索

习。在灵性牌阵木星行/水星列的位置通常会确保他们具有卓越的思维能力。但要记得，这是一张 9♣，而不是 8♣ 或 4♣。9 在这里是为了放下和结束。稍后我会进一步解释这一点。

9♣是所有牌中仅有的一张以"爱情之牌"2♥作为直接金星牌的，这会带来很多好运。虽然 A♦也有 2♥作为垂直金星牌，但垂直牌远不如直接牌的效力强劲。金星位置的直接牌 2♥是一张出奇强大的浪漫之牌，但却未必是张结婚牌。9♣是最有能力经验深刻而意义深远的浪漫关系或性关系的人。9♣人很多时候会走进婚姻，但这只是与他们所爱之人在一起的一种方式。9♣的土星牌是 6♥/9♥。这个土星组合在爱的方面象征着足够大的挑战，几乎像生命牌 4♥人在人生牌阵中的土星组合 6♠/9♠一样困难。6♥/9♥的土星组合创造出沉重的爱之业力负担，9♣人要运用自己强大的爱之觉知力，用负责任的态度面对这业力，学习相关课题。这种爱的天性让他们通常不会考虑太多世俗方面的因素。他们会不顾一切地奔向深深吸引他们的爱。但是，土星的能量不会让他们任意妄为，他们有时候要经受不计后果的行为带来情感和浪漫关系方面的不安定感。

对浪漫爱情的热爱通常会使很多 9♣人成为父母，这会变成他们一生的重要焦点。从占星学来看，第五宫掌管浪漫关系和孩子。在伴侣身上感受到的爱和从孩子身上感受到的爱可以是一样的，唯一不同的是对孩子的爱没有性能量涉及其中。第五宫和情感与爱相关，这也是 2♥所象征的意义。这一点恰好说明 9♣人为什么对情感会有如此强烈的需求，他们需要大量的爱来满足自己，包括来自异性的爱和孩子的爱。他们很认真地履行父母的责任，这与第一张业力牌 Q♥相关。孩子对 9♣人来说既是一种祝福也是一份重大的责任。他们作为父母的身份带来的课题通常不是那么容易应付和处理。他们也会面对选择爱人还是选择孩子之间的冲突。最后他们的孩子会被优先考虑。

第二张业力牌 6♦让 9♣成为很少需要承担金钱方面业力的牌之一。一些 9♣女性会嫁给一位方片花色的男性，她的伴侣会从经济方面给予她支撑，尽管如此，她们对是非对错有敏锐的判断，对于自己欠了别人什么也非常敏感。她绝不会把别人的给予视作理所应当，而且总是主动偿清自己的账单。

9♣从字面上的意思看，代表心理上的结束。对一些 9♣人来说，这意味着他们终其一生要面对心理方面的问题和挑战。他们有一种心理上的固着和偏执的倾向。从另一个角度看，这只是他们在交流和沟通方面需要被转化的地方。要记得所有的数字 9 都是从 8 进化而来。对 9♣人来说，他们过去生世拥有的 8 的能量仍然留存在他们的记忆中。他们会有这样或那样的心智上的天赋，就像 7♣人一样。除此之外他们还有相当的超自然力。然而水星位置的 9♠

通常指出，童年时期的经历烙刻在他们的人格特质中，这会伴随一个或两个心灵上的堵塞和卡点。很少有人能在这方面对 9♣ 人有足够的了解，知晓他们所承受的东西。

最幸福的 9 莫过于那些找到以帮助他人为己任的人生道途的人。这同样适用于 9♣ 人。很多著名的演员都是 9♣，他们选择了这种形式来传播讯息。9♣ 也很容易成为老师和剧作家，以这个身份向世界传递知识，与他人分享资讯。

纸牌科学全探索

THE TEN OF CLUBS

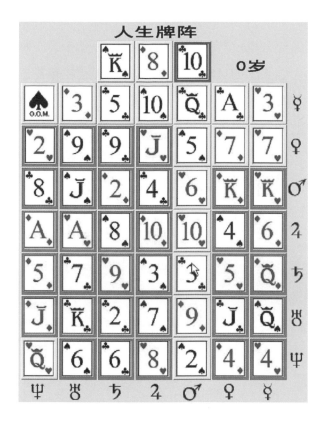

人生牌阵

心智上的成就

老师牌

本命牌阵

	月亮	太阳	水星	金星	火星	木星	土星	天王星	海王星	冥王星	宇宙回报	宇宙功课	宇宙月亮	自我转化
	Q♥	10♣	8♦	K♠	3♥	A♣	Q♣	10♠	5♣	3♦	A♠	7♥	7♦	5♠
			2♠	9♦	3♣	10♥	6♥	5♠	Q♣		环境	10♣	置换	10♣

灵性牌阵

	月亮	太阳	水星	金星	火星	木星	土星	天王星	海王星	冥王星	宇宙回报	宇宙功课	宇宙月亮	自我转化
	9♣	10♣	J♣	Q♣	K♣	A♦	2♦	3♦	4♦	5♦	6♦	7♦	8♦	9♦
			3♣	9♥	2♥	5♠	J♦	4♦			环境	J♠	置换	4♠

人生牌阵位置：皇冠行/火星列

灵性牌阵位置：木星行/金星列

业力牌：J♠（第一张）　4♠（第二张）

这是多么幸运的一张牌！10♣有权力也有心智力得到他们渴望的所有东西。唯一的问题是，什么是他们真正渴望的。火星位置和冥王星位置上的 3 会在他们的一生中带来无穷无尽的问题。至于 10♣人能否充分发挥其潜力，这些问题就是决定性因素。这张牌本身就是他们

第四章　牌义详解

的潜力所在。坐落在皇冠行的他们，常常被更高的位置所吸引。由于本命牌阵中的 3 以及第一张业力牌 J♠ 的存在，很多时候你会在艺术领域找到 10♣ 人。整副牌中最具力量的牌 K♠ 在他们金星的位置，使他们在艺术上也同样会获得成功。相对其他位置的牌来说，位于皇冠行的牌更独立，绝不容许其他人来告诉他们需要做什么以及什么时候做。他们希望在工作中到达很高的地位，直到在他们之上没有人可以决定他们的命运。他们似乎知道自己能拥有任何想要的东西，因此他们就像拿着一大把钱走进糖果店的孩子一样。让他们做出选择把焦点只放在一个地方实在是太难了。因为他们有强烈的创造性驱力，而且天生不喜欢受约束。如果他们进入艺术领域或其他能展现创造力的行业，这种不安定感会被大大缓解。如果他们感觉受到召唤去做一些伟大的事，他们能迅速坐上头把交椅。事实上他们当中很少有人通过这种方式被唤醒，但几乎他们当中的所有人在世间都能取得不错的声望。

　　10♣ 的情感生活几乎是所有牌中最不容乐观的。以上提到的这些特质让他们在事业上风生水起，而在爱的领域却是相反的情况。但并不是说他们的生命中缺少情感生活。他们的人生中会经历很多的情感体验，或者至少是拥有很多情人。有一些 10♣ 人会缔结婚姻关系，但很少一部分能在长期的婚姻生活中获得幸福和成功。一般来说，10♣ 的男性很独立，本命牌阵中的两个 3 让他们只能保持短期的亲密关系。而 10♣ 的女性有 Q♣ 作为她们的身份牌，也是本命牌阵的土星牌。这通常说明她们的女性面向存在很多困难。10♣ 是一张颇具男子气概的牌。数字 10 的牌其实也是另一张 A，A 是所有数字里最有阳刚之气的。第一张业力牌 J♠ 的阳性能量也很强。再加上 10♣ 女性的独立性和不确定性，她们很难作为被动的一方去接受对方的爱。她们在外闯荡会做的很好，总能得到自己想要的，这也包括爱人。但她们的亲密关系到底走到多深就很难说了。如果你问到她们，她们很可能会发誓自己的确进入了深刻的爱恋关系中。但这是不是她们自己所定义的？一个从未体会至深之爱到底是何种滋味的人怎么可能知道深入关系中的感觉如何？总的来说，10♣ 的女性大部分会拥有很多情人，小部分会走入婚姻，几乎就是介于这两种情况之间。很多 10♣ 人似乎注定不会保持长期和持久的亲密关系。

♥
纸
牌
科
学
全
探
索
♠
♦

THE JACK OF CLUBS

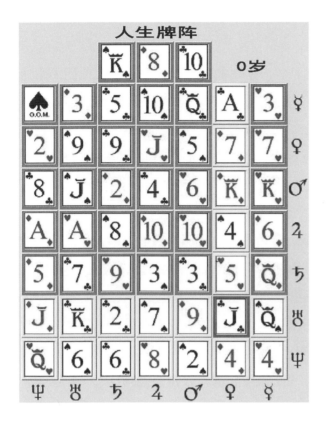

人生牌阵
0岁

年轻的天才
双性牌

本命牌阵

	月亮	太阳	水星	金星	火星	木星	土星	天王星	海王星	冥王星	宇宙回报	宇宙功课	宇宙月亮	自我转化
	Q♠	J♣	9♦	7♠	2♣	K♣	J♦	4♥	4♦	2♠	8♥	6♣	6♠	Q♥
			5♥	4♠	K♦	7♦	A♣	4♦			环境	J♣	置换	J♣

灵性牌阵

	月亮	太阳	水星	金星	火星	木星	土星	天王星	海王星	冥王星	宇宙回报	宇宙功课	宇宙月亮	自我转化
	10♣	J♣	Q♣	K♣	A♦	2♦	3♦	4♦	5♦	6♦	7♦	8♦	9♦	10♦
			4♣	10♥	3♥	J♠	6♠	Q♦	5♦		环境	J♦	置换	10♥

人生牌阵位置：天王星行/金星列

灵性牌阵位置：木星行/火星列

业力牌：J♦（第一张）　10♥（第二张）

　　J♣在人生牌阵中处于天王星行/金星列的位置，它被称作"双性牌"。如果你认识的人中有很多 J♣人，你可能会发现他们有一种其他牌所没有的"雌雄同体"的特质。在学习和使用纸牌超过 12 年之后，我经常在一个 J♣人告诉我生日之前就开始猜测他的牌。在他们的脸上你常会看出聪慧与平和，但远不止于这些。另外他们有着非常聪明的头脑，并且想法很固执。拥有火星位置的 2♣ 和木星位置的 K♣，我们可以想见他们的智商很高，并且非常享受辩论以及其他竞争性的智力活动。可能由于月亮牌 Q♠ 的缘故，他们还拥有超强的记忆力。

J♣ 在爱的领域颇具水瓶特质，对他们来说找到自己所属的群体是一个挑战。他们的水瓶特质使他们成为双性恋，也是这个水瓶特质让他们去寻找自己所归属的人群或团体。人生牌阵中冥王星牌 2♠ 代表 J♣ 人寻找的人群或组织。很多人都是以这种方式找到或建立团体的。同样的水瓶能量让 J♣ 人很有趣，与他们相处非常轻松。如果你是他们所属团体中的一员，他们会很感恩拥有你这个伙伴。

直接木星牌 7♠ 对他们的亲密关系有很大影响。我很吃惊地发现，很多 J♣ 人的配偶或爱人都有健康方面的问题。就算避免了这个问题，7♠ 在他们情感领域也会造成困难和挑战，这张牌指出要释放对他人的附着和抓取。7♠ 的第一张业力牌 K♦ 说明在过去生世他们有控制所爱之人的倾向，这种倾向如果延续到今生必定遭遇失败。水星位置的 9♦ 在爱情方面也会带来挫折，特别是处女座和双子座的 J♣ 人，因为 9♦ 也是他们的行星守护牌。9♦ 象征着很多损失，有些人会表现为爱的损失。他们也有一种在亲密关系中与他人共生的倾向。

第一张业力牌 J♦ 让 J♣ 人同时拥有两个 J，这既有好的一面，也有消极的一面。第一张业力牌往往代表我们必须要面对和攻克的挑战。对 J♣ 人来说，承担经济责任可能会是他们的一个人生议题。这会造成他们在金钱方面走捷径的状况。而且第一张业力牌同时又是他们人生牌阵的土星牌，这提醒他们一定要格外关注这个领域。业力法则的显现是迅速而严峻的。

THE QUEEN OF CLUBS

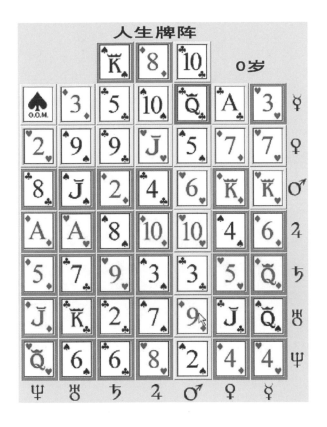

直觉之母
通过知识服务大众

本命牌阵

月亮	太阳	水星	金星	火星	木星	土星	天王星	海王星	冥王星	宇宙回报	宇宙功课	宇宙月亮	自我转化
A♣	Q♣	10♠	5♣	3♦	A♠	7♥	7♦	5♠	J♥	9♣	9♠	2♥	K♥
		10♣	2♠	9♦	3♣	10♥	6♥	5♠		环境	Q♣	置换	Q♣

灵性牌阵

月亮	太阳	水星	金星	火星	木星	土星	天王星	海王星	冥王星	宇宙回报	宇宙功课	宇宙月亮	自我转化
J♣	Q♣	K♣	A♦	2♦	3♦	4♦	5♦	6♦	7♦	8♦	9♦	10♦	J♦
		5♣	J♥	4♥	Q♠	7♠	K♦	6♦		环境	3♥	置换	10♦

人生牌阵位置：水星行/火星列

灵性牌阵位置：木星行/木星列

业力牌：3♥（第一张）　　10♦（第二张）

　　从灵性方面来看，这是最受祝福的一张牌，但在我们所生活的物质世界中，这祝福就没有那么突出了。处在灵性牌阵木星行/木星列的位置，意味着 Q♣人拥有人类能获得的最好的灵性天赋。这也是一张直觉力的天赋之牌。它不是整副牌中唯一的直觉力牌。但是他们的直觉力是人类所能具备的直觉力中最出色的。我认识的人中有很多 Q♣人都是如此，包括我妈妈也是，她会对神讲话，而神也会回应她，这对大部分 Q♣人来说再自然不过了。建立起这种天赋的 Q♣人会有一个指导灵总是从旁帮助他们，使大部分 Q♣人从不确定性对他们的折磨中解脱出来。

与 10♣的人类似，Q♣的火星牌也是一个 3，3♦。3♦带给他们很多的不确定性，特别是在金钱与爱情方面。决定 Q♣人情感生活的另一个重要因素是他们人生牌阵的直接土星牌 7♥。这张牌道出他们在情感上害怕被抛弃的深层恐惧，这源于他们童年时期的经历。要想充分理解 Q♣人，首先要认识到他们是否承认自己有很强的直觉力，他们的思想极度活跃且有力量。一个 Q♣人就像一架被精准调音的乐器。他们在所有方面的感应都很精微且敏感。他们主要生活在自己的头脑中，对于想知道的事，头脑可以提供给他们无尽的资源。如此倾向于头脑活动对他们的亲密关系并没有帮助，心才是关系中必要的工具。在很多 Q♣人看来，心是麻烦精。童年时期在情感上经受的挫败感促使他们许久以前就关闭了生命中的那个领域。他们在生活中也会拥有爱，但那是令他们感到不舒服或者软弱的地方。

Q♣人喜欢拥有力量感。不管是哪天生日的 Q♣，他们的本命盘总会显现大量的狮子特质。他们通常很骄傲，展现出"女王范儿"。这种狮子特质使很多 Q♣人成为老师、企业家或他们所在行业的领导者。但不管他们从事何种职业，都能滋养和支持别人。这种强烈的滋养特质是所有皇后牌的人所共有的。

很多 Q♣人没有处理好自己与物质身体之间的关系。他们总是把身体当作头脑的交通工具。当他们的身体出问题时就经常怨恨身体，但也有一些 Q♣人听到身体的呼唤而醒觉，他们开始把更多的注意力放在自己的身体上。还有很多 Q♣人有超重的问题，这样的人有一系列不好的健康习惯。出于这个原因，有相当数量的 Q♣人比大部分人离世早。很多 Q♣人在最后的日子里也没有享受到健康的生活。他们必须提起注意，并且不遗余力去改变消极模式，否则他们只能承受相应的后果。他们需要戒烟，控制饮食，改掉不好的习惯，每天都做做运动。

冥王星牌 J♥对 Q♣人来说意义重大。当我们意识到 Q♣是"母亲牌"，J♥是"基督牌"，会立刻发现这其中的联系。Q♣为了孩子会做出各种牺牲和奉献。可以是他们自己的孩子，也可以是其他人的孩子。有时候 Q♣也会失去自己的孩子，就像圣母玛利亚失去耶稣。从灵性层面看这种损失是一种功课，但它最终是一份祝福，让 Q♣人更靠近神的恩典。

THE KING OF CLUBS

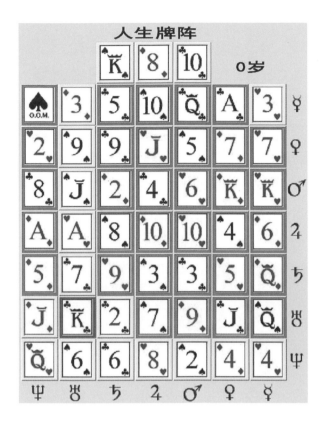

知识领域的领袖
辨明心识的大师

本命牌阵

月亮	太阳	水星	金星	火星	木星	土星	天王星	海王星	冥王星	宇宙回报	宇宙功课	宇宙月亮	自我转化
2♣	K♣	J♦	4♥	4♦	2♠	8♥	6♣	6♠	Q♥	10♣	8♦	K♠	3♥
7♣	A♥	J♠	9♠	3♦	6♠					环境	K♣	置换	K♣

灵性牌阵

月亮	太阳	水星	金星	火星	木星	土星	天王星	海王星	冥王星	宇宙回报	宇宙功课	宇宙月亮	自我转化
Q♣	K♣	A♦	2♦	3♦	4♦	5♦	6♦	7♦	8♦	9♦	10♦	J♦	Q♦
6♣	Q♥	5♥	K♠	8♠	A♠	7♦				环境	2♠	置换	8♠

人生牌阵位置：天王星行/天王星列

灵性牌阵位置：木星行/土星列

业力牌：2♠（第一张）　8♠（第二张）

　　K♣是一位庄严肃穆、值得尊敬的"知识的国王"，处在人生牌阵天王星行/天王星列的
位置，承担着整副牌中明辨是非的责任。如此强烈的天王星能量也会让一定数量的 K♣ 人拥有

双性化特征。K♣人过着一种追求个人自由和真理的生活。但他们追求真理的方式并不狭隘。他们热爱真理，总是设法通过某些方式与他人分享真理，惠及与他们相关的所有人。

K♣人的第一张业力牌和本命牌阵的木星牌都是 2♠，他们绝对是一个人缘很好的人，并且喜欢以合作的形式工作。他们找到与之共事，与之分享工作中快乐的同伴才会感到幸福，如果同事关系转变成浪漫的伴侣关系反而会更好。从很多方面来看 K♣都拥有幸运的人生路径，他们本命牌阵中几乎所有的牌都是偶数牌。但也有一些障碍需要跨越，主要表现在天王星和海王星位置上的数字 6。这两张 6 影响了大太阳牌阵靠下位置的很多牌，它们不时会引起一种停滞状态的发生。那些本命牌阵中有这两个 6 的人通常很难启动新的项目或者开启人生新的篇章。他们会感到自己需要为新的开始做出改变，但总能找到借口和理由不去改变。对 K♣人来说，他们头脑中充斥的想法阻止了他们向前迈向自己必须前进的方向。由于这两个 6 的影响，我们会发现 K♣人经常会等待着下一阶段的展开。这会让他们感到非常无力，直到一些"特殊事件"发生才能推动他们前往人生的下一个时期。

冥王星的象征意义

冥王星牌 Q♥对 K♣人来说意义重大。它展示出大太阳牌阵中诸多牌的特定模式。请观察右图中突出显示的那些牌，这些牌在人生牌阵中都有双倍的行星能量影响。3♥位于水星行/水星列，7♦位于金星行/金星列，6♥位于火星行/火星列，以此类推。之所以特别说明这些牌，是因为人生牌阵中这些牌的冥王星牌也是具有双倍行星能量影响的牌。位于火星行/火星列的 6♥，它的冥王星牌是位于木星行/木星列的 10♦。对所有这些牌来说，这一特点意义非凡。当这些牌作为生命牌时，它们每一张牌的冥王星牌都处在生命牌的下一个振频。金星是水星的下一个振频。从水星到金星的演进代表进化中的量子跃迁。从这种情况来看，这是从思想到感觉的进化。7♦（金星/金星）转换

到 6♥（火星/火星）代表从感觉到行动的演化，也是从爱恋到激情的演化。6♥转换到 10♦象征从火星式地为得到一切战斗和抗争，进化到木星式的允许一切自然来到我们身边。对 6♥来说，意味着学习接受到来的东西，而不是迫使事情发生。从 10♦转化为承担教导的责任

（土星/土星）和职业道德。9♥则是要从充满缺失感以及与他人相互依存的生活方式转向 K♣（天王星/天王星）所象征的真理。最终我们都会来到 K♣所代表的真理。

K♣是一张位于天王星行/天王星列的牌，它的冥王星牌 Q♥位于海王星行/海王星列。这两张牌可以说是大大地不同。作为追寻真理的人，K♣人会说：请告诉我真相。而 Q♥不需要了解真相，她住在由海王星主宰的朦胧世界中，感觉和感受是她们的游戏规则。她们放弃了 K♣以认定事实为准则的执拗和精明，而是跟随自己的感觉，沉浸在爱和愉悦之中。对 K♣来说，冥王星牌 Q♥有双重含义，这取决于 K♣的性别是什么。如果是女性的 K♣，Q♥通常代表她们在女性相关领域的挑战。可能是女性健康问题，最主要的还是身为母亲身份的困难和问题，以及学习以女性的方式接受他人的给予。K♣是一张非常具有阳性特质的牌，所有 K♣的人都很有力量，而且在心理上很男性化。K♣女性对于适应各种女性角色都有不小的难度。我见过很多 K♣女性的本命盘中太阳或火星在十二宫。这表明她们在以往生世曾经是男性，她们把这种男性特质发展到了今生。

K♣的男性不约而同都有一种恋母情结。你可能会在他们的本命盘中发现巨蟹能量的影响。他们母亲的生命牌或行星守护牌通常是红心花色，而且很爱幻想，不太负责任，逃避现实，毫无逻辑性可言。因此，K♣会比其他牌更大几率和红心花色的女性建立亲密关系，这是为了解决存在于他和母亲之间的挑战。虽然凡事总有例外，但你会吃惊地发现如此多 K♣男性的母亲某种程度上与 Q♥的特质很像。

K♣人适合担任领导角色和承担重任，也会获得很好的声望。他们的宇宙回报牌、宇宙功课牌和宇宙月亮牌都位于皇冠行。我们的历史书上记载了许多在这个世界留下不可磨灭印记的 K♣人。几乎所有的印记都是正面积极的。以我个人的经验来看，K♣是所有牌中拥有最真实内心的人之一。

THE ACE OF DIAMONDS

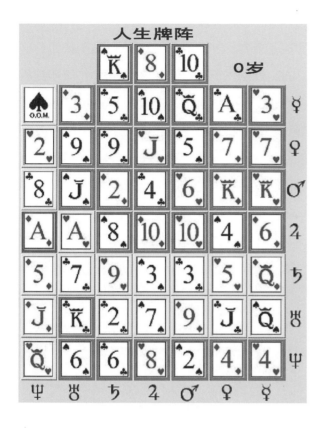

对价值的渴望
在财务方面获得成功

本命牌阵

月亮	太阳	水星	金星	火星	木星	土星	天王星	海王星	冥王星	宇宙回报	宇宙功课	宇宙月亮	自我转化
A♥	A♦	Q♦	5♥	3♣	3♠	9♥	7♣	5♦	Q♠	J♣	9♦	7♠	2♣
		8♣	2♥	A♠	Q♥	J♦	5♦			环境	A♦	置换	A♦

灵性牌阵

月亮	太阳	水星	金星	火星	木星	土星	天王星	海王星	冥王星	宇宙回报	宇宙功课	宇宙月亮	自我转化
K♣	A♦	2♦	3♦	4♦	5♦	6♦	7♦	8♦	9♦	10♦	J♦	Q♦	K♦
		7♣	K♥	6♥	9♠	2♠	8♦			环境	2♦	置换	A♥

人生牌阵位置：木星行/海王星列

灵性牌阵位置：木星行/天王星列

业力牌：2♦（第一张）　A♥（第二张）

这张牌带有丰盛的木星能量，也有强烈的海王星影响。这赋予A♦人积极乐观、正向的人生态度——有时候太过正向了。这种木星/海王星的组合影响会让他们忽略别人的错误，更有甚者会对自己的缺点视而不见。大部分A♦人看不到自己的自私自利，这是他们最大的缺

纸牌科学全探索

点。生命牌是Ａ，月亮牌也是Ａ，第二张业力牌还是Ａ，这会给Ａ◆人带来难以数计的"以自我为中心"的行为表现。他们如何觉察出自己所做的选择中包含了多少个人偏好？大部分Ａ◆都不是很能觉察到这一点，至少以我的经验来看是这样。Ａ◆人如此沉迷于他们是"世界的拯救者"的信念中，然而常常看不到他们在其中获得个人利益的动机。他们强烈地渴望为拯救世界做些什么，或者至少是拯救他们身边的人。看看保罗·纽曼（Paul Newman）和他所做的慈善事业就可知一二了。

Ａ◆人大部分都是独行侠。但他们也享受跟其他人相处，特别是在那些很能赚钱的企业中。Ａ◆人热爱工作，他们也理应热爱。上帝给了他们一张列着无尽事项的清单让他们去创造，无数的想法要他们去实现，数不清的生意要他们去经营。很多Ａ◆人都很有艺术特质。木星位置的 3♠带给他们在艺术领域以及各种手工艺领域的成功。他们喜欢旅行（5♥），旅行可能会给他们带来艳遇，亦或他们所到之处会遇见情人。特别是Ａ◆的男性，经常是每到一个停靠港就结识一位异性，他们都认为自己是最特别的那一个。以我个人的经验来看，我还没见过忠于自己妻子的Ａ◆男性。一定是出于这个原因，我的老师阿恩·雷恩告诉我说，Ａ◆的男性不应该结婚。我总会用这两句话形容他们，第一句是"女人太多了，时间太少了"，另一句是"为了艳遇去旅行"。在研究一些Ａ◆男性之后，你会看到他们在这方面真的如此表现。

你可能倾向于认为，由于Ａ◆本命牌阵中所有的行星周期牌都位于人生牌阵的土星行，他们会有艰难的人生。而且他们的直接土星牌 9♥位于大太阳牌阵土星行/土星列的位置。所有这些都表明他们要过一种充满着各种业力偿还的困难人生。但他们的生命牌处在木星行/海王星列的位置，这几乎能够消除土星带来的影响。即便是生活带给他们最艰难的困境，Ａ◆人也能找到轻松穿越的方式。他们拥有无比乐观的态度，这似乎总能帮助他们度过难关。而人生牌阵和灵性牌阵中双重木星位置的影响预示着木星的保护之手庇佑着他们。

他们最广为人知的挣扎在于事业和爱情之间的平衡，通常事业会占上风，被他们置于最高优先级来考虑。他们的人生中也会拥有爱情，但可能任何亲密关系都不如他们的工作重要。他们也会尝试结婚，确实有一些人找到了适合的婚姻关系。Ａ◆的女性与倾慕和尊重她的 K♣男性总能获得很好的婚姻。尽管如此她们也不会放弃自己的事业，而是会把婚姻和事业结合在一起，这样就可以同时拥有两者。K♣人很愿意跟随Ａ◆人，而且这对他们的关系非常有帮助。换做是Ａ◆的男性和 K♣的女性也是一样，但是就像我前面提到的，Ａ◆的男性不喜欢只和一个女性在一起。

THE TWO OF DIAMONDS

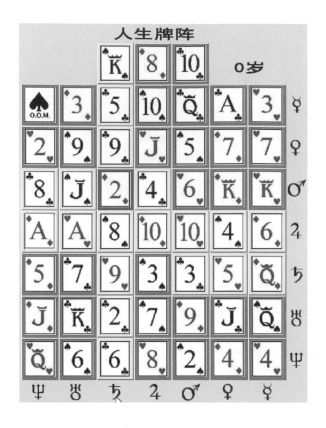

人生牌阵

0岁

商业中的合作
生意头脑

本命牌阵

月亮	太阳	水星	金星	火星	木星	土星	天王星	海王星	冥王星	宇宙回报	宇宙功课	宇宙月亮	自我转化
4♣	2♦	J♠	8♣	6♦	4♠	10♥	10♦	8♠	A♥	A♦	Q♦	5♥	3♣
		9♣	5♣	K♠	6♣	2♣	9♥	8♠		环境	2♦	置换	2♦

灵性牌阵

月亮	太阳	水星	金星	火星	木星	土星	天王星	海王星	冥王星	宇宙回报	宇宙功课	宇宙月亮	自我转化
A♦	2♦	3♦	4♦	5♦	6♦	7♦	8♦	9♦	10♦	J♦	Q♦	K♦	A♠
		8♣	A♣	7♥	10♠	3♠	9♣			环境	6♣	置换	A♦

人生牌阵位置：火星行/土星列

灵性牌阵位置：木星行/海王星列

业力牌：6♣（第一张）　A♦（第二张）

　　2♦人的感情生活非常复杂。冥王星和宇宙回报的位置都是A，这两个A指出他们渴求爱却很难得到爱的终身课题。事实上，这和他们能否接受别人的给予有关。A♥与冥王星的结合是个非常强大的组合。这通常象征对爱的强烈渴望，这种渴望让 2♦人想要通过控制另一半

纸牌科学全探索

来获得爱。加上金星位置上是一张固定牌 8♣，把权力斗争的程度变为原来的三倍，这通常会影响他们个人的亲密关系。8 是权力的数字。作为一张固定牌，8♣处在金星位置会让 2♦人为他们的婚姻设定好规则、信念和构想，这些规则和构想是他们自己会不遗余力地去执行的。不幸的是，这些所谓的构想通常是自我设限、自我伤害。2♦人不惜伤害自己来奋力把亲密关系塑造成固定的、毫无生命力和想象力的样子。他们会使出浑身解数去处理关系，以达成所想，做这些事时他们完全没有意识到，自己对掌控的需要来源于对被抛弃的恐惧（A♥）。

从物质层面看，2♦虽然称不上是最幸运的牌，但也是非常幸运了。不管他们去哪里，在何种领域，他们精明的头脑都能帮他们赚到钱。他们很有创造力，甚至可以说很狡猾（水星牌 J♠），这让他们在自己的生意中充满了创意，具有理念上的优势。作为数字 2 的人，他们被赋予出色的逻辑思维能力和不带感情色彩的冷静。他们可以成为股票投资人、房地产经纪人或者胜任任何一种可以让他们很好地使用头脑的职业。他们通常对电脑也很精通。他们本命牌阵的前 7 张牌几乎都是偶数牌。牌阵中从火星牌到宇宙回报牌的所有牌都处于大太阳牌阵的木星行。因此，2♦在金融和财务方面的优异表现不足为奇。

第一张业力牌 6♣在他们人生中起着非常重要的作用，它代表 2♦人潜藏着对更高层次召唤的渴求。没有完全沉浸在物质世界中的那些 2♦人，会听到来自内在的召唤，驱使他们做一些对世界有益的事。有益的事通常是把一些信息（♣）带给这个世界，从某种意义上说这会引导他们的生命到达更高层次（6）。就像 6♣人一样，2♦人能成为引路人或送光明者。但是很多时候即使走到这个阶段，2♦也会带着一些本性中的商业能力。他们可能会像商人一样，以灵性为噱头的方式来赚钱，成为这样的灵性导师。

THE THREE OF DIAMONDS

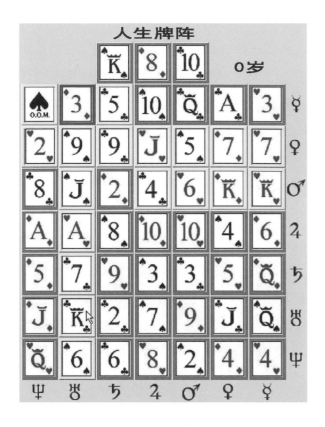

人生牌阵

0岁

财富创造和对金钱的不安定感

通过价值表达自我

本命牌阵

月亮	太阳	水星	金星	火星	木星	土星	天王星	海王星	冥王星	宇宙回报	宇宙功课	宇宙月亮	自我转化
5♣	3♦	A♠	7♥	7♦	5♠	J♥	9♣	9♠	2♥	K♥	K♦	6♥	4♣
		6♠	K♣	7♣	A♥	J♠	9♠			环境	3♦	置换	3♦

灵性牌阵

月亮	太阳	水星	金星	火星	木星	土星	天王星	海王星	冥王星	宇宙回报	宇宙功课	宇宙月亮	自我转化
2♦	3♦	4♦	5♦	6♦	7♦	8♦	9♦	10♦	J♦	Q♦	K♦	A♠	2♠
		9♣	2♣	8♥	A♥	4♠	10♦			环境	6♥	置换	Q♦

人生牌阵位置：水星行/天王星列

灵性牌阵位置：土星行/水星列

业力牌：6♥（第一张）　Q♦（第二张）

　　3♦被认为是整副牌中拥有最困难的人生路径的牌之一，在这一点上它和 Q♦不相上下。
统观 3♦的本命牌阵会发现一长串的奇数牌，其中还包括两个 7 和两个 9。虽然他们本命牌阵
的大部分行星牌都位于大太阳牌阵的金星行，但这些数字 7 和 9 的牌对一般人来说并不是那

么容易承受。也正是 7 和 9 的牌迫使 3◆人进入灵性道途。任何以物质生活为主要人生导向的 3◆人，生活中都会充满失望（9）和挑战（7）。因此，他们大部分人都会转向灵性层面去找寻物质世界无法提供给他们的答案。在灵性世界中，他们才真正得到满足，并且认识到在这个领域他们拥有很多天赋。

　　3◆拥有杰出的心智力，在这方面它比很多牌都更突出。在人生牌阵中水星行/天王星列的组合足以说明这一点。在灵性牌阵中土星行/水星列的位置则对这一特质作了强化。尽管水星和土星的能量结合在一起有时候会让一些 3◆人感到些许沮丧和消沉，但也给了他们足够的耐心和决心深入事物的本质，找到隐藏于众人视线之外的真理的宝石。水星位置的 A♠也应被重点关注。这张整副牌中最有灵性的牌，最具冥王星特质的牌，恰好落入他们水星位置或者说代表心智的位置。仅是这一点就让我们知道 3◆拥有入木三分的洞见，强有力的言辞以及深入探究生命奥秘的兴趣。如此一来，很多守护神圣秩序的大师们都是 3◆人就不足为奇了。可能你不清楚这些守护神圣秩序的大师们是什么人，他们是过去负责保存完整的纸牌系统，向世人传播纸牌科学的古老智者。要充分洞察这个系统中的奥秘需要有出色的头脑和心智，就像 3◆人一样。

　　3◆人的感情和家庭生活通常是他们面临最多挑战的领域。土星位置的 J♥指出他们在养育孩子上艰难的自我牺牲和奉献，通常是为他们的一个或更多孩子牺牲。第一张业力牌 6♥表明他们在爱情和浪漫关系上都有负面业力，这也是他们需要学习去承担责任的领域。他们的生命中必定会有一些业力关系或者命中注定的亲密关系，这些业力往往来自于他们过去生世没有顾及他人的感受。然而，冥王星牌 2♥以及宇宙回报牌 K♥是一个强大的驱动因素，这会促使他们在亲密关系中不断努力，直到他们找到正确的相处之道。他们渴望得到完美的爱情，为了达成这个目标，通常他们的做法是让自己更完美。

　　尽管 3◆的人生中被设置了各种挑战和困难，这困难甚至是从童年时期就开始了，但他们中的大部分人在遭遇困难时仍能对生活呈现给他们的保持微笑甚至是大笑。作为一个数字 3 的人，他们风趣而有创造力。他们从来不会缺少聪慧机敏的言行。这种人生态度对于他们应付自出生以来就施加于他们身上的压力大有裨益。

THE FOUR OF DIAMONDS

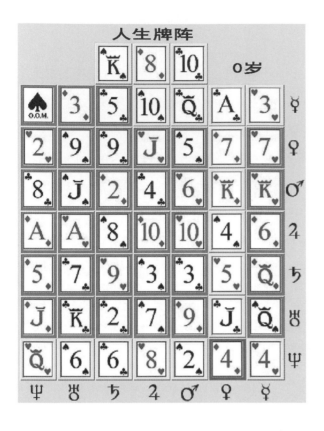

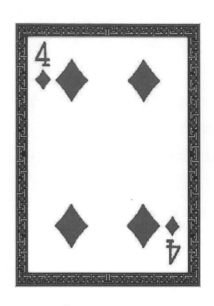

通过努力工作获得满足感

财务方面的组织者

本命牌阵

月亮	太阳	水星	金星	火星	木星	土星	天王星	海王星	冥王星	宇宙回报	宇宙功课	宇宙月亮	自我转化
4♥	4♦	2♠	8♥	6♣	6♠	Q♥	10♣	8♦	K♠	3♥	A♣	Q♣	10♠
		J♣	5♥	4♠	K♦	7♦	A♣			环境	4♦	置换	4♦

灵性牌阵

月亮	太阳	水星	金星	火星	木星	土星	天王星	海王星	冥王星	宇宙回报	宇宙功课	宇宙月亮	自我转化
3♦	4♦	5♦	6♦	7♦	8♦	9♦	10♦	J♦	Q♦	K♦	A♠	2♠	3♠
		10♣	3♣	9♥	2♥	5♠	J♦			环境	5♠	置换	5♥

人生牌阵位置：海王星行/金星列

灵性牌阵位置：土星行/金星列

业力牌：5♠（第一张）　5♥（第二张）

　　从外表来看，4♦人顽强而坚韧。他们被塑造成有能力承受相当多的责罚，而自身却安然无恙。数字 4 象征一个务实、有组织能力的人，并且他重视简单的生活。很多 4♦人都长得圆头圆脑，他们手脚都很灵活，而且非常脚踏实地。但你也许没有意识到爱情对 4♦人多么重要。他们在人生牌阵中位于海王星行/金星列，整副牌中另一张被海王星/金星的组合能量影响的牌是 2♥。就像 2♥ 人一样，4♦ 人对完美的爱情和亲密关系有着深深的渴望。他们对于爱有强烈的理想主义情怀，暗暗去找寻意义深远的爱恋关系。

和 2♥ 不同的是，4♦ 人携带着很多业力，这一点由他们在灵性牌阵中土星行/金星列的位置可以看出。土星/金星能量组合的旋律在他们的人生中占有重要地位，在他们的出生星盘中经常会发现强烈的土星/金星结合。土星与金星结合在一起时，会带走亲密关系中全部的欢愉和快乐。在人生的早期阶段，这会造成亲密关系上极大的困难。对 4♦ 人来说，似乎人生中所有美好和挚爱的东西都伴随着沉重的负担或代价。土星位置的 Q♥ 进一步强调了这种感觉，这和灵性牌阵中土星行/金星列位置带来的影响如出一辙。这种情况下意味着他们被这同一种能量碾压了两次，更加突出了他们的业力责任。

对于 4♦ 人来说意味着，他们必须抛却长久以来对爱情的理想主义期待，转而省察他们的亲密关系中到底发生了什么。他们必须学会对所发生的事承担责任，而不是责怪亲密关系中的另一半。然而不幸的是，看起来相当多的 4♦ 人在经历一些关系上的失败之后变得更加尖刻。他们的责任和负担如此沉重，以至于很难领悟自己的错误所在。因此他们会保持一种观念，那就是他们永远不可能幸福，或者认为人世间简直像地狱，好人总是毫无理由地没有得到好报。他们经常对过去的伴侣怀有满腔愤恨并且紧紧抓住愤怒和怨恨的情绪不放。

但并非所有的 4♦ 人都会如此表现。任何一个 4♦ 人都能克服这种模式的影响。但是有两个必要前提条件——担负起责任和坚持自己的梦想。他们寻找的完美之爱的确存在，但他们必须清除个人层面的障碍才能经验到它。土星/金星的组合说明他们带着很多对爱的错误认知来到今生，他们曾认为爱必定会遭遇现实的残酷。

4♦ 是一个天生的工作者，最幸福的 4♦ 莫过于那些积极投身于工作的人。事实上，他们越是努力工作，生活会变得越好。在亲密关系方面也是同理。如果他们能够摆脱死气沉沉、拖沓延宕和懒散，一定会确保获得成功和幸福。

事实上他们本命牌阵中的几张行星牌位于大太阳牌阵的皇冠行，这表明他们有能力受到公众的认可甚至是名扬四海。双鱼座和水瓶座的 4♦ 人尤其有机会得到赞誉和名望，因为他们的行星守护牌就在皇冠行。他们人生晚年的 13 年周期牌也会落在皇冠行，届时他们会经历人生中最好的时光。

THE FIVE OF DIAMONDS

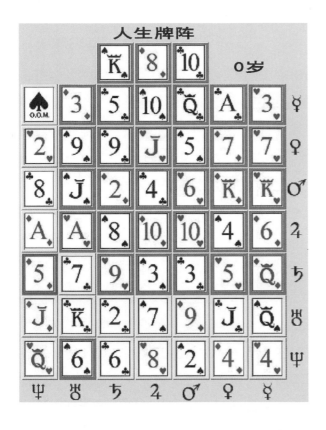

人生牌阵

瞬息万变的价值观
冒险家

本命牌阵

月亮	太阳	水星	金星	火星	木星	土星	天王星	海王星	冥王星	宇宙回报	宇宙功课	宇宙月亮	自我转化
7♣	5♦	Q♠	J♣	9♦	7♠	2♣	K♣	J♦	4♥	4♦	2♠	8♥	6♣
		A♦	8♣	2♥	A♠	Q♥	J♦			环境	5♦	置换	5♦

灵性牌阵

月亮	太阳	水星	金星	火星	木星	土星	天王星	海王星	冥王星	宇宙回报	宇宙功课	宇宙月亮	自我转化
4♦	5♦	6♦	7♦	8♦	9♦	10♦	J♦	Q♦	K♦	A♠	2♠	3♠	4♠
		J♣	4♣	10♥	3♥	J♠	6♠	Q♦		环境	9♦	置换	3♣

人生牌阵位置：土星行/海王星列

灵性牌阵位置：土星行/火星列

业力牌：9♦（第一张）   3♣（第二张）

　　5♦的人从某种意义上讲通常拥有非常有活力的人生。本命牌阵中有很多奇数牌伴随着他们。这意味着他们的生活很少处于平和之中。以我个人的经验来看，我解读过的大部分 5♦ 个案的出生星盘中都有大十字。下图就是这样的一个星盘。也许有些人不熟悉星盘上的配置，大十字（Grand Crosses）被认为是最具挑战的象征之一。从根本上说，就是星盘上的四个行星两两相对和相刑，创造出 4 组 90 度相位，其中两组互成 180 度相位。如果没有大十字，毫无疑问你会找到 T 型 90 度（T-Square），它是大十字的四分之三，或者他们的星盘中只是有很多 90 度相位。90 度相位意味着什么呢？从占星学上讲，它代表一个人的内在冲突。呈 90 度角的两个行星会争夺控制权，如果两个行星中的一个按照自己的意愿为所欲为，那么另一个也会奋起谋反。四个联锁的 90 度相位在一起说明这个人内在有大量的冲突。不管他们想去往哪条路，另一部分的自我都不会同意和妥协。这种巨大的紧张感和内在冲突表明大部分 5◆人的生活真的很有压力。

而且在他们出生星盘的 90 度相位中，我们经常会看到一个或多个相位与土星相关。土星和数字 5 有着紧密的联系。土星是第五个行星，土星的符号ħ很像数字 5。土星把它沉重的大手压在很多 5 的人身上，特别是 5◆人。通常相当于 5◆人原生家庭中的父亲角色。这也会带来他们与权威角色相处的困难，以及在成年之后很难建立起对责任的概念。自由与安全感孰轻孰重的

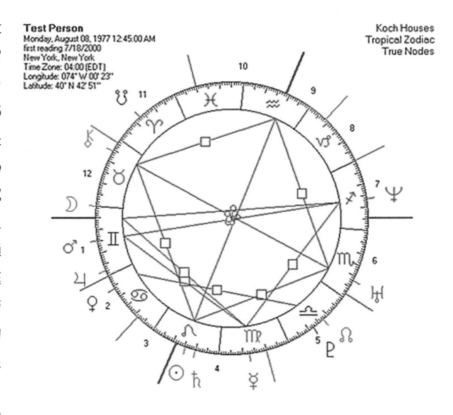

议题在他们的人生剧本中占有很大分量。来自人生牌阵和灵性牌阵的双重土星影响加重了他们人生的土星课题。

他们的第一张业力牌 9◆也是本命牌阵的火星牌，这两者都说明他们人生中会经历金钱上的损失以及需要释放对物质的依赖和抓取。由于全部加诸于他们身上的土星能量作祟，他们经常会把物质方面的考虑放在人生清单的较高等级。有一些 5◆的人非常富有，也有一些总是觉得拥有的钱不够多。不管他们属于哪些情况，金钱的议题看起来渗透在他们的人生和亲密关系中。有一点对 5◆人来说很有趣，他们的冥王星牌和宇宙回报牌都是 4，分别是 4♥和 4◆。这代表他们需要通过一系列的学习，以学会辨认事物的真正价值所在，不管是在亲密关系方面还是物质占有方面。也暗示着他们必须回到成为 5 之前的那个阶段，也就是 4 的阶

段，去获得带给他们内在和平的满足感。5◆是所有牌中最出色的探索者和冒险家。他们经常随时准备出发去任何地方。你可以试着鼓动他们一下，看看他们会怎么做。

纸牌科学全探索

THE SIX OF DIAMONDS

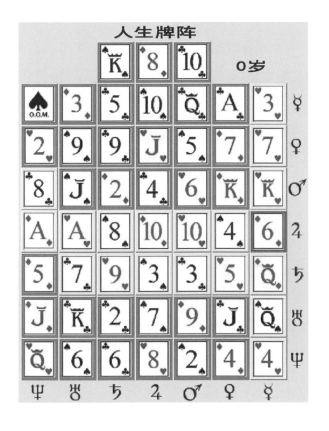

金钱再分配者
在价值方面承担的责任

本命牌阵

月亮	太阳	水星	金星	火星	木星	土星	天王星	海王星	冥王星	宇宙回报	宇宙功课	宇宙月亮	自我转化
8♣	6♦	4♠	10♥	10♦	8♠	A♥	A♦	Q♦	5♥	3♣	3♠	9♥	7♣
		K♥	7♥	3♥	4♥	Q♠	Q♦			环境	6♦	置换	6♦

灵性牌阵

月亮	太阳	水星	金星	火星	木星	土星	天王星	海王星	冥王星	宇宙回报	宇宙功课	宇宙月亮	自我转化
5♦	6♦	7♦	8♦	9♦	10♦	J♦	Q♦	K♦	A♠	2♠	3♠	4♠	5♠
		Q♣	5♣	J♥	4♥	Q♠	7♠	K♦		环境	9♣	置换	3♠

人生牌阵位置：木星行/水星列

灵性牌阵位置：土星行/木星列

业力牌：9♣（第一张）　3♠（第二张）

　　和所有数字 6 的人一样，6♦人也有很多天秤座特质。这让他们看起来和平友爱、温文尔雅。然而天秤指的不仅是和平，更重要的是正义和公正。天秤座的象征就是一个"公正的天平"。这天平被用来计量人生中的诸多事项。一方面，6♦人非常有竞争性，而且经常在对抗性的体育项目中胜出。在体育比赛中，他们面对对手的攻击时反应迅速而敏捷，并用同样的力度回击对手。这就是他们"公正天平"的展现。在个人亲密关系中他们也是一样有竞争性。尽管他们平时温厚宽容、和平友爱，一旦被关系中的另一半冤枉或错怪，他们就会用自己想象中对方对待他们同样的方式还击。问题在于 6♦ 想象的远远超过实际发生的情况。这是由于他们人生牌阵中土星位置 A♥ 的存在。土星 A♥ 代表深刻的情伤，还表示他们有一种内在信念，认为自己永远不会得到他们想要的爱。通常他们会把自己置于外表看起来很好，但实际上没有真正的深度和亲密度的伪亲密关系中。但是请记住，所有拥有同样特点的牌，都说明有内在的冲突需要处理。如果 6♦ 人解决了这个内在冲突，发展更多的自我认知，他们对真爱的找寻将会得到满足。

6♦ 人通常在他们的工作领域和金融方面表现优异。"公正的天平"足以说明 6♦ 的另一个特点，它代表财富的重新分配。数字 6 是更高层次的爱、想法和价值观的一个管道。6♦ 人可以成为那个将人生中接触到的人的价值观导引到生命更高层次的管道。你会发现有非常多6♦ 的女性会嫁给一个有钱人，然后用丈夫的钱去做良善的工作，用某种方式帮助这个社会，通常是以灵性方式。

他们拥有最有财运的两张牌，火星位置的 10♦ 和木星位置的 8♠，这代表他们所能获得的成功。并且从他们在人生牌阵和灵性牌阵的位置上看，有双重木星能量影响。这真的是一张财运之牌！但作为 6 的人天生有一种特点，他们的生活通常会以某种特定的模式维持很长时间，这意味着有时候他们很长一段时间很富有，之后又会很长一段时间很贫困。不管他们处于哪种时期，6♦ 人都感觉到他们在今生会收到很棒的礼物。从物理学角度讲，"公正的天平"告诉他们这是由于收到很多偿还给他们的东西。从某种意义上说，他们没有耐心静静等待偿还的到来，开始向身边亲近的人迫切地要钱。我见过一些 6♦ 的男性利用出现在他们生命中的女性，获取女性的钱财。

另一个很重要的方面是，6♦ 意味着承担对价值的责任。如果那些和有钱人结婚的男性或女性 6♦ 人滥用了自己的天赋，结果一定会出问题，随后可能会忍受很长时间的贫苦。6♦ 人有很多值得去感恩的。只是他们的态度决定了他们是成为最有钱、最成功的人，还是沦为最卑劣可耻、最贪婪的人。他们绝对无法逃脱业力法则，所有 6 的人都是如此。

THE SEVEN OF DIAMONDS

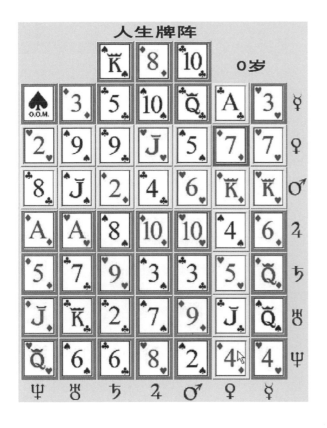

有魔力的金钱牌

摆脱对金钱的执着

本命牌阵

月亮	太阳	水星	金星	火星	木星	土星	天王星	海王星	冥王星	宇宙回报	宇宙功课	宇宙月亮	自我转化
7♥	7♦	5♠	J♥	9♣	9♠	2♥	K♥	K♦	6♥	4♣	2♥	J♠	8♣
		A♣	4♦	J♣	5♥	4♠	K♦			环境	7♦	置换	7♦

灵性牌阵

月亮	太阳	水星	金星	火星	木星	土星	天王星	海王星	冥王星	宇宙回报	宇宙功课	宇宙月亮	自我转化
6♦	7♦	8♦	9♦	10♦	J♦	Q♦	K♦	A♠	2♠	3♠	4♥	5♠	6♠
		K♣	6♣	Q♥	5♥	K♠	8♠	A♠		环境	9♥	置换	9♥

人生牌阵位置：金星行/金星列

灵性牌阵位置：土星行/土星列

宇宙灵魂双生子：9♥

　　7♦，就像它的双生子 9♥一样，过着一种极致的生活。每隔一年它就会从金星行/金星列的位置来到土星行/土星列，下一年再换回来，这种经历是其他牌无法想象的。9♥的爱之业力主题也同样适用于7♦，但它会以不同的方式展现。

第四章 牌义详解

7♦的本命牌阵中有两张重要的牌直指亲密关系的课题：金星位置的 J♥和土星位置的 2♥。还有一张冥王星牌 6♥也要加以考虑，这三张牌在一起描绘出一幅独特的画卷。7♦可以给予身边人非常多的灵性之爱（J♥）。没有一张牌能像 7♦这么全身心为家庭、为好朋友付出。他们会竭尽全力地去帮助自己小圈子里的人。但这些人的个性非常固定，就像他们的金星牌 J♥一样。如果你不喜欢他们爱你的方式，希望他们用别样的方式给你爱，还是趁早打消这个念头。他们绝对不会改变，所以放弃这种期待吧。

土星位置的 2♥和他们的灵魂双生子 9♥告诉我们，他们很少能得到自己寻找的完美爱情。就像 4♦和 6♦这两张牌，土星位置都有重要的感情牌，他们要学会在爱中承担责任才能获得满足感。冥王星牌 6♥基本上是在阐释同样的意思，从它的象征意义上来说，这是一张爱的责任之牌。7♦人对爱足够负责任吗？有一部分人是的，但还有很多人在这条路上有大量功课要学习。如果他们能抛弃在爱中依赖别人的本性，给自己足够多的时间省察自己的所作所为，就会有绝佳的机会拥有他们在爱中找寻的满足感。

身为一个 7 的人，7♦本身已经很有趣味性。他们有能力触及一切皆有可能发生的神秘学领域。所以他们的价值观通常是灵活和富有弹性的，这样他们大部分的行为就能解释通了。这让他们看起来像是杰克 J，而他们的金星牌恰恰是 J♥，虽然这张牌在金星位置多数时候都是以高层次来运作，但他们在爱情中的行为难免有些不成熟。

7♦可以成为一张有魔力的金钱牌。似乎对每个 7♦人来说，金钱都是贯穿他们整个人生的重要课题。如何看待金钱决定了他们是否能成为百万富翁，幸运的 7♦绝对可以，但那些整日担心自己缺钱的 7♦就很困难了。他们可以通过很多专业技能赚钱。不管他们选择什么专业领域，都能为这个领域带来无限的创造性天赋，并且他们懂得如何在工作中提升自己。一旦借助最伟大的恩典艺术，他们的生活再也不缺少其他东西了。这对 7♦人来说非常关键，因为他们的牌阵中有两个 9，分别是火星位置的 9♣和木星位置的 9♠。他们的成功来自于无私给予他人，不执着也不期待别人回应他们的付出或者他们能拿回什么好处。7♦人只有放下执念让自己成为神圣流动的一部分方可告成。他们终会学到，刻意的行为对自己没有任何帮助。

THE EIGHT OF DIAMONDS

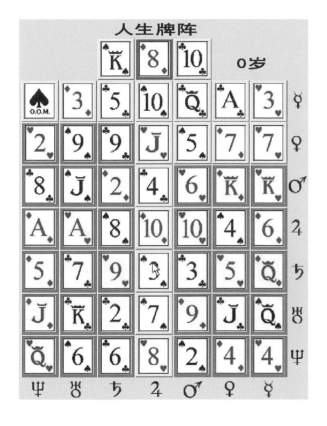

声望之牌

通过价值彰显力量

本命牌阵

月亮	太阳	水星	金星	火星	木星	土星	天王星	海王星	冥王星	宇宙回报	宇宙功课	宇宙月亮	自我转化
10♣	8♦	K♠	3♥	A♣	Q♣	10♠	5♣	3♦	A♠	7♥	7♦	5♠	J♥
		8♥	7♠	3♠	10♦	4♣	J♥	10♠		环境	8♦	置换	8♦

灵性牌阵

月亮	太阳	水星	金星	火星	木星	土星	天王星	海王星	冥王星	宇宙回报	宇宙功课	宇宙月亮	自我转化
7♦	8♦	9♦	10♦	J♦	Q♦	K♦	A♠	2♠	3♠	4♠	5♠	6♠	7♠
		A♦	7♣	K♥	6♥	9♠	2♠			环境	Q♠	置换	7♣

人生牌阵位置：皇冠行/木星列

灵性牌阵位置：土星行/天王星列

业力牌：Q♠（第一张）　7♣（第二张）

作为皇冠行三张牌中的一张，就像我前面讲 10♣ 时提到的一样，8♦ 人也非常独立。即使他们不知道自己的牌是太阳牌，他们也知道自己很特别，而且表现得就像他们自己很独特。在世人眼中，8♦ 代表财富和声望的最高成就。这就是社会向我们反复灌输的观念，一个人的

219

成功是由他获得的财富或成就来衡量的。因此在物质层面上，8♦和它的姐妹牌 10♦ 并驾齐驱，都是最值得感恩的牌。从某种意义上讲，8♦ 人知道他们自己有多么幸运，尽管并不是所有 8♦ 人都能达到社会标准体系下衡量的成功。但还是有很多 8♦ 人获得了成功，大部分人找到了"太阳一般的位置"，他们坐在那个位置光彩夺目，让整个世界为之侧目。

这是一张权力牌，也是财富和声望之牌。对 8♦ 人来说，金钱就意味着权力。作为权力牌他们时时刻刻都需要展示权力感。这通常表现为出去玩乐以及花很多钱购买贵重的物品。物品越是昂贵，8♦ 人肾上腺素的冲击感越强烈。这也是为什么很多 8♦ 人无法好好管理自己的钱。他们会对花钱的权力上瘾。但那些已经被众人注目的 8♦ 就很少有这种需求了，他们的需求是被自己在意的人喜欢和崇拜，并且他们知道怎样做能优雅地收获这份喜爱。

对 8♦ 人来说，最挑战的部分莫过于亲密关系中的权力分配。8♦ 人的本命盘上总是会有强烈的冥王星/火星/八宫的能量影响，这些都是由天蝎座掌管的领域。纸牌中并没有天蝎座生日的 8♦，这一点我们应该感到高兴，否则的话天蝎的能量就太多了。权力牌似乎能吸引有权力的人来到身边，他们之间会有权力的争夺。任何一个 8♦ 的人生中都不断显示出关于这个主题的考验。他们的第一张业力牌 Q♠ 说明了这一切。他们需要学习自我驾驭，不再试图去改变别人。如果他们接入 Q♠ 自我驾驭的力量，就会引导这极大的力量回到自己身上，发挥这股力量的重大效用。他们的冥王星牌 A♠ 也强调了同样的意义，紧随其后的宇宙回报牌 7♥ 又为他们增加了新的内涵。这张 7♥ 也是 A♠ 的第一张业力牌。从灵性意义上讲 7♥ 代表什么呢？它象征害怕被抛弃的恐惧和亲密关系中的背叛。这使得 8♦ 人格外想要去控制和改变别人。在实现自我驾驭的道途上，他们不可避免地会遇到这些恐惧并且开始了解它们。这时他们就能真正接近 Q♠ 的力量，不再需要通过改变别人达成自己的愿望。改变自己之后，Q♠ 能让他们得到一切。

亲密关系领域的另一个影响因素是金星位置的 3♥。以我的个人经验来看，3♥ 是亲密关系中问题最多的牌之一。本命牌阵中有 3♥ 这张牌的人，他们的爱具有不确定性，或者害怕被别人抛弃，还有可能难以确定自己是男性身份还是女性身份，以及需要在爱情中体验多样性，这直接导致他们很难建立长久的亲密关系。那么，你觉得 3♥ 作为金星牌的人会怎么样？很多 8♦ 人会经历多次婚姻，如果让我说的话可能至少 5、6 次。他们的人生就像好莱坞演员的化身。

THE NINE OF DIAMONDS

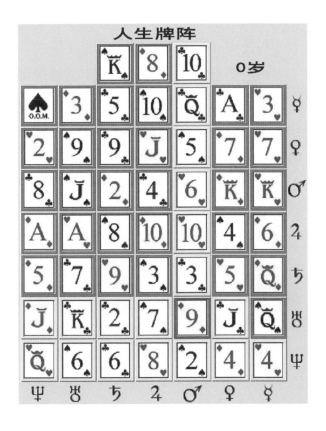

人生牌阵

0岁

宇宙价值观

给予者

本命牌阵

月亮	太阳	水星	金星	火星	木星	土星	天王星	海王星	冥王星	宇宙回报	宇宙功课	宇宙月亮	自我转化
J♣	9♦	7♠	2♣	K♣	J♦	4♥	4♦	2♠	8♥	6♣	6♠	Q♥	10♣
		3♣	10♥	6♥	5♠	Q♣	10♣	2♠		环境	9♦	置换	9♦

灵性牌阵

月亮	太阳	水星	金星	火星	木星	土星	天王星	海王星	冥王星	宇宙回报	宇宙功课	宇宙月亮	自我转化
8♦	9♦	10♦	J♦	Q♦	K♦	A♠	2♠	3♠	4♠	5♠	6♠	7♠	8♠
		2♦	8♣	A♣	7♥	10♠	3♠			环境	Q♦	置换	5♠

人生牌阵位置：天王星行/火星列

灵性牌阵位置：土星行/海王星列

业力牌：Q♦（第一张）　5♦（第二张）

整副牌中只有两张牌，他们本身以及业力牌都是方片花色，9♦就是其中一张，另一张是 Q♦。这意味着他们的人生和价值息息相关。生命中的一切都有它的价格或价值，对于 9♦人来说这归结起来全都源于他们的自我价值感。所有方片花色的人都在寻找一种完美的自我价值，这一点在 9♦ 和 Q♦ 的人身上表现得尤为突出。但 Q♦ 和 9♦ 人有个显著的差异在于，9♦ 今生就是要放下。Q♦ 的第二张业力牌是 9♦，说明他们在前世已经学习过放下执着的功课，今生对他们来说就容易多了。9♦ 关于放手的功课会让他们花上一生的时间去学习。

9 是海王星/双鱼座特质的数字。在重新回到 1 之前，9 是最后一个数字，而双鱼座是黄道十二宫的最后一个星座。所有 9♦ 人的出生星盘中都会有强烈的双鱼能量，或者与十二宫、海王星有关联。但 9♦ 人要放下的到底是什么呢？他们共同要释放的是对价值的执着，除此之外的其他方面是因人而异的。这是他们习惯性的生活方式，他们试图让一切以自己想要的方式开展。由于 9 从 8 而来，他们通常带着前世的倾向去掌控或迫使事情发生。他们的记忆里有个声音在说，"我曾经很有权力也很特别。"但在今生他们几乎必须放弃一切。他们的人生就像持续不断的旧货出售——一切都放在待售价签下售出。

9♦ 人拥有强大的头脑（火星位置的 K♣和金星位置的 2♣），而且他们的售卖和推销能力（木星位置的 J♦）一流。毫无疑问他们总会赚到钱。尽管如此他们也会在很多方面遭受损失，通常是个人关系上。除非有借款合同或抵押物，否则 9♦ 人不要借钱给家庭成员、朋友或者任何其他人。他们能有条不紊地处理朋友之间、家人之间的关系吗？真的很难。但适当地提醒他们还是有利无弊的。

就像 4♦ 一样，9♦ 的土星牌也有一张结婚牌 4♥。婚姻通常要承担大量的责任和付出艰辛的努力。对原生家庭中的兄弟姐妹、父母，他们也同样要担负沉重的责任。只要他们视之为必须完成的任务，事实证明结果总是会很好。

THE TEN OF DIAMONDS

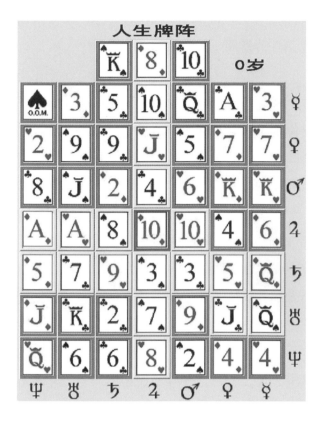

人生牌阵

0 岁

广受祝福之牌

财务成功和回报

本命牌阵

月亮	太阳	水星	金星	火星	木星	土星	天王星	海王星	冥王星	宇宙回报	宇宙功课	宇宙月亮	自我转化
10♥	10♦	8♠	A♥	A♦	Q♦	5♥	3♣	3♠	9♥	7♣	5♦	Q♠	J♣
		4♣	J♥	10♠	8♦	8♥	7♠	3♠		环境	10♦	置换	10♦

灵性牌阵

月亮	太阳	水星	金星	火星	木星	土星	天王星	海王星	冥王星	宇宙回报	宇宙功课	宇宙月亮	自我转化
9♦	10♦	J♦	Q♦	K♦	A♠	2♠	3♠	4♠	5♠	6♠	7♠	8♠	9♠
		3♦	9♣	2♣	8♥	A♥	4♠			环境	Q♣	置换	Q♠

人生牌阵位置：木星行/木星列

灵性牌阵位置：天王星行/水星列

业力牌：Q♣（第一张）　Q♠（第二张）

数字 10 和 A，从本质上讲都是阳性牌。因为它们都和数字 1 相关，1 是所有数字中最具阳性能量的。不仅是 10♦ 本身带有阳性，它的本命牌阵中还有两个 A，而且月亮牌是 10♥，垂直火星牌是 10♠。所有这些都指出 10♦ 的阳性能量有多强。阳性能量本身并没有什么问题，世间的一切都有自己所属的位置。但为了同时体验接受，我们必须对世界采取一种女性化的反应，一种接纳的态度。这对 10◆ 来说是很难做到的。大部分 10◆ 人几乎意识不到，他们的咄咄逼人和太过于目标导向已经把宇宙的馈赠拒之门外。所有的赠予和礼物对 10◆ 来说都是他们应得的，只要他们学会如何接受就能得到这些好东西。

我曾经为很多 10◆ 人做过解读，其中大部分都是女性，对她们来说，在任何情况下获得幸福的密钥都是学会接纳。你必须要认识到 10◆ 是整副牌中最受祝福的一张牌。在人生牌阵所处的位置让他们被双重木星能量庇佑。如果他们能够允许自己接受，木星是非常乐于给予他们的。他们真正要做的是面对祝福变得更有觉知而且要感恩它们。他们的两张业力牌都是皇后牌 Q，这是相同议题的另一个确凿的证据。尽管如此，第二张业力牌 Q♠ 在正确的方向上起到了推动和促进作用。他们在过去生世已经达到一定程度的自我驾驭，利用这前世的记忆能帮助他们在今生获得成功。第一张业力牌 Q♣ 被认为是整副牌中最有超自然力和通灵力的牌。能够通灵也意味着能够接纳。所有的 10◆ 人都有获得这能力的潜质，但如果没有带着觉知去努力，这能力永远也不会到来。

出于业力原因，离婚是他们一生中必须处理的课题。土星牌 5♥ 和冥王星牌 9♥ 作为人生的重要议题证实了这一点。他们对爱的渴求分外强烈（金星牌 A♥），他们的自私自利也同样突出。在经年的岁月中他们要学会留意和照顾亲密关系中另一半的需要，就像关心他们自己一样。由于所有数字 A 和 10 的牌都有很强的白羊特质，这特质让他们过着以自我为中心的生活，对他们来说学会照顾别人的需求要花上一番努力。一旦他们发现生活的巧妙之处在于让其他人以及宇宙来爱他们，他们就能用自己应该呈现的方式去照耀别人了。他们的整个人生就是关于允许爱、金钱和其他一切好东西进入他们的生命中。

THE JACK OF DIAMONDS

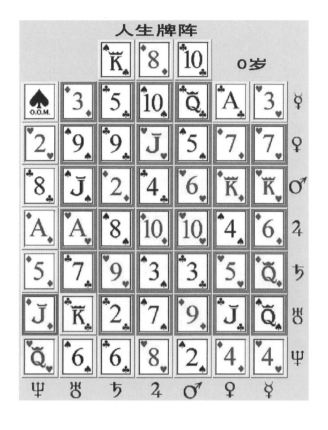

销售员

崇尚个人自由

本命牌阵

月亮	太阳	水星	金星	火星	木星	土星	天王星	海王星	冥王星	宇宙回报	宇宙功课	宇宙月亮	自我转化
K♣	J♦	4♥	4♦	2♠	8♥	6♣	6♠	Q♥	10♣	8♦	K♠	3♥	A♣
		5♦	A♦	8♣	2♥	A♠	Q♥			环境	J♦	置换	J♦

灵性牌阵

月亮	太阳	水星	金星	火星	木星	土星	天王星	海王星	冥王星	宇宙回报	宇宙功课	宇宙月亮	自我转化
10♦	J♦	Q♦	K♦	A♠	2♠	3♠	4♠	5♠	6♠	7♠	8♠	9♠	10♠
		4♦	10♣	3♣	9♥	2♥	5♠			环境	3♠	置换	J♣

人生牌阵位置：天王星行/海王星列

灵性牌阵位置：天王星行/金星列

业力牌：3♠（第一张） J♣（第二张）

J♦带有大量的海王星和天王星能量。这让他们中的一些人对自己的独一无二非常引以为傲，"骄傲"就是他们的关键词（所有的杰克 J、皇后 Q 和国王 K 在这个特质上都有点过度）。J♦人经常对自己生活中真正发生了什么感到很迷惑。如果他们没有取得成功，就像很

第四章 牌义详解

多 J◆ 人所经历的，他们不会设想这是因为他们做错了什么。他们的生命牌位于人生牌阵中天王星行/海王星列的位置，这两个行星的能量太过强大，以至于一个人的心智很难把控它们。首先，个人自由是他们最为崇尚的，就像对待圣坛上的上帝塑像。这种看中个人自由的理想主义（海王星）成为他们的理由，或者说借口，使得他们做很多事都以否定自己所追寻的幸福和成功告终。所有那些对自由怀有强烈渴望的牌，在承担责任和践行承诺方面都存在一定的困难，这正是他们在人生的任何领域都需要付出努力的两件事。这既适用于他们的工作，也适用于亲密关系中。J◆ 属于这一特质的典型人群。

由于他们拥有如此幸运的人生路径，你可能会认为所有的 J◆ 人都很成功，并且拥有幸福的婚姻。他们的本命牌阵中几乎所有的牌都是偶数牌。但他们对责任和承诺的厌恶就像毁掉一切的害群之马。然而很多 J◆ 人都有极好的艺术天分。我们都知道，他们能成功卖出任何东西，毕竟这是一张"销售员牌"。但他们喜欢在每一种环境下都找寻相对容易的方式，以自由之名阻止自己的进步和积累。

海王星能量在他们人生的方方面面都有所展现。当你查看他们的本命牌阵会发现，J◆ 从水星牌到海王星牌都位于大太阳牌阵的海王星行。J◆ 的独特之处在于，牌阵中唯一一张位于海王星行/海王星列的 Q♥ 正是他们本命牌阵的直接海王星牌。他们对爱情生活耽于幻想。大部分 J◆ 人仍然像花花公子或交际花一样，追寻无尽的风流韵事。尽管如此，只要他们尽力去做，通常能在婚姻中找到幸福。

土星和天王星位置上的两个 6 对 J◆ 人来说是一种警示，提醒他们注意对别人所出之言。你的言词终会返回给自身（土星牌 6♣）。而天王星位置的 6♠ 非常重要，因为 J◆ 人带着太多的天王星能量开始他们的人生，这是为了教授他们关于个人自由的课题。尽管他们一直试图逃避，但事实上他们真的逃不开任何事。

THE QUEEN OF DIAMONDS

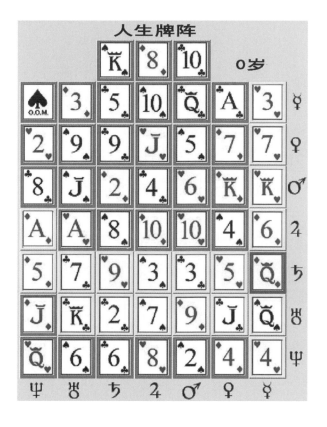

人生牌阵 0岁

较高价值观之母

乐善好施的人

本 命 牌 阵

月亮	太阳	水星	金星	火星	木星	土星	天王星	海王星	冥王星	宇宙回报	宇宙功课	宇宙月亮	自我转化
A♦	Q♦	5♥	3♣	3♠	9♥	7♣	5♦	Q♠	J♣	9♦	7♠	2♣	K♣
		6♦	K♥	7♥	3♥	4♥	Q♠			环境	Q♦	置换	Q♦

灵 性 牌 阵

月亮	太阳	水星	金星	火星	木星	土星	天王星	海王星	冥王星	宇宙回报	宇宙功课	宇宙月亮	自我转化
J♦	Q♦	K♦	A♠	2♠	3♠	4♠	5♠	6♠	7♠	8♠	9♠	10♠	J♠
		5♦	J♣	4♣	10♥	3♥	J♠	6♠		环境	3♦	置换	9♦

人生牌阵位置：土星行/水星列

灵性牌阵位置：天王星行/火星列

业力牌：3◆（第一张）　9◆（第二张）

尽管所有的脸谱牌（杰克 J、皇后 Q 和国王 K 牌）都有相当程度狮子座式的骄傲，但皇后牌和国王牌的傲娇感是最强的。这可能是因为皇后和国王有强烈的使命感去照管皇家事务，而杰克只想享受皇家成员的身份带给他的好处却并不想承担什么责任。比起国王，皇后似乎更有"殿下综合症"。如果你记得《爱丽丝梦游仙境》里的红皇后 Q♥，她是第一个出来喊"砍掉他们的头"的人。关于皇后有这样的特点，她们要求身边的人对她们报以极大的尊重和崇敬。当然这归因于她们的领导能力，但如果其他人说了一些话或做了一些事，看起来怠慢了她们高高在上的仪态，就会出现问题了。

Q♦必定会像这样。为了看起来符合他们的身份，他们会想身穿华丽的衣着，拥有贵重的物品。毕竟，他们本身就是一颗钻石（♦花色）。两张业力牌也都是♦花色。他们的自我价值感通常和所拥有的东西关联在一起，这是关乎他们人生的重要大事。不管是男性还是女性的 Q♦都喜欢让自己看起来很体面，显得很富有。这向我们展示了他们在金钱方面的问题。不是所有的 Q♦都有金钱问题，但的确很多都有。他们的第一张业力牌 3♦代表害怕得到的不够多，这是一种隐藏的恐惧感。这种恐惧一般始于他们的童年时期，大概在 7 岁左右之后，那个时期他们的 7 年长期牌是 3♣，潜在牌是 5♦。不管怎样，Q♦在真正向他们适合的工作迈进之前，都不得不先经历一个想象中资源匮乏的阶段。

这是一张通过服务他人获得领导力的牌。通常这服务与他们的头脑有关，他们的头脑很强大，甚至是有些吹毛求疵。Q♦坐落在大太阳牌阵土星行/水星列的位置，而且他们有 7♣作为土星牌，这使得他们能够保持精神高度集中，而且具有轻易洞察神秘事物的能力。但土星也会让他们有一种悲观的情绪。他们总是倾向于注意所有事情的消极面。如果 Q♦人不做些努力去克服这种悲观情绪，这悲观一定会让他们对自己的生活失望。所以要如何疗愈这个痼疾呢？唯有感恩。

但即便感恩也无法在亲密关系领域帮到他们。这张牌是带有过去生世亲密关系的负面业力最多的牌之一。他们有非常多必须要承受的东西，这是为了改变他们曾经对待所爱之人的任性方式。金星位置的 3♣和火星位置的 3♠对亲密关系也没有太多帮助。他们总是这山望着那山高，在一段亲密关系中待上一段时间之后就会失去兴趣。他们害怕被抛弃的恐惧感让他们保持亲密关系的时间远比他们想要的长。最终他们会爱上新的人，打破原有的婚姻，多样的变化蛊惑着他们躁动的心。3 段或 3 段以上的婚姻对 Q♦人来说很常见。尽管如此，有一些 Q♦人始终没有克服被抛弃的恐惧感，去探索金星牌和火星牌的多样性。

正如佛罗伦斯·坎贝尔在《古老的神秘符号》里提到的，Q♦人有着困难的人生模式。他们所有本命牌阵的牌都是奇数牌而且落在大太阳牌阵的土星行。她还说道，"人生道路的每一步对他们都是一个考验。"对 Q♦人来说一切都来得不容易，但如果他们选择运筹帷幄，使用自己的强大力量，就能让人生大获成功。这方法就是转向灵性层面，在这点上和它的姐妹牌 3♦ 很像。Q♦人的内在很有多冲突化特质，只有借由觉察内在真正发生了什么才能去消解这些冲突和挣扎。

帮助别人是他们最幸福的时刻。大部分 Q♦ 都很爱他们的孩子，作为母亲牌，他们能把更高的价值观带给孩子。不管 Q♦人从事什么类型的工作，都能通过那份工作给予其他人母亲般的关怀与照顾。

有趣的是他们的宇宙回报牌和第二张业力牌是同一张牌。尽管他们担心拥有的不够多，但当他们明白放下对物质的执着是件值得感恩的事，他们会首当其冲这么做。不管他们是否意识到这一点，他们财务上的问题都是源于自己并不清楚是否真的想把金钱放在第一位。一旦他们在这个问题上明晰了内心真正的想法，毫无疑问他们会拥有金钱。而他们本命牌阵的木星牌是 9♥。尽管这张牌表示追求友谊和浪漫关系时会损失时间和资源，但它也是一张祝福之牌。Q♦的愿望会成为现实，实现愿望不是他们的困难所在。他们只需要感激自己已经获得的。带有正面积极人生态度的感激就是他们通往成功之门的钥匙。

The King of Diamonds

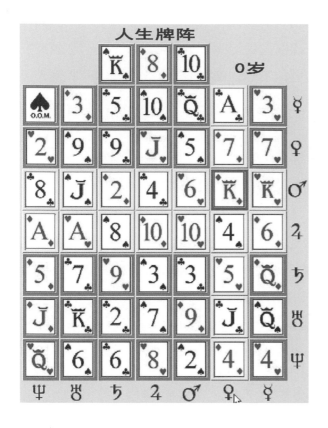

通过价值展现权威

商人

本命牌阵

月亮	太阳	水星	金星	火星	木星	土星	天王星	海王星	冥王星	宇宙回报	宇宙功课	宇宙月亮	自我转化
K♥	K♦	6♥	4♣	2♦	J♠	8♣	6♦	4♠	10♥	10♦	8♠	A♥	A♦
		7♦	A♣	4♦	J♣	5♥	4♠			环境	K♦	置换	K♦

灵性牌阵

月亮	太阳	水星	金星	火星	木星	土星	天王星	海王星	冥王星	宇宙回报	宇宙功课	宇宙月亮	自我转化
Q♦	K♦	A♠	2♠	3♠	4♠	5♠	6♠	7♠	8♠	9♠	10♠	J♠	Q♠
		6♦	Q♣	5♣	J♥	4♥	Q♠	7♠		环境	3♣	置换	7♠

人生牌阵位置：火星行/金星列

灵性牌阵位置：天王星行/木星列

业力牌：3♣（第一张）　7♠（第二张）

　　这又是一张非常幸运的牌，至少从物质层面来说是这样。光是处在人生牌阵中火星行/金星列的位置就足够幸运了。这令他们天生具有非凡的领导魅力，深深吸引着众人的目光。在他们的人生中足以得到任何想要的东西，而且他们在浪漫关系领域很少会有缺失感和匮乏感。他们本命牌阵中的所有牌都是偶数牌，这些牌坐落在大太阳牌阵的火星行和木星行。K♦ 的土星牌是 8♣，一张权力与成功之牌。他们通过顽强的精神意志以及对自己所知之事或者说自认为所知之事的坚守，几乎能克服人生道路上所有的困难和障碍。但同样是这张 8♣ 也指出他们人生中最艰难的课题之一，那就是固执的态度事实上也许并没有与真相校准。毕竟，K♦ 是整副牌唯一的"独眼"国王。缺失的那只眼睛也意味缺失对事物全貌的审视，只是在用部分的视角看待事物。我曾经听过一个人形容那只缺失的眼睛为向内的省察，指向更多的自我认知。从某种意义上讲这可能是事实。但是这个人本身就是 K♦ 人，任何一个认识 K♦ 的人都会很快意识到，那只隐藏起来的眼睛看不见东西，而且经常是对自己的错误视而不见。

因此，固执这个词并不能准确描述 K♦ 真正的特征。这是一张非常强大的牌。所有的国王 K 都会行使自己的领导能力，并趋向于支配和控制别人。他们的权力感从人生的早年时期就可见一斑。长大成人之后，他们会发现自己天生具备商业和金融方面的天赋。那些选择充分利用这一天分的人在商业领域获得了成功。有些人在商业领域以谋取利益著称，比如比尔·盖茨，他的行星守护牌是 K♦。在这种情况下，那只看不见任何东西的眼睛会让他们忽略更精细的提示——他们的行为和选择对别人造成的影响和后果。在大多数这样的情况下，他们自己的动机和意图就会彻底隐藏于他们的觉知之外。

有一些 K♦ 人通过感觉自己是人群中权力最小的那个来认知和了解权力。他们今生是要去发现他们拥有权力，自始至终都是。对这些人来说，抛却受害者情绪，接受他们拥有巨大权力以及伴随权力而生的责任是非常关键的议题。

由于金星位置 4♣ 的存在，K♦ 人对爱情和婚姻抱持相当固执的思想。他们倾向于以传统的视角看待婚姻。一旦结婚，他们就希望伴侣跟从自己的想法和理念。这种固执的特质也展现在他们生活的方方面面，和他们共同生活并不容易。如果你即将和一个 K♦ 人生活在一起，要做好准备一切都按他的想法行事，否则是不可能行得通的。巨蟹座的 K♦（7 月 2 日）这一点更加显著，他们的行星守护牌是 K♥，处女座 K♥（8 月 26 日）的行星守护牌是 K♦。这种两张个人象征牌都是 K 的生日的人很稀少，他们很难把控。

THE ACE OF SPADES

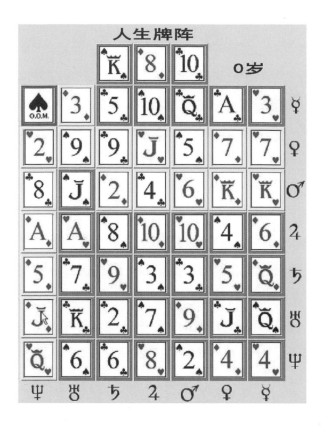

通过工作实现抱负和野心
极致的神秘之事

本命牌阵

月亮	太阳	水星	金星	火星	木星	土星	天王星	海王星	冥王星	宇宙回报	宇宙功课	宇宙月亮	自我转化
3♦	A♠	7♥	7♦	5♠	J♥	9♣	9♠	2♥	K♥	K♦	6♥	4♣	2♦
		Q♥	J♦	5♦	A♠	8♣	2♥			环境	A♠	置换	A♠

灵性牌阵

月亮	太阳	水星	金星	火星	木星	土星	天王星	海王星	冥王星	宇宙回报	宇宙功课	宇宙月亮	自我转化
K♦	A♠	2♠	3♠	4♠	5♠	6♠	7♠	8♠	9♠	10♠	J♠	Q♠	K♠
		7♦	K♣	6♣	Q♥	5♥	K♠	8♠		环境	7♥	置换	2♣

人生牌阵位置：水星行/海王星列

灵性牌阵位置：天王星行/土星列

业力牌：7♥（第一张）　2♣（第二张）

　　当整副牌做第一次牌阵推导，A♠是推导后的大太阳牌阵第 7 张牌。作为人生牌阵的第 7 张牌，透露出 A♠肩负伟大的灵性责任。他们人生领域的各个范畴都被灵性统御，要想获得成功他们必须对此做出响应。他们也有一张数字 7 的牌，那就是第一张业力牌 7♥。7♥这张牌告诉我们，他们大部分的灵性功课和挑战都集中在亲密关系领域。7♥是他们人生牌阵的直接水星牌，也代表他们人生早期阶段设置的模式，他们必然会遭遇的挑战模式。

大部分 A♠人都非常敏感，很多时候甚至有些过于敏感。他们很容易产生受伤的感觉，这正是 7♥所代表的。这种高度的敏感特质来自于他们的童年时期，正如前面提到的。当他们步入成年之后，海王星位置的 2♥开始发挥作用，并且为亲密关系增加了新的色彩。如果你能想象，一个人极为敏感的人对浪漫关系充满了如梦般的幻想，你就能了解这意义了。但他们如何展现这一点却各有不同。由于这张牌与勃勃的野心和抱负相关，很多 A♠人发现理想中的亲密关系对他们来说是不可得之事后，就会把自己的关注力投注于工作和事业中。不管在任何情况下，工作对他们都是最重要的，而且对他们来说通常都不是问题。7♥这张牌给予他们真正想要帮助别人的渴望，借此成就他们自己在工作上的成功。7♥只在亲密关系领域对他们是个挑战。

这是一张灵性秩序的守护者之牌，代表所有的神秘科学和真相。A♠实际上是一颗橡果。在橡果之内蕴藏着长成巨大橡树的潜力。因此，A♠象征神秘的力量蕴藏于小小的、外表不起眼的地方。这也是代表神秘知识和神秘团体的牌，就像守护神圣秩序的大师们。灵性对 A♠人来说至关重要。尽管如此，他们在亲密关系上的失败和早期工作中的成功，可能导致他们抛开灵性，只享受工作带来的乐趣。很多 A♠人都是工作狂。从某种意义上说，除非他们把一些注意力放在灵性层面，否则物质生活迟早会给他们教训并引发问题。如果他们直到 40 几岁将近 50 岁还没有向灵性层面转化，土星和天王星位置的两个 9 就会成为人生中很多难题的根源。

冥王星牌 K♥和宇宙回报牌 K♦告诉他们必须在自己的生活和专业领域扮演主导性角色。如果他们想要认识到自己的潜力，就务必要为自己摇摆不定的情绪之船掌好舵。

THE TWO OF SPADES

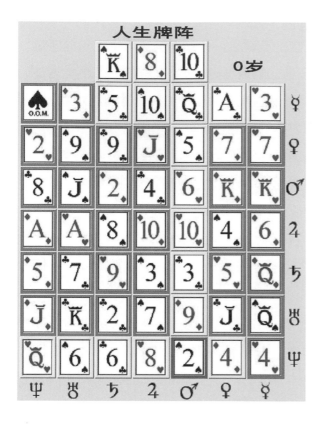

人生牌阵

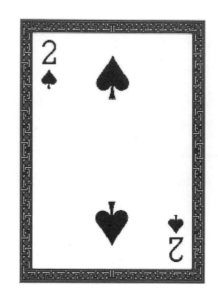

友谊之牌
水瓶式亲密关系

本命牌阵

月亮	太阳	水星	金星	火星	木星	土星	天王星	海王星	冥王星	宇宙回报	宇宙功课	宇宙月亮	自我转化
4♦	2♠	8♥	6♣	6♠	Q♥	10♣	8♦	K♠	3♥	A♣	Q♣	10♠	5♣
		9♦	3♣	10♥	6♥	5♠	Q♣	10♣		环境	2♠	置换	2♠

灵性牌阵

月亮	太阳	水星	金星	火星	木星	土星	天王星	海王星	冥王星	宇宙回报	宇宙功课	宇宙月亮	自我转化
A♠	2♠	3♠	4♠	5♠	6♠	7♠	8♠	9♠	10♠	J♠	Q♠	K♠	A♥
		8♦	A♦	7♣	K♥	6♥	9♠			环境	6♠	置换	K♣

人生牌阵位置：海王星行/火星列

灵性牌阵位置：天王星行/天王星列

业力牌：6♠（第一张）　K♣（第二张）

　　不管太阳星座是什么，所有的 2♠ 人都展现出强烈的水瓶特质，包括在亲密关系领域和专业范畴，这种特质的显著程度远远超乎你的想象。他们在灵性牌阵中位于天王星行/天王星列的位置。他们真的非常看重朋友，特别是那些能真正与他们在一起共事的朋友，他们对这种朋友倍加珍视。和别人一起做事似乎能让他们找到满足感。

另一个明显的水瓶特质是他们非凡的智力。很多伟大的思想家都是 2♠ 人，或者以 2♠ 作为行星守护牌的人。2 是逻辑的数字，黑桃是所有花色中最强大的。如此多的 2♠ 人能利用自己的心智在诸多领域获得成功也就不足为奇了。他们还有 K♣ 作为第二张业力牌，仅是这张牌就给予他们极大的心智天赋。还记得水星是心智力之牌吧，水星展现出最高表现，或者说水星在水瓶座耀升，水瓶座是被天王星守护的。不管在灵性牌阵还是在人生牌阵他们都被天王星/天王星能量影响，这保证了他们超强的心智力。K♣ 也授予了他们天生的领导力。

2♠ 的人生通常会开个好头，因为我们的社会倾向于嘉奖那些聪明的人。但有时候聪明也被聪明误，他们可能会太过于依赖头脑。特别是在亲密关系领域，他们超强的头脑带来的问题远比解决办法多。这也归因于冥王星牌 3♥。拥有红心花色的 3 意味着相对于与心的连结，他们与头脑的连结太过紧密。对 2♠ 人来说，关于爱他们考虑的太多，感受的太少，他们的念头就像在跑步机上转啊转，其实哪里也没去。这使很多 2♠ 人涉及到婚姻时陷入类似飞机旋尾降落的慌乱之中。他们感觉自己就要死了。不过一旦正式结婚，一切就会很平顺，他们会成为最好的伴侣之一。毕竟他们有 Q♥ 作为木星牌。

从健康的角度看，这张牌的人有着比较孱弱的体质。实际上他们的体质可能很好，但由于第一张业力牌是 6♠，他们本命牌阵的火星牌也是 6♠，他们一定要对健康问题极为小心和在意，对于如何对待自己的身体要慎之又慎。过多的压力、贫乏的饮食和缺少运动似乎对他们的健康造成过度的影响。比如我有一个 2♠ 的好朋友，他 31 岁时就割掉了一部分盲肠。这是由他的工作压力导致，尽管他有一份很好的工作并且赚了很多钱。有时候 2♠ 人会过分压榨自己，远超过他们需要的程度，他们为所有一切过分承担责任，这是 6♠ 另一个方面的展现。26～39 岁是他们人生的火星周期，在这个阶段很多健康问题会突然出现。6♠ 以及它的潜在牌 9♠，统御着那个周期。6♠/9♠ 是最强大的组合之一。很多业力事件会在这个组合的影响下出现，对 2♠ 人来说这些通常是健康方面的业力。在这个时期，那些有意识地去留意自己的健康，采取额外的防范措施照顾自己身体的人，就不会遭受太多苦痛。而没有这样做的人会遭遇严峻的健康问题，甚至会离开人间。

他们的第一张业力牌 6♠ 的另一种显化是过分夸大的责任感，特别是在工作方面。这一点加上他们在健康方面的议题会使过度工作伤害他们的身体。当 2♠ 人被批评会非常生气。他们已经如此努力，身上的重担实在无法承受多加一点重量了，这也都是 6♠ 的缘故。

很多 2♠人注定会获得认可，名扬天下。他们的本命牌阵从土星牌到海王星牌都位于皇冠行。这些行星周期是他们人生中最好的时光。摩羯座、水瓶座和双鱼座的 2♠人，他们的行星守护牌也都在皇冠行，这意味着他们早在童年时期就开始倾向于追求声望和被认可。他们本命牌阵中的牌非常好，保障了他们在物质方面获得成功和满足。但是，真正的幸福很少会基于物质上的成功。而在个人层面或者说亲密关系层面，2♠人通常会有不小的挑战需要去攻克。

THE THREE OF SPADES

人生牌阵

0岁

浪漫的艺术家

创造力和不确定性

本命牌阵

月亮	太阳	水星	金星	火星	木星	土星	天王星	海王星	冥王星	宇宙回报	宇宙功课	宇宙月亮	自我转化
3♣	3♠	9♥	7♣	5♦	Q♠	J♣	9♦	7♠	2♣	K♣	J♦	4♥	4♦
		10♦	4♣	J♥	10♠	8♦	8♥	7♦		环境	3♠	置换	3♠

灵性牌阵

月亮	太阳	水星	金星	火星	木星	土星	天王星	海王星	冥王星	宇宙回报	宇宙功课	宇宙月亮	自我转化
2♠	3♠	4♠	5♠	6♠	7♠	8♠	9♠	10♠	J♠	Q♠	K♠	A♥	2♥
		9♦	2♦	8♣	A♣	7♥	10♣			环境	6♦	置换	J♦

人生牌阵位置：土星行/木星列

灵性牌阵位置：天王星行/海王星列

业力牌：6♦（第一张）　J♦（第二张）

　　3♠很有可能是整副牌中最有创造力的牌。不仅因为3♠是"3中之3"，他们的第二张业力牌使 3♠人不但能创造出伟大的艺术作品、音乐作品等，还知道如何把作品成功地销售出去。这些品质致使他们成为"即刻成功艺术家"。所有具备创造特质的牌都倾向于走捷径抄

第四章　牌义详解

小道，逃避随后显现于前的真相。尽管如此，第一张业力牌 6♦ 会令他们在任何金钱交易中逃无可逃。

这对于 3♠ 人来说意味着除了他们今生增加的债务，他们还要为过去生世还债。但这并不一定会影响他们的成功和心灵上的平和。

这是一张工作者之牌，他们工作得太过努力。由于他们总是把精力分散到太多方向上，健康就会出现问题。3♠ 在字面上代表一种分裂的生活或者说生活方式。通常 3♠ 人同时过着两种或两种以上的人生。从某种角度看这是一个非常戏剧化的情形，就像是一位男子有两个妻子，两个家庭，每个妻子都认为这个男人是自己唯一的丈夫。但通常 3♠ 人就是在工作、工作、不停地工作，他们在有创意的领域中能展现出极大的创造能力和天分。

这张牌也和健康问题相关，因此 3♠ 还有一重意义是"健康方面的不确定性"。当一个 3♠ 人生病时，一般很难诊断出确实的病因。他们通常是身心失调，而且对自己的身体状况考虑得太多。他们容易忽略像饮食健康、适当运动这些办法。就像其他数字 3 的人存在的问题，当他们在某个人生领域过分沉溺于自己的想法之中，这心智力就不再是一种祝福而是一个负担了。3♠ 人重点要考虑的因素当然是工作和健康方面。

位于人生牌阵的土星行/木星列，让 3♠ 人必须通过恰当的努力和决心才能获得成功。如果他们不想付出相应的努力，自然也不会有所收获。即使只是做出了最少的努力，他们也会立刻"种瓜得瓜"，有所获益。最终能成功还是会失败，取决于他们在自己所选的方向上是否能不断坚持下去。

3♠ 是一张非常有浪漫情怀的牌，他们很多人应该在婚姻中放下对浪漫主义的期待。浪漫爱情和婚姻是截然不同的两件事。那些最有创造力的人常常需要生活充满浪漫气息。有 3♠ 作为生命牌或行星守护牌的人都会有这种倾向。

数字 6 的更多天性特质

所有数字 6 的牌都面对残酷的业力法则。不管欠了什么都要偿还。6 是业力的数字，业力也称作因果法则。这法则背后没有检察官或公诉人监督。它是一个颠扑不破的掌管世界运行的神圣法则。当我们在挑战位置上有 6，比如土星、冥王星位置，或者像此处提到的第一张业力牌的位置，这张 6 就会像监察人员一样注视着你。当我们背离公正或者试图逃避的那一刻，我们势必得为自己的行为买单。6 作为土星牌或第一张业力牌时，由于前世的业力，这惩罚的尺度还会更大一些。在这两个位置上有数字 6 的人，似乎他们为自己的所作所为受到的惩罚有些过度，但这其实是为以往生世的行为进行的额外偿还。

THE FOUR OF SPADES

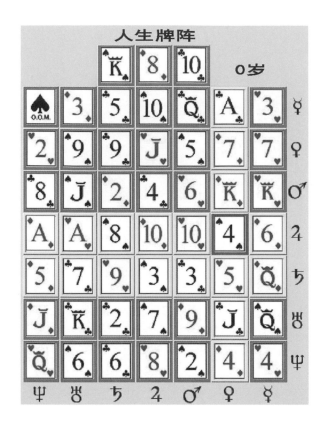

人生牌阵

0岁

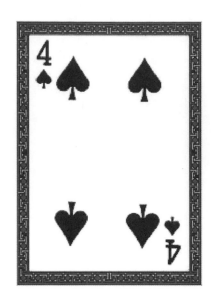

伴随着内在挣扎的安全感
辛勤的工作者

本命牌阵

月亮	太阳	水星	金星	火星	木星	土星	天王星	海王星	冥王星	宇宙回报	宇宙功课	宇宙月亮	自我转化
6♦	4♠	10♥	10♦	8♠	A♥	A♦	Q♦	5♥	3♣	3♠	9♥	7♣	5♦
	K♦	7♦	A♣	4♦	J♣	5♥				环境	4♠	置换	4♠

灵性牌阵

月亮	太阳	水星	金星	火星	木星	土星	天王星	海王星	冥王星	宇宙回报	宇宙功课	宇宙月亮	自我转化
3♠	4♠	5♠	6♠	7♠	8♠	9♠	10♠	J♠	Q♠	K♠	A♥	2♥	3♥
		10♦	3♦	9♣	2♣	8♥	A♥			环境	10♣	置换	4♥

人生牌阵位置：木星行/金星列

灵性牌阵位置：海王星行/水星列

业力牌：10♣（第一张） 4♥（第二张）

　　这是一张"4中之4"，黑桃是以其他3个花色的元素为基础，而且它远不止于此。它的第二张业力牌也是4，4♥。这使得4♠和4♥成为整副牌中两张最具4的特征的牌。数字4的特点是什么呢？它与安全感，家，家族，基础，满足感和努力工作有关。你可以把这些关键词用于任何 4 的人身上。还记得数字 4 的人就像巨蟹座吧，这些词也同样适用于太阳巨蟹座的人。但作为所有 4 中最有力量的一个，4♠是个极端的例子。这张牌的自我安全意识被它本命牌阵的土星牌 A♦ 大大强化了。4♠人通常在一生中都具有匮乏感，这驱使他们加倍努力工作。这也会让他们出于持续的内在冲突引起的对安全感的考虑做选择。4 是"挣扎"的数字。对于"挣扎"我的意思是指，他们在以这样的方式来看待生活——认为人们的生活总会伴随着问题、困难以及艰苦的工作。出于这个原因，所有数字 4 的人都为自己是"酒席上的乞丐"而感到羞愧。对贫穷的恐惧感让他们常常选择看似安全但却是难度系数更高的道路，这时他们可以为自己所爱的东西非常努力地工作，为它们支付账单。这种恐惧会让他们避免冒险的行为。大部分 4♠人都是工作狂。"精神上的挣扎"是他们最主要的个性特征和人生中最大的挑战。

第一张业力牌 10♣赋予了他们极高的智商，但这智力上的天赋有一个负面的影响——过度活跃的头脑。你从一个数字 4 的人身上很难看到如此高的智商。尽管如此，他们必须采取一些举措让自己的头脑中不被想法占据，以免他们无法入睡或者无法经验内心的宁静。我的一个 4♠朋友用吸烟的方式避免头脑带给他的巨大压力。而冥王星牌和宇宙回报牌的两个 3 也表明他们的内心很挣扎，并且带着天生的担忧情绪。

对 4 的人来说，他们排在首位的兴趣点就是安全感。对 4♥和 4♠这两张牌，这安全感是关于拥有一个家。大部分 4♠人会为了保持住这些东西而奋斗。即使他们还没有结婚，也会有一个被他们视为家人的紧密的小圈子。但出于同样的原因，在 4♠的人生中他们也很容易控制别人。他们会尽自己所能地让小圈子里的人保持紧密，并且让这些人按照一定的方式行事，这会确保他们自己的安全感。这在亲密关系中会引起很大的问题，特别是对自己的小家庭来说。当他们感到安全感受到威胁，就会变得相当顽固。

木星行/金星列的位置帮助 4♠人减缓了他们的担忧。木星和金星不管怎样都是能带来益处的行星，同时拥有这两个行星的能量影响保证了他们能获得好运。问题的关键在于，长期习惯于挣扎的 4♠人能否接受这份祝福，当好运来临的时候是否能认出它。木星/金星组合另一方面的影响是让部分 4♠人很懒惰和拖延。

THE FIVE OF SPADES

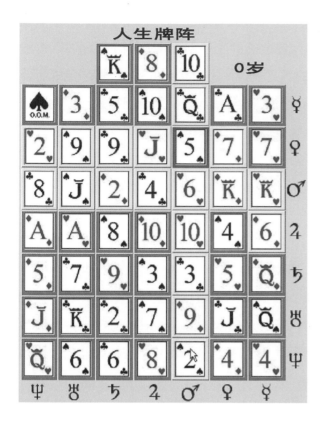

人生牌阵

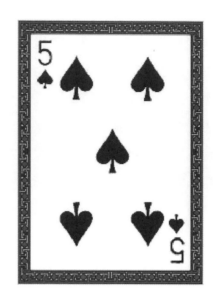

旅行家
不安分的生活

本命牌阵

月亮	太阳	水星	金星	火星	木星	土星	天王星	海王星	冥王星	宇宙回报	宇宙功课	宇宙月亮	自我转化
7♦	5♠	J♥	9♣	9♠	2♥	K♥	K♦	6♥	4♣	2♦	J♠	8♣	6♦
		Q♣	10♣	2♠	9♦	3♣	10♥	6♥		环境	5♠	置换	5♠

灵性牌阵

月亮	太阳	水星	金星	火星	木星	土星	天王星	海王星	冥王星	宇宙回报	宇宙功课	宇宙月亮	自我转化
4♠	5♠	6♠	7♠	8♠	9♠	10♠	J♠	Q♠	K♠	A♥	2♥	3♥	4♥
		J♦	4♦	10♣	3♣	9♥	2♥			环境	10♥	置换	4♦

人生牌阵位置：金星行/火星列

灵性牌阵位置：海王星行/金星列

业力牌：10♥（第一张）　4♦（第二张）

　　人们一般不会想到 5♠ 人会把爱和浪漫关系作为他们人生的重点，然而金星行/火星列以及海王星行/金星列的位置透露出这是最有可能出现的情况。金星行/火星列的位置给了他们超凡的魅力可以吸引男性或者情人。因此，吸引到爱对 5♠ 人从来不成问题，而且他们对于爱的梦想（海王星行/金星列）极其强烈。就像 2♥人，2♥位于人生牌阵的金星行/海王星列，他们找寻着完美的灵魂伴侣。再来看看 5♠的金星位置，是一张 9♣，到现在你应该已经知道了 9 代表着放手。而 9 恰好也和海王星紧密相关，9 是最后一个数字，而海王星守护的双鱼座是最后一个星座。在 5♠人的星盘上你总能发现金星/海王星/双鱼座的能量连结。9♣的第一张业力牌 Q♥，你也许已经回忆起 Q♥是一张海王星/海王星牌。所有这些因素叠加会产生什么效果？一个对爱有着强烈而迫切渴望的人，对爱充满错觉和误解，他在一定程度上不得不为爱受苦，这是为了荡涤和清理自己，消解这错觉。

9♣从字面上意味着对爱的构想，或者应该说是对爱的错误构想。在他们真正认识自己爱的梦想之前，这些是他们必然要经历的考验和要摆脱的部分。就亲密关系而言，这是所有牌里最"易于幻想"的牌之一。他们容易缺乏边界感和独立性。

但 5♠最主要的焦点在收集经验上。5♠人会做一些在其他人看来很疯狂的事，所有这些都是以获得新的经验之名。他们通常不是行事鲁莽之人，但却会以尝试新事物为名做一些看似不合常理甚至彻头彻尾愚蠢的事。看起来似乎是其他花色的 5 在不安分的想法和特征上更为明显。但 5♠的人并不像其他的 5 那样把这种不安分带到表面上来。即便如此，在他们做出的选择中你会看到 5 的特征真的很显著。我见过 5♠的人始终在到处奔走。这就是他们的生活方式。我还认识一些其他 5♠人会定期更换住所，搬进新的住处。他们是非同寻常的人，或者说拥有独特的个性。你可能会这样形容他们，"那是一张真正的牌。"

和其他 5 不同的是，5♠人看起来有更加健全的价值感，由第二张业力牌 4♦所代表。他们强烈的价值感吸引了金钱的到来，对于这一点金星行/火星列的位置也有所展现（金星是吸引金钱的行星）。他们毫无畏惧也毫不犹豫地为了自己想要的东西而努力，通常他们都能得到心之所想。因此对大部分 5♠人来说，工作根本不成问题。他们是非常善于社交的人，经常出入一些社团、组织，或者与这些组织当中的人一起工作。第一张业力牌 10♥说明他们在社交当中会过度承诺。但有些时候活跃的社交只是他们的业力所致，不过在其他领域他们会付出一些代价。

金星或火星位置上的两个 9 提醒他们在亲密关系中不要刚愎自用，要当心自己过度的竞争性。这两个 9 的潜在牌 Q♥和 K♥说明他们有支配和控制他人的倾向。他们想要按照自己的方式行事，而没有顾及另一半的需求。在亲密关系领域他们会经历一些困难的课题，他们的业力通常会导致一次或更多次亲密关系的损失，以教会他们去放手。尽管如此，在工作方面这两个 9 也是一份祝福，当他们全身心奉献于工作时就会体认到宇宙本性。我认识的一位 5♠女性是推动新时代的演说家和活动家。她以这种方式用一己之力疗愈我们这颗星球。

THE SIX OF SPADES

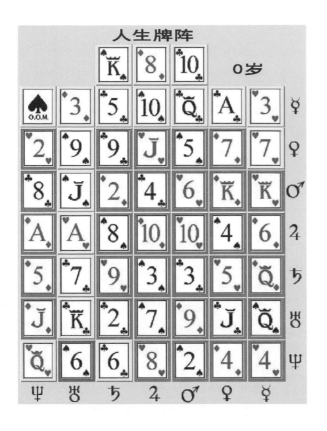

人生牌阵

0岁

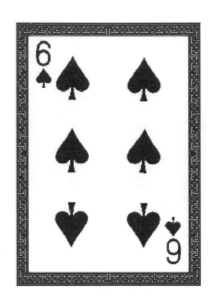

对健康和工作负责
伟大的使命

本命牌阵

月亮	太阳	水星	金星	火星	木星	土星	天王星	海王星	冥王星	宇宙回报	宇宙功课	宇宙月亮	自我转化
6♣	6♠	Q♥	10♣	8♦	K♠	3♥	A♣	Q♣	10♠	5♣	3♦	A♠	7♥
		K♣	7♣	A♥	J♠	9♠	3♦			环境	6♠	置换	6♠

灵性牌阵

月亮	太阳	水星	金星	火星	木星	土星	天王星	海王星	冥王星	宇宙回报	宇宙功课	宇宙月亮	自我转化
5♠	6♠	7♠	8♠	9♠	10♠	J♠	Q♠	K♠	A♥	2♥	3♥	4♥	5♥
		Q♦	5♦	J♣	4♣	10♥	3♥	J♠		环境	9♠	置换	2♠

人生牌阵位置：海王星行/天王星列

灵性牌阵位置：海王星行/火星列

业力牌：9♠（第一张）　2♠（第二张）

现在我们来讲 6 中之 6，可敬的 6♠，从某种意义上讲，这张 6 列示了所有花色 6 的本性。除了其他方面之外，6 还代表业力，或者说因果法则。而 6♠ 是所有代表业力的牌当中最强大的一张。因此，6♠ 人在人生的长途跋涉中要更加注意自己的行为会产生什么样的反射作用。他们的第一张业力牌 9♠ 已经揭示出真实的情形。要想足够了解这其中的重要性，你必须先清楚 9♠ 的力量有多么强大。在我们历经的所有人生事件中，你会发现那些被我们标记为灾难性的事件通常都和 9♠ 有关。所以，6♠ 的人生中势必要经历一些可怕的损失。当然这只是从世俗角度来看。在灵性层面 9♠ 指出，6♠ 人需要释放那些不利于自己的人生模式。这样的模式可以从 6♠ 的直接土星牌 3♥ 找到线索，而 6♠ 的垂直土星牌是 9♠。土星位置的 3♥ 在很多方面有所展现。最基本的就是在爱和情感中的不确定性和不安全感，这也是 3♥ 在土星位置最主要的特点。双性恋和混乱的亲密关系是土星牌 3♥ 其他方面的展现。因此，6♠ 人都有极大的亲密关系课题要应对和处理。这课题包括害怕被抛弃的恐惧以及在爱中的不安定感。由于他们持续不断地为此担忧，这些恐惧在担忧中愈加壮大。

人生牌阵和灵性牌阵中的海王星位置让他们被双重的海王星能量所影响，这对与爱相关的领域没有太多帮助，因为海王星会制造出一种幻象，让他们容易隐藏真实的自我动机。但在工作领域，这海王星能量的影响可以帮助 6♠ 人投身于更高层次的工作中，通常是以某种方式利益整个人类。

6♠ 是一张相当强大的牌。他们本命牌阵的金星牌、火星牌、木星牌以及这三个位置代表的 13 年周期牌都位于大太阳牌阵的皇冠行。火星位置的 8♦ 和冥王星位置的 10♠，这两张强有力的牌待在强有力的位置上，阐释了他们隐藏的占有欲。他们通常会按照自己的心思行事，工作上也是如此。他们可以成为极其成功的运动员。当你遇到与 6♠ 人进行法律抗辩的情形时一定要慎重。在爱情中他们也会使用这力量，当他们的不安定感占上风，就会像很多缺乏安全感的牌一样试图去控制另一半。但土星位置的 3♥ 代表他们对爱持有非常多的怀疑和恐惧，很难去除他们的疑惧。只有那些内心坚定不移、富有勇气的 6♠ 人会携带着力量和承诺进入疑惧之地，治愈 3♥ 所代表的伤痛。大部分 6♠ 人都难以做到这一点，因此我们可以说 6♠ 人在很多情况下情感都无法敞开。

这张牌有潜力在物质上获得极大的成功和收获。木星位置是 K♠，这个位置和这张牌是造就一位行业巨头的最好组合，可以使他们获得巨大的商业成就。仅是火星牌和木星牌位于皇冠行就足以例证，他们在自己选择的任何领域都有潜力得到荣誉、认可和成功。6♠ 人在他们各自的工作领域通常都很出色。

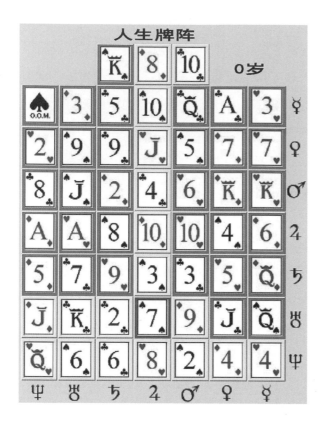

神奇的工作和生活方式

身体方面/灵性方面的挑战

本命牌阵

月亮	太阳	水星	金星	火星	木星	土星	天王星	海王星	冥王星	宇宙回报	宇宙功课	宇宙月亮	自我转化
9♦	7♠	2♣	K♣	J♦	4♥	4♦	2♠	8♥	6♣	6♠	Q♥	10♣	8♦
		3♠	10♦	4♣	J♥	10♠	8♦	8♥		环境	7♠	置换	7♠

灵性牌阵

月亮	太阳	水星	金星	火星	木星	土星	天王星	海王星	冥王星	宇宙回报	宇宙功课	宇宙月亮	自我转化
6♠	7♠	8♠	9♠	10♠	J♠	Q♠	K♠	A♥	2♥	3♥	4♥	5♥	6♥
		K♦	6♦	Q♣	5♣	J♥	4♥	Q♠		环境	K♦	置换	8♥

人生牌阵位置：天王星行/木星列

灵性牌阵位置：海王星行/木星列

业力牌：K♦（第一张）　8♥（第二张）

　　以多数标准来衡量，7♠人都拥有非常幸运的本命牌阵。他们本命牌阵中的牌都是偶数牌，这在世俗层面赋予他们力量及稳定感。木星位置的 4♥使他们能通过婚姻获得幸福。而土星位置的 4♦则帮助他们应对生命中的挑战。他们还有两张强大的业力牌。第一张业力牌 K♦

更侧重于挑战，而第二张业力牌 8♥则带来积极正面的影响。不管怎么看 7♠人都是非常强大的人。不要被他们展现给你的外表所愚弄。这个人群喜欢自行其是，而且他们经常这样做。

所有以 8 或 K 作为第一张业力牌的人，过去生世都有些滥用权力的倾向。他们想要掌控别人。今生他们并不是总能成功地支配其他人，但这种倾向还在，并且很难抵抗。8♥给了7♠很多的权力，如果他们误用了这权力，稍后就要去处理这行为所产生的后果。有趣的是由于第一张业力牌 K♦，很多7♠人被吸引到商业领域，成为商业领军人物或者企业老板。

你可以看到为什么拥有绝佳本命牌阵的 7♠人如此强大。这是所有数字 7 的牌中最有力量的一张。7 是灵性数字。它代表物质层面的挑战迫使我们深入内在去探求答案。如果 7♠人采用灵性的方式去处理浮现出的问题，7 就能够代表成功。我所说的灵性是指自我省察。灵性方式要求我们走进内在探寻我们的心灵，以寻找困难的根源和解决方法，这些困难是指我们对存在于内在所有问题的态度和看法。当我们这么去做时就会找到一个新的解决方案，并且不用在原有的情势下做大刀阔斧的改革，我们只需要改变一点，就是我们的态度或者方式。对数字 7 的人来说，只要他们对被赐予的东西持感恩和感谢的态度，这态度就能奏效。当然这并不是说我们必须对生活中的问题感到开心，我们只需要自问是否已经对生命中拥有的所有好东西心怀感激之情，以及是否开始把挑战当作自我觉醒的机会。

尽管其他方面也会出现困难，但 7♠人面临的最大挑战在健康和工作方面。我说过，很多7♠人都曾遭遇交通事故，这是这张牌的展现方式之一。我认识的 7♠人中，有的身患像艾滋病这样的绝症，有的患有严重的疱疹，以至长达 7 年的时间没有性生活。也有的 7♠人没有身体方面的挑战，他们的挑战通常出现在工作方面。不管多么戏剧性的困难和危及生命的挑战降临在 7♠人身上，解决方案都是保持坚定的信念，对生命中所有的好东西致以感激之情。这张牌在人生牌阵和灵性牌阵中有双重的木星影响。在这点上很像 10♦，要想充分发挥这个潜力，他们必须学会接受和感恩人生中所有美好的事物。如果他们能够以恰当的方式引导自己的注意力，穿越糟糕的人生境遇之后，就能置身于丰盈与和平的生活之中。

7♠最高层次的展现就是投身于灵性工作，服务于人类。7♠人有能力克服一切阻碍，创造奇迹。

THE EIGHT OF SPADES

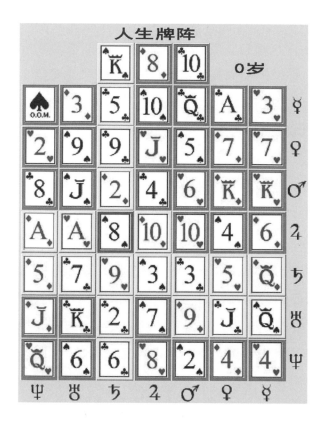

通过工作获得权力

超级工作者

本命牌阵

月亮	太阳	水星	金星	火星	木星	土星	天王星	海王星	冥王星	宇宙回报	宇宙功课	宇宙月亮	自我转化
10♦	8♠	A♥	A♦	Q♦	5♥	3♣	3♠	9♥	7♣	5♦	Q♠	J♣	9♦
		2♦	9♣	5♣	K♠	6♣	2♣	9♥		环境	8♠	置换	8♠

灵性牌阵

月亮	太阳	水星	金星	火星	木星	土星	天王星	海王星	冥王星	宇宙回报	宇宙功课	宇宙月亮	自我转化
7♠	8♠	9♠	10♠	J♠	Q♠	K♠	A♥	2♥	3♥	4♥	5♥	6♥	7♥
		A♠	7♦	K♣	6♣	Q♥	5♥	K♠		环境	K♣	置换	6♣

人生牌阵位置：木星行/土星列

灵性牌阵位置：海王星行/土星列

业力牌：K♣（第一张）　6♣（第二张）

　　8♠是一张工作狂牌，他们非常看重物质，就像 4♠ 一样，但原因却完全不同。来自土星的压力使这些人驱向于取得成就，而源自童年时期的匮乏感驱使他们产生囤积的欲望。一份工作能否给他们和平与安宁取决于这个人意识上的觉知力。土星是一名监工，他掌管着星盘中代表名誉和认可度的第十宫，也是摩羯宫。这股影响主要被导向物质层面的满足，但却容易忽略生命中的灵性层面。那些不怎么开窍的 8♠人会在迷乱的工作中丢掉健康，却怎么也停不下来。但那些更有觉知的 8♠人则会找到一种强烈的责任感和使命感，为了服务于世界和他们的同胞而有所作为。

佛罗伦斯·坎贝尔在《古老的神秘符号》一书中提及 8♠人的月亮牌时写道，他们经常会获得财产的继承。我发现的确如此，而且很多 8♠人会和拥有丰厚资源的人结婚。数字 8 和占星中的天蝎座/第八宫有关，这些与伴侣的资源和房产有关。如果他们期待从别人身上捞取钱财或者依赖于这种生存方式，就会变得唯利是图，并且容易用负面的方式使用自己的权力。

他们曾经错误地使用权力。第一张业力牌 K♣，就像 7♠的第一张业力牌 K♦一样，代表在过去生世曾经滥用权力，今生仍然有再度重演的倾向。8♠是 8 中之 8，他们确实拥有很大的权力。当遇到一个 8♠人你应该能预想到，只要他们能办到，就会努力运用他们的控制力凌驾于你或那种情形之上。

水星和金星位置上的两个 A 使 8♠人非常以自我为中心，在任何情况下都是"以我为先"。这是一种始于童年时期的过度需索（水星位置的A♥），而这一点始终存在于 8♠人身上。这会成为他们运用权力和采用控制手段的驱动力。A♥有一个 A♦作为业力牌，这意味着他们童年时期的匮乏感，也造成他们成年之后变成财迷的可能性。而这个 A♦又是他们的直接金星牌，这会影响他们对伴侣的选择。他们喜欢和有钱人约会、结婚。金星能量也会影响这个位置上的 A♦，为 8♠人的个性带来很多慷慨大方的成分。但总的来说，他们还是倾向于自给自足和"以我为先"。

8♠人通常有健壮的体魄，他们大部分的健康问题都是由头脑层面产生的。土星牌 3♣令他们担心一切，应该提醒他们要特别注意自己的精神状态和思想状况。8♠人容易思虑过度而亢奋，压力过大而紧张疲惫。要记住所有的问题都由思虑而起。这张牌会引起身心失调症和其他疾病，就像生命牌 3♠的人一样。但这张 3♣也会让很多 8♠人最终从事创造性行业，因为土星牌通常是代表事业的重要指标。特别是摩羯座的 8，会以作家或者公众演讲者作为自己的职业。

冥王星牌 7♣进一步说明大部分 8♠人需要在掌控自己的想法上下功夫，因为这些想法轻易就会影响他们的健康。他们必须保持正面积极的态度才能保障身体健康。除此之外，7♣作为冥王星牌也说明保持正向是他们终生要攻克的课题。灵性知识（7♣）在帮助他们转化的过程中扮演着重要角色，如果他们能学以致用，最终能帮他们改变价值观（宇宙回报牌 5♦）。

步入灵性道途的 8♠人终能抛却物质至上的生活方式，找到一种途径使用他们无穷的能量助力人类的发展。

THE NINE OF SPADES

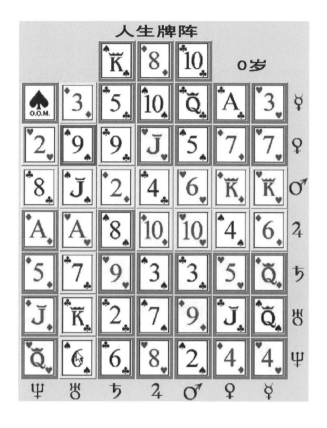

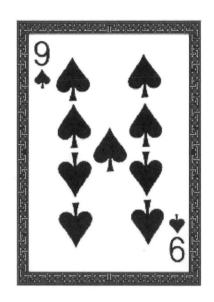

宇宙意志

融入无限之中

本命牌阵

月亮	太阳	水星	金星	火星	木星	土星	天王星	海王星	冥王星	宇宙回报	宇宙功课	宇宙月亮	自我转化
9♣	9♠	2♥	K♥	K♦	6♥	4♣	2♦	J♠	8♣	6♦	4♠	10♥	10♦
		3♦	6♠	K♣	7♣	A♥	J♠			环境	9♠	置换	9♠

灵性牌阵

月亮	太阳	水星	金星	火星	木星	土星	天王星	海王星	冥王星	宇宙回报	宇宙功课	宇宙月亮	自我转化
8♠	9♠	10♠	J♠	Q♠	K♠	A♥	2♥	3♥	4♥	5♥	6♥	7♥	8♥
		2♠	8♦	A♦	7♣	K♥	6♥			环境	K♥	置换	6♠

人生牌阵位置：金星行/天王星列

灵性牌阵位置：海王星行/天王星列

业力牌：K♥（第一张）　6♠（第二张）

　　有一点颇为有趣，7♠、8♠和 9♠这三张牌都有一个 K 作为第一张业力牌。当你查看 43 岁的大太阳牌阵会发现，这三个 K 位于牌阵的同一行，海王星行。在这些大太阳牌阵中，模式之内嵌套着模式，我们观察的越多，越会发现更多的范型。

第四章　牌义详解

9♠是代表损失的极致之牌。它也蕴含了非常不可思议的内涵——融入无限之中。9♠人的生活是两种情形的混合体——糟糕的损失加上灵性的启迪。有些 9♠人告诉我，他们感觉当下这一世是自己在地球度过的最后一世。听到这种说法我再三思考之后认识到，当前这一世对他们来说是具有决定性意义的，而 9♠这张牌本身恰恰也证实了这一结论。对所有 9♠的人来说，他们生活中的某些事情永远不会再发生。这是一张毕业之牌。它跟随在象征着成就和权力的数字 8 之后。从某种意义上讲，它表示到达尽头。

对 9♠人来说，一部分的结束是指放下支配和控制别人的倾向。9♠的第一张业力牌 K♥告诉我们，他们通常喜欢在自己的家里维护这种绝对性权威。在他们的家中，9♠人会表现得像个 K♥，希望所有的事情按照他们的想法进行。特别是摩羯座的 9♠人，他们在家庭里会运用强大的控制力，因为他们的行星守护牌是 4♣，4♣非常喜欢例行程序和订单式管理。9♠的本命牌阵中也有很多强有力的牌，金星位置的 K♥，火星位置的 K♦和 K♣，冥王星位置的 8♣。不要低估他们的权力感。但大部分情况下，在人生中遭受的损失会让他们具有慈悲心和同理心。他们在过去生世中喜欢支配别人的癖好会显现在对待与之共同生活的人身上。

9♠在人生牌阵和灵性牌阵中都位于天王星列，因此携带着大量的天王星能量。他们不想让任何人告诉他们要做什么以及应该怎么做。他们趋向于超出常规和向往未来主义，这是水瓶座的典型特质。不管出生星座是什么，他们都很看重自己的朋友圈子和同事，就像水瓶座的人一样。

木星位置的 6♥使他们在个人关系上有很好的业力。总有一些贵人在他们人生的关键时刻到来，帮助他们从更高的灵性层次和事业方面提升。他们会从这样的关系中获益良多，而这也是前世积下的善缘，今生来报答他们。

9♠拥有很棒的人生牌阵，他们有充分的理由过上快乐而富有生命力的生活。一旦他们能够把握对别人的控制和支配倾向，放下这种控制，就能充分享受生活的丰盛，这是他们与生俱来的权利。

THE TEN OF SPADES

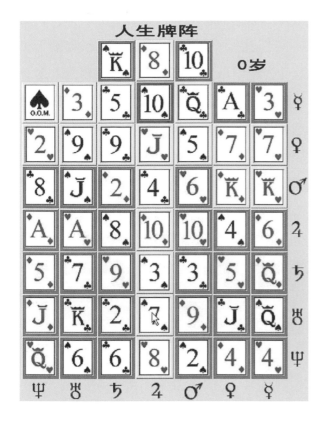

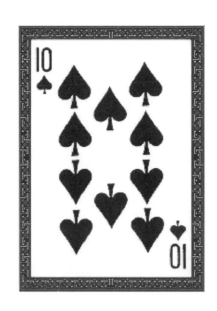

成功者

过度工作的人

本命牌阵

月亮	太阳	水星	金星	火星	木星	土星	天王星	海王星	冥王星	宇宙回报	宇宙功课	宇宙月亮	自我转化
Q♣	10♠	5♣	3♦	A♠	7♥	7♦	5♠	J♥	9♣	9♠	2♥	K♥	K♦
		8♦	8♥	7♠	3♠	10♦	4♣	J♥		环境	10♠	置换	10♠

灵性牌阵

月亮	太阳	水星	金星	火星	木星	土星	天王星	海王星	冥王星	宇宙回报	宇宙功课	宇宙月亮	自我转化
9♠	10♠	J♠	Q♠	K♠	A♥	2♥	3♥	4♥	5♥	6♥	7♥	8♥	9♥
		3♠	9♦	2♥	8♣	A♣	7♥			环境	4♥	置换	Q♥

人生牌阵位置：水星行/木星列

灵性牌阵位置：海王星行/海王星列

业力牌：4♥（第一张）　Q♥（第二张）

由于坐落在人生牌阵的木星列，10♠是"被祝福的牌"之一。这意味着对大部分 10♠人来说，在历经人生的过程中他们的梦想终会实现。同时它位于"名望之牌"8♦之下，说明他们这些人为获得声望和认可做好了准备。很多 10♠人也的确实现了这些。但这并不是说他们

253

的人生就没有障碍需要去跨越了。10♠的本命牌阵中大部分牌是奇数牌，其中 4 张牌还是著名的 7 和 9。土星牌 7♦和冥王星牌 9♣更是麻烦的存在。任何时候在火星、土星和冥王星的位置上拥有奇数牌都是一种挑战。10♠人务必要克服在金钱方面限制性的恐惧感（7♦），检视自己在理念和沟通方式上的局限性（9♣），如果它们没有服务于更高的意图就及时放下和改变。宇宙功课牌 2♥也是他们灵性牌阵的土星牌，这张牌指出他们的另一个重要课题，对完美之爱的渴望。这是一张家庭牌。它的两张业力牌都是关于婚姻和家的牌。尽管 Q♥在愉悦和享乐方面的意义多于家庭方面，它还是和婚姻有着千丝万缕的联系，因为婚姻存在的目的是为了两个人愉快地生活在一起。结婚和组建家庭通常是他们人生计划的一部分。即使他们自己没有孩子，也会设法让自己身边萦绕着这样的家庭。以 10♠作为行星守护牌的人也同样被强烈的家庭驱动所影响。举例来说，双子座的 Q♣，行星守护牌是 10♠。虽然 Q♣不是一张非常适宜结婚的牌，但双子座的 Q♣却不同，他们很想要结婚。但事业对 10♠人来说也非常重要。他们没有不想获得声望和成功的，对这些东西怀有极度的渴望。火星位置的 A♠和 10 中之 10 的组合让这些人过度迷恋个人成就。他们是真正的创造者，但有时候会过度表现。不管做什么他们都会乐在其中并且全神贯注。他们做任何事都能非常出色，这会让们在工作上取得成就，还有可能使他们成为偏执型工作狂。

10♠的两张业力牌都位于人生牌阵的海王星行，而10♠本身位于灵性牌阵的海王星行/海王星列。这丰富的海王星能量会让这些人创造出逃避行为的极端案例。但这能量也会帮他们制造梦想，或者让梦想成真。从另一个层面来说，他们对爱情和家庭也怀有梦幻的憧憬。他们有优秀的心智力（在人生牌阵位于水星行/木星列），通常会在水星掌管的专业领域就职谋生，比如通讯行业、出版行业等。他们也非常有创造力并且与人为善，能够胜任自己选择的任何职业。

神奇的大三角

10♠在大太阳牌阵上的位置具有独一无二的特性。10♠和它的两张业力牌组成一个三角形，我称它为"神奇的大三角"。两张业力牌看起来就像支撑着生命牌的两个底座，我尚未完全理解这个结构背后的意义，但我能感觉到它的意义一定很重大，特别是当我们的生命牌或行星守护牌在流年牌阵或 7 年牌阵中置换10♠时。这的确是很值得研究一番的。

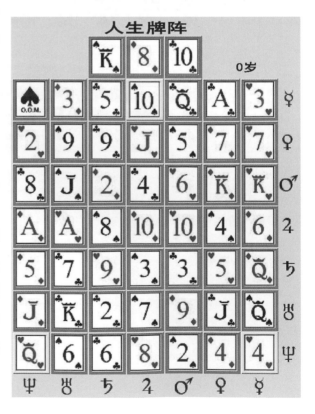

THE JACK OF SPADES

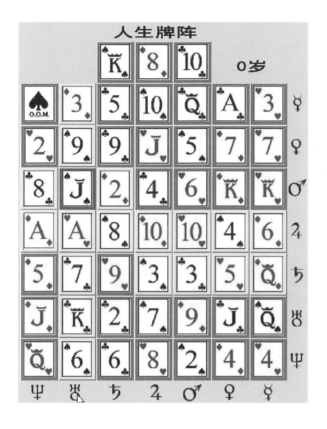

人生牌阵

灵性启蒙

投机者

本命牌阵

月亮	太阳	水星	金星	火星	木星	土星	天王星	海王星	冥王星	宇宙回报	宇宙功课	宇宙月亮	自我转化
2♦	J♠	8♣	6♦	4♠	10♥	10♦	8♠	A♥	A♦	Q♦	5♥	3♣	3♠
		9♣	3♦	6♠	K♣	7♣	A♥			环境	J♠	置换	J♠

灵性牌阵

月亮	太阳	水星	金星	火星	木星	土星	天王星	海王星	冥王星	宇宙回报	宇宙功课	宇宙月亮	自我转化
10♠	J♠	Q♠	K♠	A♥	2♥	3♥	4♥	5♥	6♥	7♥	8♥	9♥	10♥
		6♠	Q♦	5♦	J♣	4♣	10♥	3♥		环境	7♣	置换	10♣

人生牌阵位置：火星行/天王星列

灵性牌阵位置：皇冠行/火星列

业力牌：7♣（第一张）　　10♣（第二张）

　　J♠又是一张"独眼"杰克（继 J♥之后），在多数情况来看它都是非常值得感恩的牌。但他们有一个重要的人生课题把他们从快乐而有创造力的角色偏离成为一个不负责任的失败者。是提升自己进而获得灵性启蒙还是选择成为一个小偷或骗子，这是个问题。它是所有 J

杰克中最有权力的一个。所有的 J♠在一次又一次经历灾祸时都不会去认真对待。但这张牌有潜力把事情做好，成为优秀的人。也可能正是这一事实让很多 J♠人忽视了宇宙赐予他们的祝福，让他们反而以低层次展现自己。

他们的两张业力牌都是梅花花色。10♣作为第二张业力牌赋予他们想要拥有的全部心智力。不仅如此，还给了他们天生具有志在自己的专业领域列居前沿的趋向。毕竟 10♣坐落在皇冠行。第一张业力牌 7♣是他们必须要处理的负面业力。对 J♠人来说，这负面业力会以很多种形式显现。有一些人只需要克服太过着眼于生活中和处境中黑暗面的习惯，就像装了半杯水的玻璃杯，是看到它一半是空的还是一半是满的。而对另一些人，这张 7♣会产生更深入的问题。7♣时常允许他们得以瞥见神圣之光。但倾向于负面思维的 J♠人会利用这神圣的一瞥扭曲事实的真相，以满足他们的个人动机和谋划钻营。对他们来说事实已经消逝，他们生活的世界中没有真相可言。所有 J♠对灵性知识的态度都不怎么认真。他们会被一些所谓的理念迷住，也有一些人将这些理念看作是自己的。这是一张灵性启蒙之牌。J♠要想获得灵性上的启蒙，必须有意愿提升自己到 K♠的高度，并且愿意为自己的想法、言论和行为负责任。所有的 J♠都能感知到这一点，但很多人只是把玩这个概念。那些实现自身的飞跃，到达更高生命层次的 J♠人才会体验全部潜力的发挥。

那只缺失的眼睛代表部分觉知的缺失。当然这因人而异，但通常缺失的都是对自己所犯错误的省察，以及对自己的行为负起责任的觉察。这缺失的眼睛也代表他们对自己所宣称的理念或想法的忽视，就好像他们虽然全然地了解自己，却对此视而不见。当然，独眼有时候也会有帮助。让这个人可以做到在不思虑结果的情况下先付诸行动。这会带来更大的成功，因为他们的内在没有冲突性的对话，也不会阻碍他们的进程。就像我先前提到的，当谈论 K♦时，有些人认为独眼可以使他们看向内在，获得灵性的洞见和觉受。这对 J♠来说也许是事实，但缺失的那只眼睛仍然会成为很多 J♠人以低层次展现的原因。

大部分 J♠人的职业生涯都很成功。他们拥有幸运的本命牌阵，牌阵中偶数牌居多而且大部分位于木星行。甚至他们的土星牌都是一张幸运的 10♦，这也代表着继承财产。对于摩羯座的 J♠人，10♦会成为他们的行星守护牌。这可能也是使得这个生日的人面临很多与 10♦相关的人生课题的原因，比如对物质的占有欲。水瓶座的 J♠，行星守护牌是 8♠。对他们来说，权力是他们的一个课题，这权力在亲密关系领域和职业关系领域都会凸显出来。

THE QUEEN OF SPADES

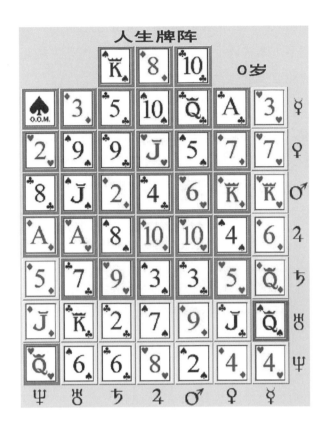

通过工作服务他人
自我驾驭和掌控

本命牌阵

月亮	太阳	水星	金星	火星	木星	土星	天王星	海王星	冥王星	宇宙回报	宇宙功课	宇宙月亮	自我转化
5♦	Q♠	J♣	9♦	7♠	2♣	K♣	J♦	4♥	4♦	2♠	8♥	6♣	6♠
		Q♦	6♦	K♥	7♥	3♥	4♥			环境	Q♠	置换	Q♠

灵性牌阵

月亮	太阳	水星	金星	火星	木星	土星	天王星	海王星	冥王星	宇宙回报	宇宙功课	宇宙月亮	自我转化
J♠	Q♠	K♠	A♥	2♥	3♥	4♥	5♥	6♥	7♥	8♥	9♥	10♥	J♥
		7♠	K♦	6♦	Q♣	5♣	J♥	4♥		环境	10♦	置换	8♦

人生牌阵位置：天王星行/水星列

灵性牌阵位置：皇冠行/木星列

业力牌：10♦（第一张）　8♦（第二张）

从灵性意义上讲，Q♠是一张最高成就之牌，自我驾驭之牌。但又有多少 Q♠人会花时间看向内在，找到他们真正的力量之源呢？他们的两张业力牌 10♦和 8♦会让他们产生强烈的物质至上倾向。而身居黑桃花色对此也没有太多帮助，因为黑桃人容易把大部分注意力都聚焦在工作上。作为 Q♠ 来说，他们从事的工作通常是服务型的。这是因为皇后牌是具有服务导向的牌。这会让他们深陷于繁重的工作当中，只顾埋首于无穷尽的工作任务，顾不上抬头看生活中还有很多其他的东西提供给他们。当他们选择了这条路，就会失掉他们的权力和领导力。他们的天性实质上是成为一名领导者，和国王 K♠ 并肩而立的世界领袖。他们命中注定要成为"人类之母"，向我们展示服务他人的价值和妥当的做法。

所有生命牌 Q♠ 的人都有 K♣ 作为行星守护牌，这使得他们的个性中有极其固执和盛气凌人的倾向。第二张业力牌 8♦ 也让他们这种特质得到了加强。任何一个以国王牌 K 作为行星守护牌的人，都容易过度行"国王之事"。据说生命牌 Q♠ 人作为老板是最难共事的人群之一。想象一个骄傲的领导者持续关注着每一处细节。从一个更积极的视角来看，Q♠ 可以成为帮到他人的领导者或老师。他们乐于帮助别人做出明晰的判断，并且能胜任所有需要敏锐的头脑的工作。土星位置上的 K♣，使他们能成为很出色的医生。

THE KING OF SPADES

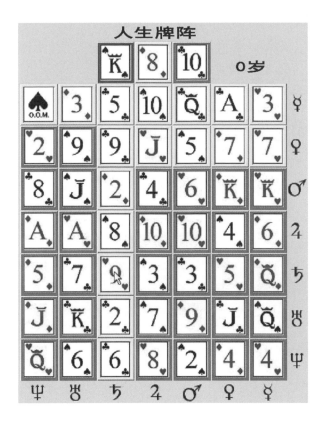

人生牌阵

0岁

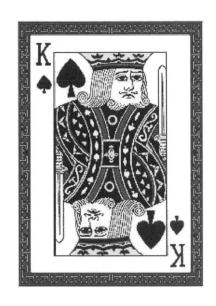

终极掌权者

顽强的意志

本命牌阵

月亮	太阳	水星	金星	火星	木星	土星	天王星	海王星	冥王星	宇宙回报	宇宙功课	宇宙月亮	自我转化
8♦	K♠	3♥	A♣	Q♣	10♠	5♣	3♦	A♠	7♥	7♦	5♠	J♥	9♣
		6♣	2♣	9♥	8♠	2♦	9♣	5♣		环境	K♠	置换	K♠

灵性牌阵

月亮	太阳	水星	金星	火星	木星	土星	天王星	海王星	冥王星	宇宙回报	宇宙功课	宇宙月亮	自我转化
Q♠	K♠	A♥	2♥	3♥	4♥	5♥	6♥	7♥	8♥	9♥	10♥	J♥	Q♥
		8♠	A♠	7♦	K♣	6♣	Q♥	5♥		环境	K♠	置换	K♠

人生牌阵位置：皇冠行/土星列

灵性牌阵位置：皇冠行/土星列

业力连结：7 张特殊牌家族

　　K♠的特质远不止呈现在你眼前的那些。我们可能会在心里刻画出一个有权威和领导驱力的人。这是整副牌中在物质和世俗层面最强大的一张牌。人们很容易就会假定，K♠会成为政府部门或大型企业的领导者，最不济也得是他们所在团体的负责人。但我们经常会忽略他们的一些特点，那些真正能够形容他们的特点。所有的 K♠ 都有 5♣ 作为行星守护牌，K♠ 作为生命牌只有一个生日，这个生日对应的太阳星座是摩羯座，这使得他们的行星守护牌就是自己的直接土星牌 5♣。这张 5♣ 与国王要担负的责任正好相反。大部分数字 5 的人都容易逃避自己的责任，因为他们通常会有与父亲或与权威人物相处方面的课题，这也说明了为什么那么多 K♠ 人会避免做老板，也不愿展现出自己的领导才能。

当一个 K♠ 人担当起掌权者的重任，他们立刻就会达到顶峰。要记住，这是所有牌中唯一一张在人生牌阵和灵性牌阵都位于皇冠行的固定牌。他们对于名望和声誉的渴求一直存在。尽管如此，比起成为领袖和担负责任，5♣ 经常会让 K♠ 人走上不同的道路。在研究 K♠ 之前先学习一下 5♣ 是非常明智的做法，因为它们之间的联系如此紧密。5♣ 使 K♠ 不安于现状，并且让他们非常热爱旅行和冒险。作为国王，他们通常有足够的勇气去探索别人不敢涉足的领域。

水星位置的 3♥ 对他们来说既是一份祝福也是一种挑战。你可能已经读过很多关于 3♥ 出现在一个人的牌阵中会如何影响这个人的生命牌的相关内容。在此提示你一下，你可以再次阅读 6♠、8♦ 和 2♠ 这几张牌的内容，这些牌的本命牌阵中都有 3♥ 出现。这使得 K♠ 人可能在性取向上有些困惑，或终其一生对爱的不确定性让他们不停地从一段关系换到另一段关系。即便他们能够结婚，在婚姻方面也是困难重重。加上 5♣ 代表的不安定性和易变性，你会看到他们的大部分亲密关系只能持续很短的时间，为了追求自由他们会有其他的风流韵事。在这一点上，K♠ 的女性不像 K♠ 的男性表现得那么突出。

在所有的牌之中，K♠ 是意志力最强大的牌之一。任何人、任何时候也不要抱有幻想能够改变他们的选择和决定。他们也不接受任何形式的贿赂或劝说。无论如何他们都依靠自己的选择。

很多 K♠ 人会成为艺术家、旅行音乐家或老师。他们在从事演艺事业或其他形式的表演艺术中也能做得很出色。那些成熟的 K♠ 人有准备也有意愿承担自己的责任，他们能够达到至高的顶峰。我们国家甚至是我们这个星球最有权力的男性之一，J. 埃德加·胡佛（J. Edgar Hoover）就是 K♠ 人。他担任美国中央情报局（CIA）的负责人期间，没有人比他更有权力了。总统、州长和首脑无不屈从于他的意志。这个例子表明了 K♠ 人可以多么地有权力。要达到这种程度，他们必须找到那些值得他们为此戴上桂冠的事。

THE JOKER

声名狼藉的小丑牌是纸牌系统中不寻常的存在。据记述这个系统最早一本书的作者奥尔尼·里奇蒙所言，12 月 31 日这一天，我们所在地球的地磁引力对牌的影响会失效。因此，奥尔尼以及其他守护神秘科学的先知们，这一天不会去执行任何神庙里的工作。同样道理，那些出生在 12 月 31 日的人也无法被解读。小丑牌的太阳值为零。点数值是 1/4 或 5/4。5/4 代表四个花色加上小丑牌本身。太阳值为零说明小丑牌根本算不上一张牌。不成为任何一张特定的牌，就像是在富饶的土地里撒上任何可能的种子。也就是说，小丑牌可以成为他们自己所选择成为的任何一张牌。因此，我们不可能确定小丑牌的生命牌到底是什么。

一些学习纸牌的学生很难接受小丑牌无法被解读和理解。他们自行开发出很多理论，为了给虚无缥缈的小丑牌以实证，让出生于 12 月 31 日的人可以被解读。但我认为这些人没有抓住要点。在宇宙中，一切都由两种相对力量的存在所平衡，在重力的领域，就是要有一张"不代表任何牌"的牌去平衡相应的实相，而 52 张其他的牌对应着确定的实相。

小丑牌就像是一个超级版杰克 J。我会叫他们杰克牌。所有的杰克牌为了得到自己想要的东西会展示或塑造出不同角色的特点，但小丑牌能真正成为那个角色。一些最伟大的演员或表演艺术家都是小丑牌。威特尼斯·安东·霍普金斯（Witness Anthony Hopkins），瓦尔·基尔默（Val Kilmer），约翰·丹佛（John Denver）和本·金斯利（Ben Kingsley）都是小丑牌的人，他们用自己的天赋惊艳和愉悦了我们。似乎小丑牌的人容易被表演艺术或其他能让他们被注意到的领域所吸引。有些证据表明他们是皇冠行的一部分，但是我们不清楚他们与皇冠行的这种关联如何得出。

作为一个超级版杰克，小丑牌承受了与杰克牌相同的低层次个性特点，但程度远超过杰克牌。这些特点包括责任感不足，花花公子心态和缺乏动力。他们可以成为任何人，做任何事，但他们会决定将自己的能量投放于何处呢？所有的小丑牌都是摩羯座，因此至少他们会把精力集中在功成名就这件事上。最终他们会找到合适的职业，在那个领域他们会让自己变得显要而被其他人记住。

第五章　大太阳牌阵

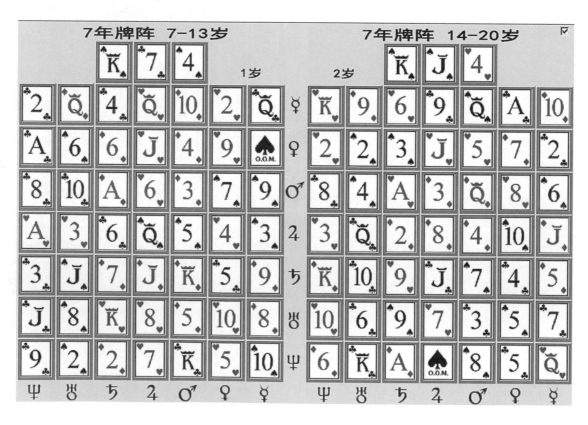

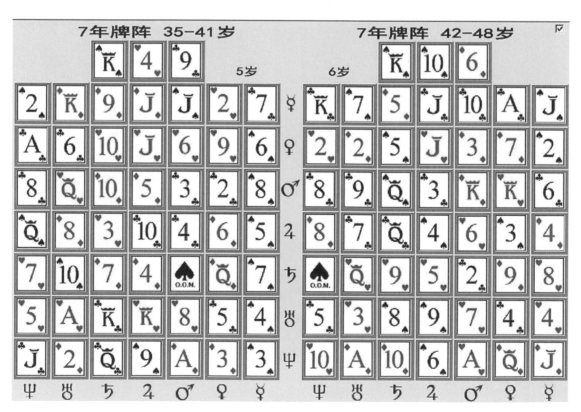

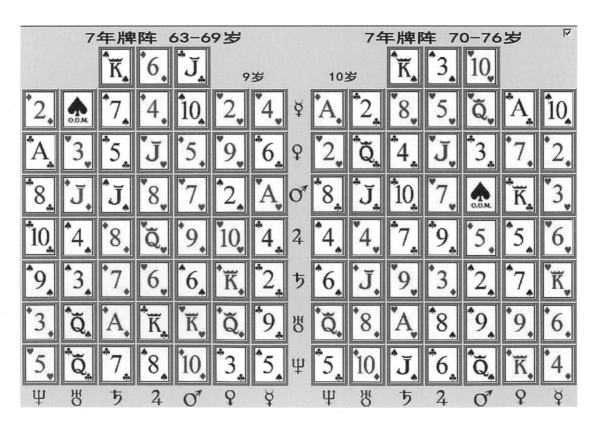

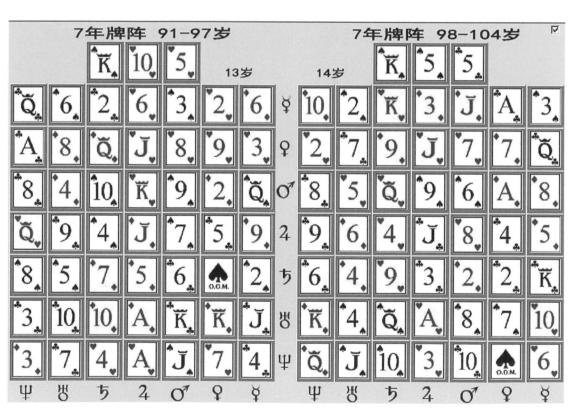

第五章 大太阳牌阵

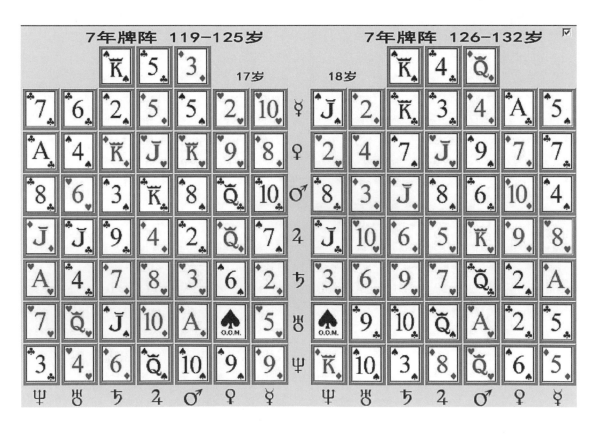

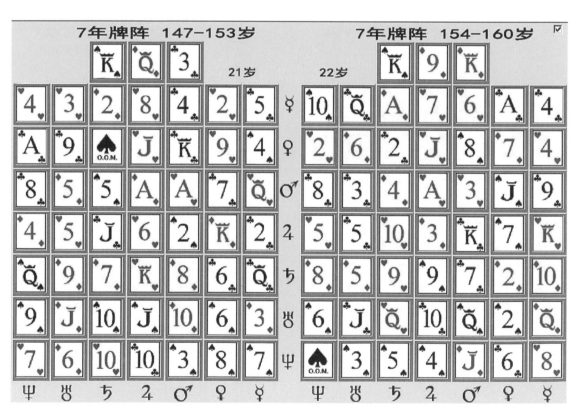

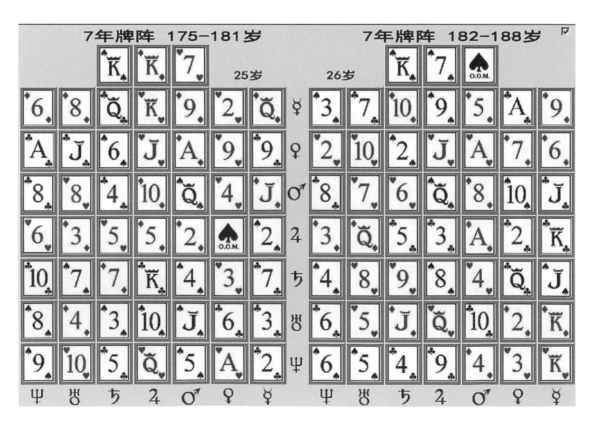

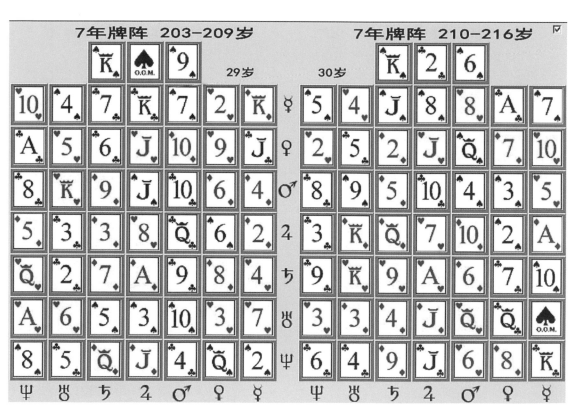

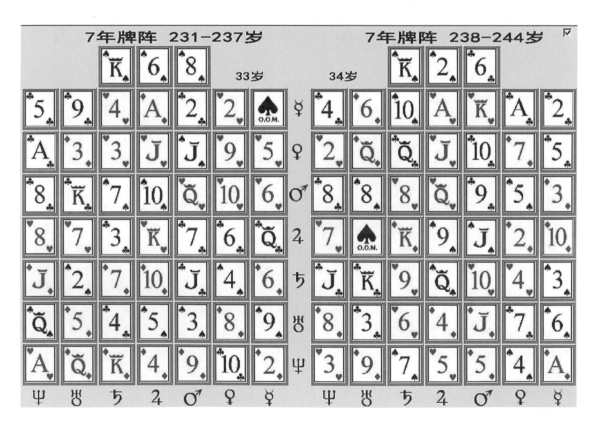

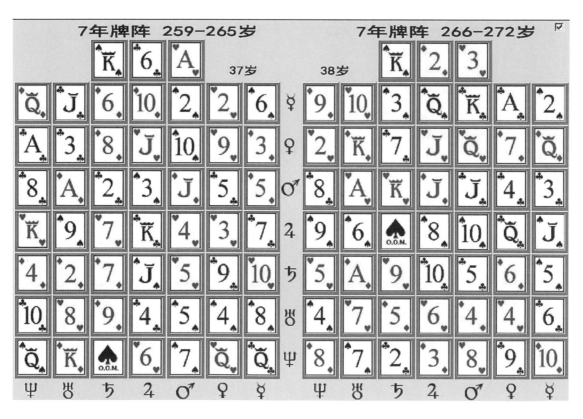

第五章　大太阳牌阵

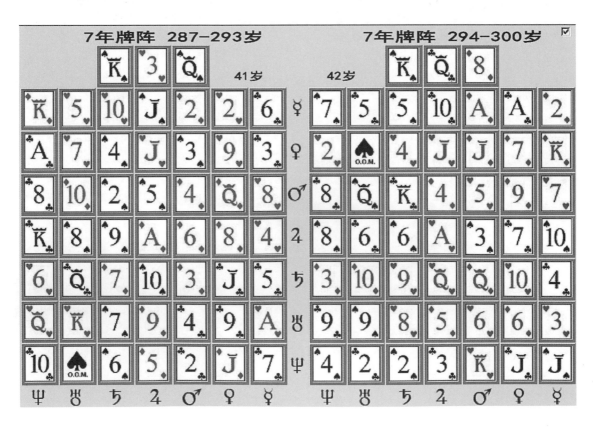

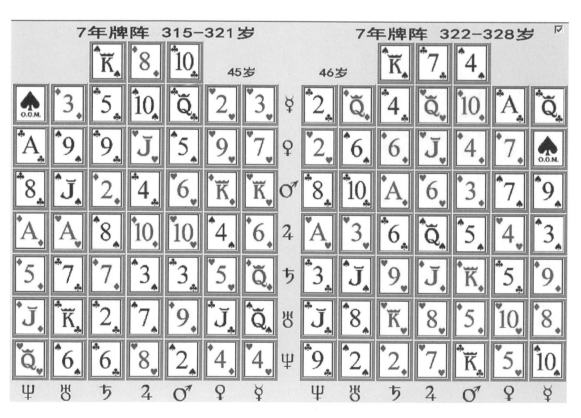

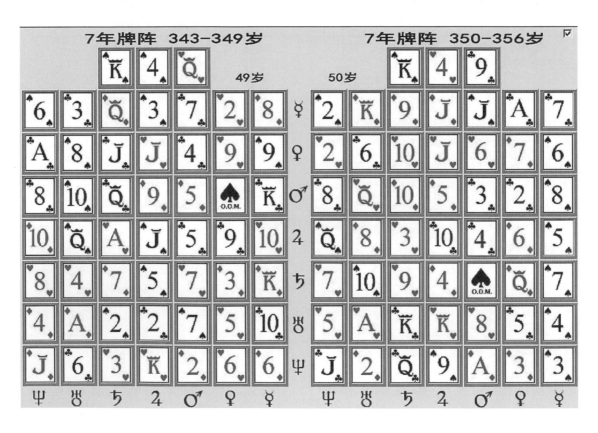

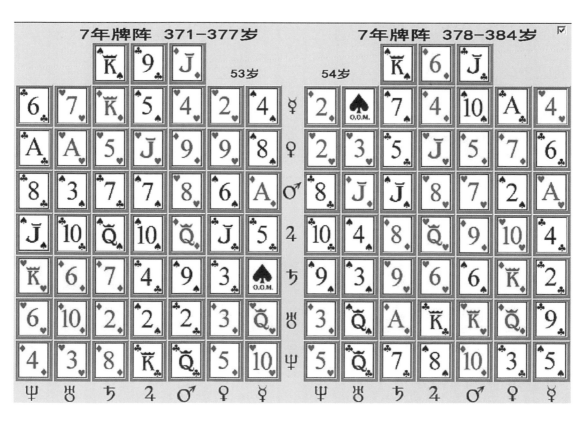

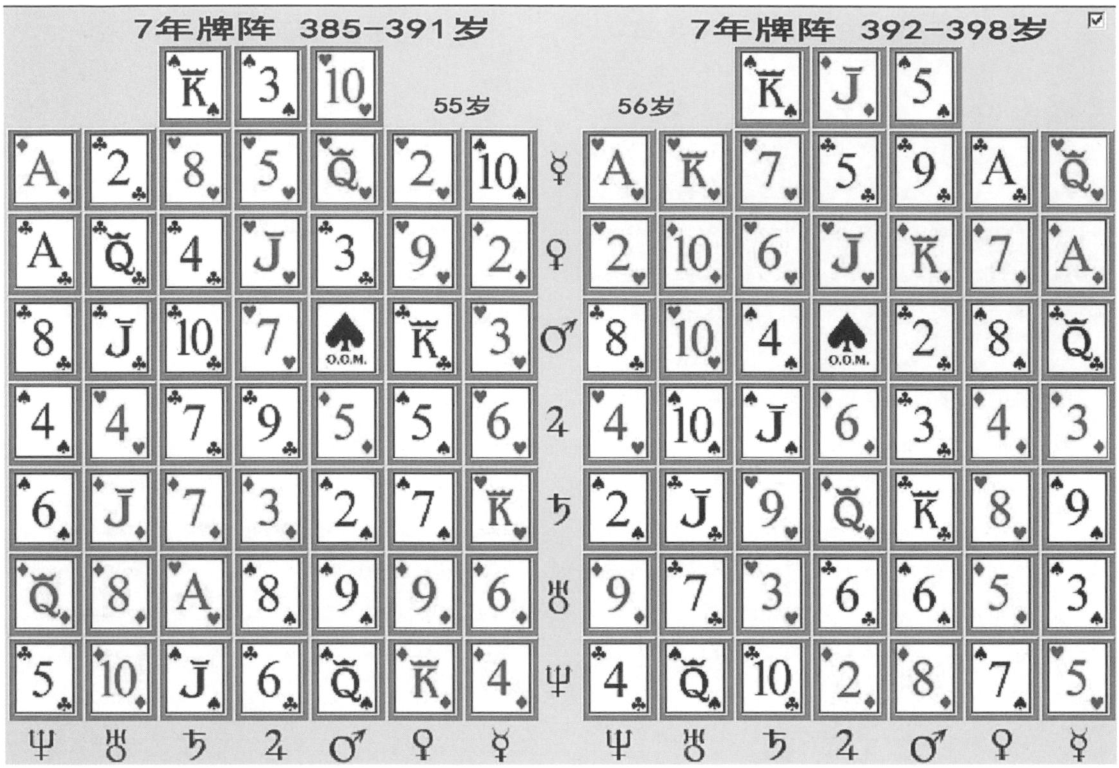
7年牌阵 385–391岁
7年牌阵 392–398岁
55岁
56岁

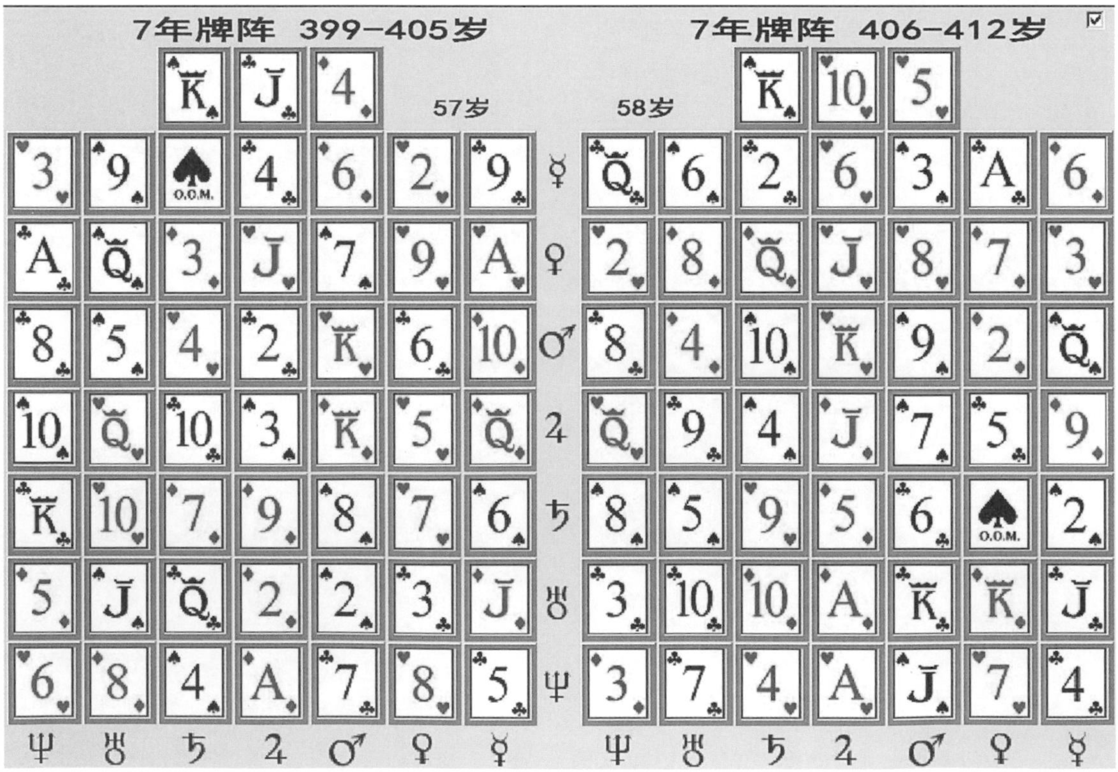
7年牌阵 399–405岁
7年牌阵 406–412岁
57岁
58岁

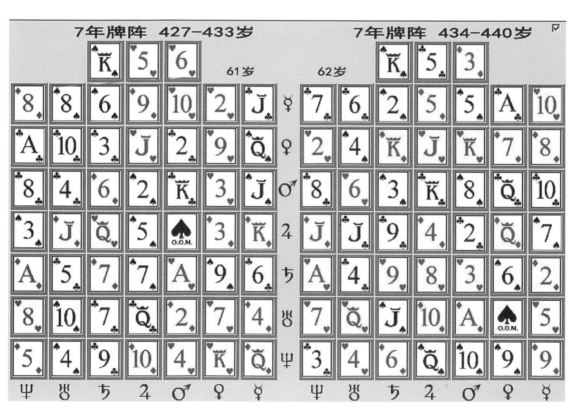

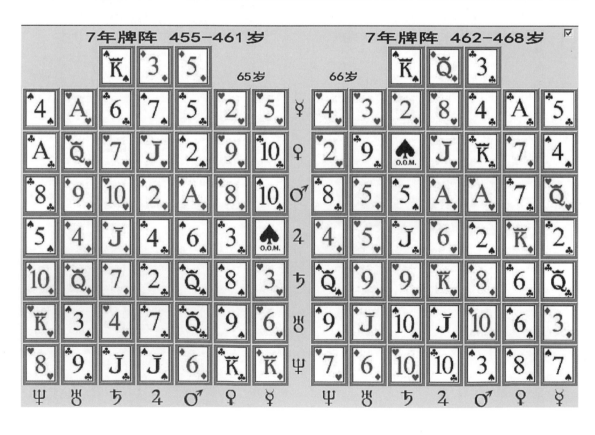

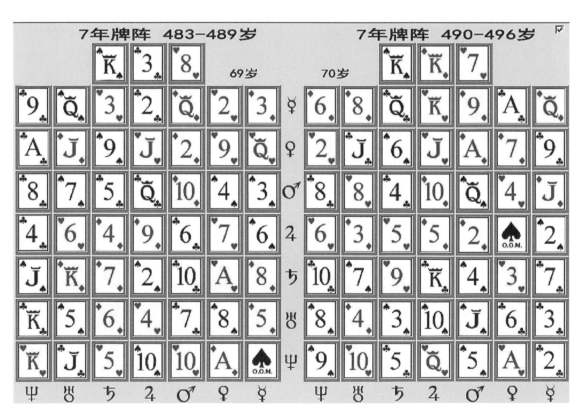

第五章 大太阳牌阵

7年牌阵 497-503岁　　71岁

K♠	7♥	♠ O.O.M.

3♠	7♣	10♠	9♠	5♥	2♥	9♦	☿
A♣	10♦	2♦	J♦	A♥	9♣	6♦	♀
8♣	7♥	6♥	Q♦	8♦	10♦	J♠	♂
3♦	Q♣	5♦	3♣	A♦	2♣	K♦	♃
4♥	8♥	7♣	8♠	4♣	Q♠	J♠	♄
6♣	5♠	J♦	Q♥	10♠	2♦	K♦	♅
6♠	5♣	4♣	9♣	4♥	3♥	K♥	♆
♆	♅	♄	♃	♂	♀	☿	

7年牌阵 504-510岁　　72岁

K♠	8♥	2♥

J♦	J♠	Q♦	6♥	3♦	A♣	5♣	
2♠	5♠	K♥	J♠	3♥	7♦	3♣	
8♣	♠ O.O.M.	3♦	8♠	7♥	Q♦	10♣	
Q♣	9♦	4♦	K♦	A♥	K♠	8♣	
4♥	7♥	9♦	6♣	10♦	10♠	10♥	
2♦	5♥	J♦	9♦	4♣	A♠	7♠	
2♣	4♦	6♦	6♠	5♥	Q♣	9♥	
♆	♅	♄	♃	♂	♀	☿	

7年牌阵 511-517岁　　73岁

K♠	7♥	K♥

J♣	10♣	8♣	2♦	K♦	2♥	3♣	☿
A♣	4♦	8♠	J♠	Q♦	9♥	J♦	♀
8♦	2♣	Q♦	7♣	J♦	9♦	5♥	♂
9♦	5♦	6♦	7♠	3♦	9♥	6♠	♃
10♦	♠ O.O.M.	7♦	2♦	Q♥	Q♥	4♣	♄
A♣	4♣	10♠	6♥	A♦	A♠	8♦	♅
K♣	5♥	3♠	3♣	5♦	10♣	6♥	♆
♆	♅	♄	♃	♂	♀	☿	

7年牌阵 518-524岁　　74岁

K♠	♠ O.O.M.	9♠

10♥	4♠	7♣	K♦	7♥	A♣	K♦	
2♠	5♣	6♦	J♦	10♦	7♦	J♦	
8♦	K♣	9♦	J♦	10♣	6♦	4♦	
5♦	3♣	3♦	8♥	Q♠	6♠	2♥	
Q♦	2♥	9♥	A♥	9♦	8♠	4♣	
A♠	6♦	5♠	3♦	10♦	3♠	7♦	
8♦	5♦	Q♥	J♣	4♦	Q♥	2♠	
♆	♅	♄	♃	♂	♀	☿	

282

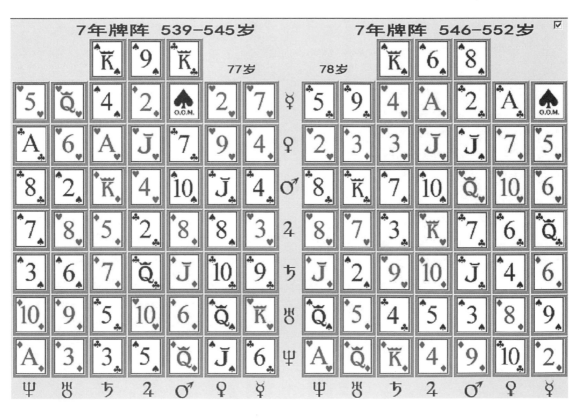

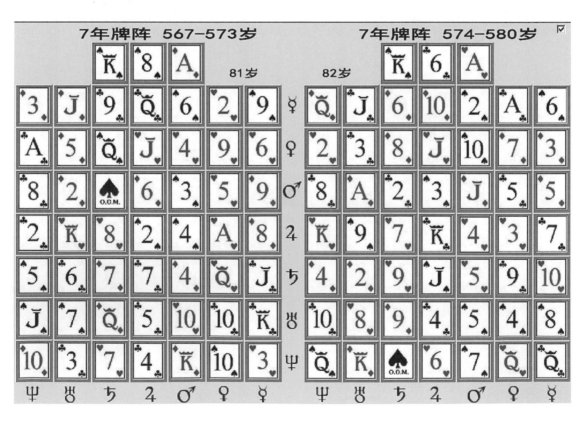

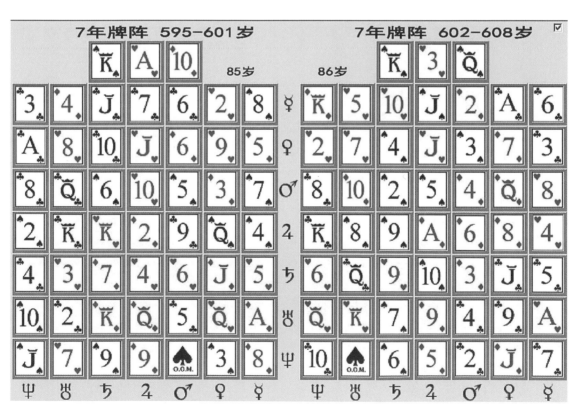

第六章

纸牌的高阶学习

在商业计划或其他规划上如何使用纸牌

我有一个商业上的客户，他的生意经常是数十亿的大额生意，他使用纸牌帮助制定商业计划已经有十多年时间了。最开始我会出一份报告给他。查看他的牌后我会计算出他的每日牌和流年牌，生成一个报告给他，基本上我会告诉他最近 2～3 个月的周期内，他运势最好的日子和最差的日子是哪几天。当他逐月地使用这份报告时，开始用自己的经历去确认运势的模式，一般来说某些周期或某些牌会特别好，而另外有一些周期或者牌就特别差。他发现这些解读报告对他来说非常有价值。他一次又一次地看到这些报告的效用，现在他对于计算出的每日牌极其信赖。在这一篇中我会和你分享这内容，告诉你怎样用一些简单的步骤去使用它。我们先从计算每日牌开始，再看流年牌阵中的牌，所有这些牌的计算都遵循同样的规则和步骤。

可能大部分人都注意到了自己的每日牌。这个每日牌不同于在《生命之书》中做周解读用的每日牌。它更近似于那本书中流年牌阵中的牌。事实上每日牌的计算来自于和流年牌阵相同的牌阵中，因此从很多方面来说，两者是一样的。每一年都包含 7 个周期，每一周也包含 7 个周期（天），我们计算出的每日牌来源于每周牌阵，这和《生命之书》中流年牌阵里的牌是同样的道理。在我们的一生中周数比年数多得多，因此要想找出"当前周"要比找出"当前年份"更复杂一些。另外，如果想用纸牌做出有效的规划，你不仅要看生命牌在那一天的直接牌（在我的网站上可免费查询），还要看生命牌的垂直牌，以及行星守护牌的直接牌和垂直牌。如果你是一个太阳天蝎，每天有 6 张牌需要考虑。但大部分人是 4 张牌。在海王星日，每个牌阵通常只有一张牌，也可能是两张。但其他的日子每个牌阵都是两张牌。在这里至关重要的一点是，如果你真的打算用纸牌做每日计划，就需要使用所有的牌。我会提供给你一个简单的方法得到这些牌，你能通过我的软件程序 Book of Destiny 获得一份报告，这份报告甚至是我的网站上不提供的。即使是 Destiny Calendar 也不能显示行星守护牌相关的周期牌。它只能提供生命牌的牌阵，但能体现直接牌和垂直牌，还有为期一周的所有牌。近来我在开发 Destiny Planner 小程序，它会让所有的查询都变得很简单。但目前来说你还是要用这个方法得到所有的每日牌和每周牌。

水星周期 1994/7/3		金星周期 1994/8/24		火星周期 1994/10/15		木星周期 1994/12/6		土星周期 1995/1/28		天王星周期 1995/3/21		海王星周期 1995/5/12	
4♦		5♠		2♠		10♦		8♣		4♥		8♦	
4♣	6♥	5♣	4♣	6♣	2♦	7♣	J♠	8♣	8♣	9♣	6♦	10♣	4♣
9♥		2♥		J♦		9♣		J♣		8♦			
9♥	7♦	2♥	A♣	5♠	4♦	J♦	J♣	4♦	5♥	10♦	4♠		

在我的网站上使用 Free Destiny Reading，或者可以用免费的 Facebook 中的应用程序（Facebook|My Destiny Cards），从你的水星日开始找出一周所有的牌，把这些牌写下来。比如，我出生于一个星期五，那么我出生那周所有的牌如下所示：

水星日	金星日	火星日	木星日	土星日	天王星日	海王星日
4♦	5♠	2♠	10♦	8♣	4♥	8♦

你可以从任何一个星期开始。你需要找到一整周的牌。下一步是用这个清单在你的《生命之书》中查找你生命牌的流年牌阵。你想知道的是生命中的哪一周和你在这个流年中找到的牌相对应。如果你查看我的生命牌 Q♦ 的流年牌阵，会发现这些牌和我 41 岁的牌阵一致。具体做法就是，用这些你找到的牌，从零岁牌阵开始核对，直到找到对上的那一年。这已经向你展示了一切。现在你知道了自己当前周的牌来自于哪一年的流年牌阵。下一周你转到下一个流年就好。还是举我自己的例子，我下一周的牌会来自于《生命之书》的 42 岁人生牌阵。这个牌阵同时也给了你每一天的垂直牌，你可以在书中查到它。通过 The Book of Destiny 的 Windows 程序可以看到我的行星守护牌在 41 岁流年牌阵的全貌。通过那本书你可以得到所有这些牌，但潜在牌不包含在内。因此，查看我的火星日会看到那一天的直接牌是 2♠，垂直牌是 J♦。既然我已经知道要去什么年纪的流年牌阵中去查找生命牌在当前周对应的牌（41 岁），同样道理，我也能找到自己行星守护牌的当日牌。我的行星守护牌是 A♦，当你查看这张牌在 41 岁的牌阵，就会看到它火星日的直接牌是 K♣，垂直牌是 J♠。使用这种方法，你就能得到自己所有的每日牌。

在此要特别提示：你也可以使用流年牌阵中的冥王星牌、结果牌、环境牌和置换牌，这些牌也同样适用于一周牌阵。但不能在这个流年牌阵中使用长期牌，因为长期牌来自于 7 周牌阵，要在这篇简短的文字中阐述实在是太复杂了。

好的，现在你已经了解自己所有每日牌的影响，做好了开始使用和解读这些牌的准备。你通过使用手边的工具应该可以构建任意日期的列表，就像下面的表格一样。

行星日	火星	评级
生命牌的直接牌	2♠	
生命牌的垂直牌	J♦	
行星守护牌的直接牌	K♣	
行星守护牌的垂直牌	J♠	
日总计评级		

　　你会注意到，在表格中我为评级留出了一些空格。现在我来解释这个方法，在你生命中的任意一天都配给 1～24 这个区间的其中一个数字。这个方法是我创造出来的，我相信这和你们大部分人所经验到的特定日期都很相符。我不喜欢用"好的"或"差的"这样的文字去描述，但实际情况是人们区分一切的时候都会使用诸如此类的说法。结合上下文来说，"好日子"在这里指的就是符合你喜好的日子。比如说，在一个好日子里你会觉得自己很强大或者自我感觉良好，你做所有事都无比顺遂。如果仅仅是为了找到所谓的好日子，你就不需要知道每天的牌阵会出现哪些牌，以及这些牌如何解读。我们要查看的是，对你来说这一天是以积极的方式经验的，还是以消极的方式体会的。这对你为将来的日子做计划会非常有用。首先，用这种方法你很容易能得知未来的日子里你会出现哪些牌。你可以轻松为自己制定出下一个月的计划。这样做能帮你在能量积极正面的日子规划那些重要事件，也可以让你在需要多加小心的日子保持低调。这对一些重要的会面或者其他的重要事项都大有助益。我的客户就是这样使用的，你也能用同样的方法。因此，下一步就是了解每一天的评级。这里会列出一个公式。

每张牌的全天等级值

牌	K	Q	J	10	9	8	7	6	5	4	3	2	1
数值	+10	+8	+7	+10	0	+10	-3	+4	+2	+8	+2	+6	+2

　　上面的表格给出了每日牌阵中每张牌的等级数值，从-3 到 10 不等。数字代表这张牌的正向程度。注意 7 的牌对应的值是-3。这些数值来自于我自己的研究。如果你愿意的话，也欢迎你用自己认为有效的数值替代。比如说，也许你会觉得 9 对应的值应该小于零。但我建议你先以这些数值开始，用这些数值尝试一段时间再改用自己的。你每天会有 2 张牌或者 4 张牌，甚至是 6 张牌。我们大部分人在多数时间都是 4 张牌（生命牌有 2 张当日牌，行星守护

牌有 2 张当日牌），在海王星日只有 2 张牌。天蝎座的人有 6 张当日牌，因为他们有 2 张行星守护牌。在海王星日，狮子座的人可能只有一张当日牌。把这些当日牌对应的等级数值相加，得到一个总值。再看总共有几张当日牌，按照下面牌的张数对应的步骤操作。

牌的数量	1	2	4	6
步骤	总值✖2+2	总值+2	总值➗2+4	总值➗3+6

上表中加上的数值，是为了给生命牌的每日牌增加一些强度。现在你得到了一个总值，这个数值会在 0～24 的区间之内。也会有一些日期的数值不在这个区间之内，而是等于零或者 24。实际上这种情况非常少见。为了保证结果完全精准，你也可以将下面的方法应用于当日牌的等级值，如果当日牌是：

1、你人生牌阵的木星牌，用等级值+3

2、你人生牌阵的金星牌，用等级值+2

3、你人生牌阵的土星牌，用等级值-3（即便土星牌是 8 或 K 也是如此）

4、你人生牌阵的冥王星牌，用等级值-2

5、你的第一张业力牌，用等级值-3

6、你的第二张业力牌，用等级值+3

我发现人生牌阵中的关键牌如果出现在每日牌中，也会对我们产生一定影响。最终得到的每日牌的等级值会很好地向你展示，你经历那一天正面或负面的程度如何。根据下面的等级值，我提出了应用于每一个当日牌的等级对应的标签：

等级值范围	通用标签/解释
0～4	要当心了！这通常是要保持低调的一天
5～8	低——不是特别强大的一天，但也没有那么差
9～11	好——向前冲吧！
12～15	非常好——准备去获得更多成果吧
16～24	极其好——最大化利用这一天达成你最重要的任务吧

在你使用这个等级值一段时间之后，可以根据你个人的经验去调整数值。这是个基本的技能。一旦你掌握了使用方法，就能把它应用于 52 天周期的牌和每年的长期牌。

52 天周期的等级值

每个 52 天对应当前周期的牌会有 2 张、4 张或 6 张，这和每日牌的道理是一样的。你应该已经知道如何找到它们了。把这些周期牌找出来，再使用我在每日牌中建议的——列出它们的等级值，你的每一个周期都会拥有对应的等级值。在做长期规划时这会很好地帮助你。

流年等级值

尽管对你制定计划不会起很大作用，但每一年也有自己的等级值，就像每日、每个 52 天周期一样。不管你是否已经注意到，每年都有会 2 张、4 张或 6 张长期牌。7 年周期的模式就像 7 天周期或 52 天周期的模式，都是以 7 为单位的周期范型。这是纸牌系统的基本分型。要查找你的流年直接长期牌和流年垂直长期牌，需要从 7 年牌阵中获得。在《生命之书》（The Cards of Your Destiny）的 109 页，或者在它的早期版本《Destiny Cards》一书中，都能找到锁定 7 年周期牌的方法。如果你这么做就会获得要用到的所有长期牌，用这些长期牌推导出每一年的等级值。就我个人而言，我不会用流年等级值来做计划，但我想那是可行的。我已经注意到，从物质层面上看，它们精准地描绘出我一年中所经历的趋势。这引出我们以下要谈论的另一个话题。

物质层面与灵性层面

等级值的测算体系实际上是告诉你，当你在物质层面努力的时候会获得更大的成功。如果这些就是你想要了解的，那你已经得到了。你应该清楚，在灵性层面的进步是由相反的牌来衡量的。从灵性意义上讲，7 和 9 是最好的数字，但在物质层面它们是最差的数字。你会发现人生中那些有显著灵性影响的时期，生活会变得异常艰辛，但灵性的进步却是显而易见的。为了完善这个观点我应该说，一旦人们开始用灵性方式去生活，所谓"差"的牌和艰难的时期所带来的恐惧感会大大减少。如果我们不再那么执着于物质上的成功，不管我们发生什么样的状况，身处何种情形，我们的生活都会变得更加幸福和美满。

从灵性角度来说，在你流经的日子中使用等级值的方法，能更好地帮助你适应当下的状况。当你留意到那些非常低落的日子没有影响你的状态，这可能是你不再那么依附于物质层面的表现。我发现我真的很喜欢在一天天过去的日子中观察自己的等级值。很快我就会开发一个 Destiny Planner 小程序用于查询等级值。虽然这个程序还有一些未竟之事，但我自己已经在使用了。目前你拥有了学习和规划物质成功所需的全部工具。祝你好运！

将《爱情之书》运用在商业关系的解读上

我们很多人都有重要的商业合作关系，并且我们想要了解商业关系的更多信息，那么通过《爱情之书》能够获得这些绝妙的信息，以便很好地理解这些关系。这篇文章正是要帮你更好地运用商业合作中的关系。请认真跟随我的脚步，因为我即将从专业层面分享我在做商业关系解读时使用的秘笈。

首先，要知道《爱情之书》上列出的生命牌和生命牌之间的连结适用于任何种类的关系之中，这一点非常重要。所有的关系连结其实就是运作于牌与牌之间的能量流。因此，这些连结可以应用于任何类型的关系中。两个人之间的关系连结越多，这些连结就越能精准描绘出他们之间的关系状况如何。这意味着任何在一起很久的两个人，不管他们原本的关系如何，都能在《爱情之书》中找到描述他们相互关系的连结。《爱情之书》中关于关系连结的解释是为了那些爱情关系中的人所写。乍看之下那些描述是在谈论性、爱情和一些别的东西，不适于商业关系或其他关系。但如果你理解了这些连结的真正含义，你就会开始把它们应用于任何关系连结中。比如，你和你的伴侣有一个火星连结，你们之间会有很多的性能量，在约会或一起做事情的时候也容易发生争执。同样的连结如果出现在你和共同工作的人之间就不再是性能量的连结，而是会表现在与竞争有关的方面，可能是一些争斗，而这斗争情绪必定会被激化演变成实际的行为。因此同样的连结在不同种类的关系中会以近乎相同的方式表现出来，也有一些例外。但无论如何我都会仔细查看，因为某些方面会对选择商业伙伴有很大的帮助。

商业关系中的日月连结

这个连结会让关系中的两个人感到很轻松，这会对他们之间顺畅的沟通有极大的帮助。一般来说，这个连结会旋即帮助他们创造出很好的关系，通常让两个人相处得非常愉快。尽管如此，我们务必要记得日月连结中的能量流向，因为在日月连结中会有一个人是引导者，另一个人是支持者/追随者。要想使这个连结发挥到最佳状态，作为月亮牌的那个人通常要比另一个人的位置低一些，要成为一个支持性的角色，而另一个人我称他为太阳人，必定是关系中做决策的人和领导者。如果我是你的月亮牌人，而我并不想做你的支持者，或者我坚持要做领导者，那么这个连结就无法显化它全部的优势。要牢记这一点。而有些生命牌不适合充当支持者的角色。它们一般是 K、A 和 10 的牌，因为这些牌通常会居于领导者或决策者的位置。所以他们不愿意为其他人扮演支持者的角色。当然也不总是这样，但这是大部分情况都适用的通则。

商业关系中的金星连结

金星连结在任何类型的关系中都非常好，并且总能增加两个人和谐共处的几率。金星守护着金牛座，也和金钱紧密相关。拥有金星连结的人通常会有相同或相似的价值观。这样的连结会让他们在一起工作很容易，因为他们做事情经常会有同样的出发点。双向的金星连结总是最好的连结，因为这能量的流向是双向的。关系的双方能同时接收到金星能量。

商业关系中的火星连结

火星连结是需要格外小心和注意的。有时候它展现出非常好的一面，也有时候会表现得很糟糕。火星连结的问题在于，作为人类我们容易因为自己不喜欢的事而责备我们的火星牌人。这只是火星的本质使然，火星是"战神"，制造与其他人之间的战争。战争总是含有报应的意义，这代表某种形式的责罚。作为远没有达到完美状态的人类，我们会因为很多事去责备自己的火星牌人。但火星连结的人也不总是发生争斗。火星能量会激发他们去努力工作。如果两个人为一个共同的目标奋力工作，火星能量就能得到很好的发挥和施展，不再展现出负面的效应。因此我会采用这个原则：如果两个人之间有 2 个或者不足 2 个火星连结就不会产生太大问题。倘若火星连结达到 3 个或 3 个以上，两人发生争执的几率就大大增加了。如若他们之间还有土星连结，两人之间的紧张度就更夸张了。火星连结和土星连结的组合相当有风险。就像三硝酸甘油脂一样。当你使劲摇晃它时就会发生剧烈反应。稍后我再讲土星，现在你只需要记住土星连结和火星连结的组合会造成极为挑战的状况。单就个人关系来说，火星/土星的组合会产生各种形式的责难。我曾经见过两个商业合作伙伴之间存在 3 个火星连结和 3 个土星连结。就像埋了一颗定时炸弹，不知道在哪一刻就会引爆。

关于火星连结我要说的最后一点是，当一段关系因为存在大量的火星能量而终结，通常会结束得很难看。这也是因为我们容易把太多的责备加诸于我们的火星牌人。既然所有的关系或早或晚都会结束，先考虑这一点是明智的做法。迁怒和怪罪他人是我们这个社会最普遍的负面能量。

我想我也应该谈论一些关于火星的好处，因为它也有好的方面，更不用说大部分关系中都存在至少一个火星连结的事实。火星连结中的人被激发后会创造出更多东西，完成更多事情。这在工作关系中非常重要，你的成就可能依赖于你能干多少事情。请确保你能为和你有这样连结的人之间的火星能量找到有建设性的、积极正面的出口，这会让你的公司卓有成效，以此作为对你的奖励。

商业关系中的木星连结和宇宙回报连结

　　木星连结之于商业关系就好比日月连结之于婚姻关系。因为开展商业活动的目的正是为了赚钱，木星连结对这样的关系来说是最好的连结。木星，原本就具有财富的属性。拥有多个木星连结的人在一起会赚到更多的钱。木星连结就像大部分连结一样，都有能量的流向。作为接收木星能量的一方很可能是收获最多的人。出于这个原因，商业合作伙伴之间最好有双向的木星连结，或者木星连结的数量超过一个，彼此是对方的木星牌。木星连结在任何关系中都是百利而无一害。从哲学角度来说，灵性牌阵的木星连结代表深层次的链接。这在商业合作关系中非常有意义，他们在共同的工作中会有一种强烈的使命感。

　　宇宙回报连结发生在商业关系或同事之间时很像是木星连结。它也同样能带来成功的影响，从某种意义上来说，如果是出于灵性意图的工作关系，这连结就更加重要。宇宙回报连结会随着时间的推移慢慢显化出益处，所以宇宙回报连结是适合于长期相处的理想关系。

商业关系中的土星连结和宇宙功课连结

　　在商业合伙人或其他商业关系中，土星连结是非常重要的。我们的土星牌人或宇宙功课牌人可以成为我们很好的提醒者，提示我们在工作上该怎么做、要做什么。土星在占星上守护第十宫，这一宫位代表事业和我们在生活中的角色。土星是一位老师，是一位父亲，一位监工或者说一个权威人物。出于这样的原因，在商业关系中当一个人的老板或领导是他的土星牌人，这连结会很好地发挥作用，但如果反过来就没有这样的效果了。如果与你共事的人是你的土星牌人，他们能看到你所有的错误，并且清楚你应该如何改进和提升自己。倘若你能把对方当做一个权威人士来尊重，一个值得你学习的人来看待，这将会是非常正面积极的影响。他们必定会提供给你建设性的批评和颇有帮助的建议。但是，如果你不尊重他们或者不需要他们的建议，这土星关系会是毁灭性的，并且会带来很多矛盾和冲突。

　　如果你自己就是一位老板或管理者，最好让为你工作的人处于你的掌管之下。这样的话，你是他们的土星牌人会很好。作为他们的土星人，你能看到他们真正的样子并且为他们的工作做出中肯的评估。成为他人的土星牌会让你以这种方式获得特殊的优势。因为你会看到他们真实的一面，能够更加高效地处理和他们的关系。

　　如果关系中存在 3 个或 3 个以上的土星连结，这对关系具有很大的破坏性。一般来说，当那些被吸引到一起工作的两个人之间有 3 个或更多土星连结，那么他们中的一个人或双方都有很强的自我价值感或自我形象认同。不接纳自己的人和暗自认为自己有一些问题的人会像磁铁一样吸引土星关系到他们的生命中。他们之所以会吸引土星关系是因为想要进一步看清自己对自己的弃绝。他们借由自己的土星牌人反射出对自己的评判，以便对这自我评判变得更有觉知，最终学会爱自己。但是在学习这些功课的过程中，他们会遇到很多的冲突，有时候甚至是毁灭性的行为。从商业层面来说，在你和你的同事或老板的关系中创造出这样的相互影响是很不明智的。这关系的确会提供很有用的灵性意图，但对商业的成功却是毫无帮助。

我们再来看一下关系连结中的土星/火星组合。这可能是所有组合中最具毁灭性的，会做出"清除异党"的举动。

灵性牌阵的土星连结不会表现出那么多负面和消极面。但这功课的学习也是少不了的，通常会在潜意识层面去学习。如果一个人出现我们灵性牌阵的土星牌位置，他作为一个提醒者去提示我们能变得更成功。他们不会直接指出我们哪里做得不妥当或是指出我们的其他问题。

宇宙功课连结表现得很像土星连结，但我们的宇宙功课牌人通常不会像土星牌人那样感觉不得不去批评我们。这倒是很像灵性牌阵的土星连结。但宇宙功课牌人是我们在宏大的层面上完成对社会的责任所要成为的标杆。他们提供给我们一睹自己所要成为之人的机会，我们就是要成为那种能在更大范围帮助其他同胞的人。

商业关系中的天王星连结

总的来说，商业关系中的天王星连结是好的，即使是一个重要的意外也不会产生太多影响。从你的角度来看，你的天王星人一般都很勇敢，他们总是漂泊不定或者出其不意。记住这只是从你的角度来看，因为他们是你的天王星牌。有些时候当你需要他们在特定的时间去某个地方，他们很可能不会出现。当你的期待降到最低，他们又会在你已经做好计划安排时给你来点突然袭击，让你既惊喜又不安。然而他们并不是有意为之，不管你怎么努力尝试，你很可能最后会和你的天王星牌人在一起。但对于商业活动中的往来，你的成功非常依赖于那些在确定的时间或地点出现的人，最好还是避免和你的天王星牌人合作。你能从天王星连结的关系中获得很多灵性上的学习，比如怎样放下对他人的期待，但这关系不会在赚钱方面给你太多帮助。除去这一点，天王星关系能促成很好的友谊。

商业关系中的海王星连结

海王星连结在商业关系中是需要特别当心的连结，在所有商业事务的处理中都是如此。之所以要小心是因为海王星能量含有欺骗性或迷惑性。在很多典型的欺诈案例中都有强烈的海王星连结存在。我的一位个案被他的海王星人——一个生命牌 J♦ 的男人骗走了 1 千万美元。海王星人的问题在于，他们有能力说一些我们想听的话，而且会从潜意识层面吸引我们。在亲密关系中这连结也会以同样的方式奏效，但在商业关系中要考虑到人们渴望获得利益的刺激。事实上所有参与商业往来的人都是为了赚钱。不管你认为他们的动机是什么，他们就是要赚钱的。当你遇到自己的海王星人，你会更容易受蒙骗。你很容易相信他们告诉你的，相比真正的结果你会更信任他们口头的承诺。你也暗自希望从他们身上获得一些什么，但海王星的能量笼罩着你，使你更倾向于相信自己能帮助他们走出困境，实际上他们正在剥削和掠夺你。当骗局败露，这样的关系总会以惨败结束。并非所有的海王星关系都会以这种方式结束，但当你和容易欺骗你的人打交道时要格外当心，就像我的个案遇到的情况一样。当你的海王星牌是杰克 J、5 或 3 的牌时也要特别留意。他们会即刻感觉到自己凌驾于你之上的权力，他们会比其他牌的人更有可能去利用你。

商业关系中的冥王星连结

冥王星连结很像火星连结，但比火星连结的紧张度更强。火星连结会让人很恼怒。而冥王星连结则会让你心烦意乱或者感觉到自身受到了威胁，甚至想"杀"了你的冥王星人。并不是我们的冥王星牌人有意让我们烦乱。但从能量的角度来说，他们会刺激我们最深层的自我毁灭和自我憎恨的冲动。现在提到的这种表现是冥王星关系中最极致的负面展现，但这也是让我们开始觉察到它的途径。如果在两人的关系中同时还存在土星连结和火星连结，这种表现会格外确凿。它会产生这样的效果：土星相当于批评。火星相当于责备。冥王星相当于复仇。所以你明白了吧？这样的连结组合非常危险，要尽量避免。

但是从正面的角度来看，我们选择自己的冥王星人作为工作伙伴，因为我们很喜欢他们的做派并且想要变得更像他们。我们的冥王星人的行为表现就是我们想要成为的榜样。这是冥王星关系中一个正面展现的例子。

商业关系中的业力牌连结、相同生命牌连结和其他连结

相同生命牌连结和业力牌连结都具有强烈的镜像效应。换句话说，关系中的两个人都能从对方身上看到他们个性特征的一些反射。这个连结麻烦的地方在于，大部分时候这种关系中的一方或者双方会把一些个性特征排除掉，他们否认这些特征的存在。比如，我见过数不清的已婚 3♣ 男性的例子，这些人有极度的占有欲和控制欲。他们把婚姻的誓言奉为生活的信条，这对他们来说意味着一切。但事实上这样的男性有强烈的渴望想去鬼混。不管出于何种原因，他们把自己部分的个性特征摒弃掉，完全忽视这个部分。可能他们的父亲曾经到处拈花惹草，对母亲不忠，他们想成为和父亲完全不同的人。这些例子是关于一个人彻底否认他们的牌与生俱来的一些特质表现。他们就是最有可能吸引一面镜子来到身边的人。可能他们会吸引一个 5♦ 的女朋友（3♣ 的第一张业力牌是 5♦）。无论如何，宇宙的运作方式就是这样，我们总会吸引自己最爱的和最想规避的，也是出于这个原因我们通常会发现很多人和自己相同生命牌或有业力牌连结的人在一起。

这并不是一个很重大的问题，但我还是不会把这样的连结作为工作关系的第一选择，因为这种连结会制造大量的压力。关系中有太多的混乱和戏剧性，这对商业活动的成功会起反作用。在业力牌连结中这种紧张和压力感会加倍甚至是三倍之多。这是因为关系中业力债务方面的展现。起初，雇佣你的第二张业力牌人为你工作看似是个好主意。毕竟，从能量的流向上说这张牌欠你的，对吗？但如果你进一步观察会发现你是他们的第一张业力牌人，这意味着你的存在提醒了他们不怎么喜欢自己的那部分内在特质。这增加了他们生你气的几率。选择第二张业力牌人从某种意义上来说可能是个好主意，但我也会核实是否还存在火星连结。比如，我的第二张业力牌是 9♦。在灵性牌阵中我的生命牌 Q♦ 的火星牌恰好也是 9♦。因此，我发现尽管我不是有意的，甚至我特意不去惹怒他们，我却能让 9♦ 的人很气恼。一般情况下，我会在那些经常打交道的关系中避免这样的连结组合。业力表亲连结不存在什么问题，因为两张牌没有镜像关系。

现在你已经拥有一些工具，供你在商业合作中做出更明智的选择。最后要说的一点是，很多时候你对自己的工作伙伴没有什么选择权。可能你是一名公司职员，公司会决定你和谁一起工作。但不管你在一个领域能拥有多大的掌控权，了解这些信息都具有重大的意义。

人生的木星周期 39～52 岁

从纸牌系统中看我们的人生，可以将我们的一生划分成很多个周期。有 52 天周期、流年周期、7 年周期和 13 年周期。在 13 年周期中我们会经历人生牌阵中的牌，每张牌统御 13 年的长度。从一个周期过渡到下一周期时会变得非常夸张和戏剧性。拿 A♦ 来举例，第一个 13 年被 Q♦ 掌管，这代表他们人格形成阶段有一位强大的母亲角色。但进入金星时期或者说第二个 13 年周期他们有一张 5♥牌。这个 5♥会带来很多住所上的改变或旅行，比在第一个 13 年周期时多得多。

木星周期开始于 39 岁，一直持续到 52 岁结束，然后进入人生的 13 年土星周期。从很多方面来说，这都是我们人生中最被祝福的时期。

木星周期非常重要是基于两点原因。第一，因为它使我们进入了人生的钻石♦周期。如果我们把每个花色代表我们的一个人生周期，从红心♥花色开始，♥花色代表童年时期。然后是梅花♣花色，它代表我们求学和受教育的时期。再进入方片♦花色，在这个时期我们创造资源和收集生命经验。这是一个财富积累的时期。并不是说我们在人生的其他周期里不会积累财富，但在木星周期一切都会被突出和扩大。在纸牌系统中，木星代表拥有很多财富、金钱还有奥尔尼·里奇蒙提到过的"金钱利益"。当然木星的意义远不止这些，但我们必须承认这是我们生活的一个主要动力。

第二个重要的方面是，木星周期通常是我们真正开始为了生命愿景而工作的时期。在木星周期我们最有可能找到对自己来说最好的工作，这时候成功会来得自然又容易。因此，把这两个方面结合在一起我们就有机会开心地去做一些自然到来的工作，在做这些事时会赚到很多钱，并且开始体验到丰盛是我们与生俱来的一部分。

你人生牌阵的木星牌会是个显著的标识，告诉你怎样做才能获得这样的工作和丰盛。仔细研究这张牌以获得最大程度的洞见和理解，这做法对你来说非常明智。运用这张牌最重要的一个方面是调频自己与之合一。我发现自从我开始让这些牌在生活中发挥作用，我就获得了源源不断的成功，因为我借由这些能量的影响规划了自己的生活。对我们的木星牌保持觉知可以让我们为木星周期做好准备，以便充分利用这些能量的影响。如果你目前已经处于木星周期之中，调整你的路线来更大程度地运用这些利好的影响也为时不晚。

在你的解读分析中使用垂直木星牌也非常有帮助。在《生命之书》和《爱情之书》中没有列出垂直牌的列表。但如果你查看《生命之书》中零岁牌阵或者 90 岁牌阵就会找到它。举例来说，如果你的生命牌是 5♠，你的木星牌就是 2♥和 9♦。这两张牌都会发生作用，但它们之间不一定会相互关联或相互限制。我要表达的意思用这个例子来说明，2♥会带来贯穿整个木星周期的重要影响。这自然意味着要把相当多的注意力放在亲密关系或其他亲近的关系、风流韵事、孩子等方面。但 9♦说明这个时期会有大量的金钱流失和财务上的失望。

其他的例子

Q♣的木星牌是 A♠和 3♣。A♠和它前面统治 13 年周期的 3♦有很大的不同。前面的 13 年周期中有很多不确定性，而且可能尝试各种职业，而现在这个周期中他们对特定的目标会非常直接和聚焦。对很多 Q♣人来说，这个时期他们的工作可能会集中在与灵性相关的领域，比如纸牌或占星。A♠作为守护灵性科学的先知之牌通常意味着和灵性科学相关。3♣带来一种自我表达的能量启发，如写作、公众演讲和其他以沟通为基础的表达形式。有一些 Q♣人在这个人生阶段会出版书籍。

生命牌 4♠的人在 39 岁时会发生一个有趣的转变，因为他们从 8♠掌管的时期来到了 A♥掌管的时期。到了 39 岁，4♠人已经经历了一些很好的影响，他们天生就很成功，而且非常地外在导向。水星位置的 10♥、金星位置的 10♦以及火星位置的 8♠都是成就之牌，被他人认可的名誉之牌。这时他们进入了 A♥所主导的木星时期。A♥是整副牌中最内在导向的牌之一。这是一张自我省察和自我探索之牌。对众多 4♠人来说，这标志着他们探索内在和重新评估自己优势的时期。到了这个时点，摆在每个人面前的一个问题就是要去选择他们生命中最重要的是什么。很多人在这个时期会拥有自己的孩子或者去追求完美的爱情。A♥也代表一段风流韵事，但它真正的意义是找寻让我们的内心感到幸福的东西。这个时期的工作可能涉及养育孩子或者无私地帮助他人。木星牌 A♥通常解释为有意愿帮助那些处于困境中的人，特别是在经济方面。

4♠人的另一张木星牌是 4♦。这张牌告诉我们，在这个周期内他们的经济状况运行良好，4♦是一张财务保障之牌。这张牌也代表从事理财规划师或融资顾问的工作。

3♣人到了 39 岁也会发生有意思的变化，他们从 7♣主导的时期来到了 5♦主导的时期。更有趣的是，5♦还是他们的第一张业力牌。业力牌和木星牌是同一张牌，这种情况的牌除了 3♣之外还有一张。你能找到是哪张吗？这代表了一种特殊的情形，业力牌和木星牌相同，这种情况带来了业力上的缓解。第一张业力牌更大程度上是一种负面的影响，代表我们必须要去处理的来自过去生世的负面业力，也许你会认为 3♣人或 K♣人（和 3♣具有同样情形的牌）在木星周期会有很差劲的木星相位。而通常事实刚好相反。这两张牌的人在人生的木星周期会和木星能量真正对接，并且从中认识到木星带来的极大益处。一般来说，3♣人由于第一张业力牌 5♦会很为自己的财务担忧。但在木星周期他们会在旅行中、销售或促销工作中赚到很多钱，这些都是 5♦的积极面。这也是 3♣人转变人生态度和更热爱生活的绝佳时机。他们在这个时期最明显的特征就是会有大量的旅行和变化，既包括住所上的变迁，也涵盖亲密关系的改变。3♣从一开始就是不适婚的牌，因此大部分情况下亲密关系的改变应该不会太过于背离他们的日常节奏。

　　我个人的生活在向木星周期过渡时就发生了戏剧性的翻转。作为一个生命牌 Q♦ 的人，我有 26 年的时间处于两个 3 的统御之下。一个是 3♣，接下来的一个是 3♠。在这 26 年中我大概尝试过 20 多种职业。我是一个探索者，找寻着能让我完全投入其中的工作。进入木星周期我拥有了一张 9♥，它也是半固定牌的一张。9♥代表帮助他人，奉献爱，也表示在爱情和友情相关的事上损失大量的时间、精力和金钱。在经历过那两个 3 代表的充满不确定感的时期之后，9♥带来的稳定性影响对于我"发现"灵性使命是一份令人欢欣鼓舞的助力。我的人生与灵性使命的方向一致了。我木星周期的垂直牌是 3♥，情感上的不确定性仍然是我必须要应付的一大课题。但在木星周期这个问题不再那么严重，它更多地成为我展现才华获得众人目光的能力。9♥也被称为"愿望满足之牌"（参看塔罗牌中的圣杯 9）。我的很多愿望都已经实现了，因为我正处于这个时期的一半，我期待更多的愿望会得到满足。对我来说最大的变化还是找到自己的人生使命，开始为我自己向往的事业工作。

　　我邀请你们每一个人去探索自己人生牌阵的木星牌。不管你正处于木星周期，还是已经度过了这个时期，或者正看着这个周期的脚步迫近，通过研究木星牌的含义可以为你的人生获得很多洞见。

冥王星牌/结果牌的深层含义

　　我们流年牌阵、7 年牌阵和人生牌阵中的冥王星牌和结果牌通常代表我们必须要做出的抉择。从这个新的视角观察冥王星牌和结果牌，我们能洞察和了解关于自己的很多东西，还会获知在这个周期中我们会经历些什么。2♦的人生牌阵可以作为一个经典的案例。在他们的人生牌阵中，冥王星牌是 A♥，结果牌是 A♦，A♦同时也是他们的第二张业力牌，从能量流向上来说是欠他们的一方。作为 2♦ 人，就像他们的业力牌 A♦ 人一样，经常要在爱情（A♥）和事业（A♦）之间做出选择。由 A♥代表的对感情的渴望通常会占据他们人生的各种情境。A♥表示，2♦人的内在冲突会造成亲密关系中的矛盾。因此对一个 2♦ 人来说，按照他们想要的方式被爱并非易事。他们对爱的渴望确实而强烈。但情感上的顾虑和害怕被抛弃的恐惧通常会阻碍感情的自然表达和满足。与他们对爱的渴望一较高下的还有另一种渴望，那就是对金钱和事业的渴望。A♦是一张事业之牌。在这种支配和影响之下，金钱、商业和财务上的成功对他们都很重要。2♦人能同时拥有这两者吗？这是他们经常要面对的问题。

冥王星牌和火星牌紧密相关，结果牌和木星牌也是一样，冥王星牌和结果牌都是它们各自对应牌的高八度版本。我们的冥王星牌代表我们所拥有的一种强烈的激情。我们会发现自己的冥王星牌代表着我们对某些东西（某些人）的渴望，就像天蝎座的人渴望得到金钱和性。还记得天蝎座被冥王星和火星守护吧。当我们想到冥王星，就会联想到激情和渴望。因此，不管它代表什么，我们很多冲动和热情的本质都和自己的冥王星牌紧紧相系。但总的来说，火星和冥王星能量都具有自我毁灭的倾向，就是本质上的毁灭性。尽管如此，结果牌是一张具有木星能量影响的牌，在这股影响之下很多好东西会轻松地流向我们或者经由我们产生，还会带来灵性上的和谐。有趣的是，我们必须真正穿越激情（冥王星）才能到达结果牌所代表的宁静和谐之境。因此，在这个运作方式中，冥王星牌和结果牌代表在激情（物质）和灵性之间做出选择。

作为 Q◆人，我在自己的人生牌阵中也看到了同样的运作机制。我的冥王星牌 J♣代表我天性中所有的杰克特质。是的，从很多方面来看它非常有创造力和朝气。但它也精于算计，在思想上很固执，有时候很不成熟。在某些情况下我也被认为有些不诚实。我的结果牌 9◆代表我本性中的灵性侧面，这是我的另一个特征侧写。这个特质与物质层面不相关，从很多方面来说这是一种慷慨和博爱的品质。这两个方面的特征在我之内抗衡，争夺对我个性的控制权。你的内在有哪些由冥王星牌和结果牌代表的特质在相互抗衡呢？也看一下你当前所处年份的牌阵中出现的这两张牌之间一较高下的信息。这两张牌会告诉你，你的渴望（冥王星牌）是什么？你在灵性层面的追求（结果牌）是什么？从这个角度看待时，这些牌会变得非常有趣。我们还可以查看 7 年周期的冥王星牌和结果牌，以及每周的冥王星牌和结果牌。

内在的冲突终归会导致外在的矛盾。不管我们去往哪里或者如何改变我们的外部环境，内在的冲突会一直跟随着我们。冥王星牌和结果牌提供给我们一窥内在的机会，让我们看到内在到底发生了什么。这会帮助我们做出我们心之所属的选择。

置换牌关系

近来我注意到一种特殊的模式，我认为这模式可以应用于所有的牌，并且能解释我们一年又一年经历的事件。这模式与我们的流年置换牌以及我们的亲密关系有关。这个理论阐释了为什么我们特定的年份会吸引一些特定的牌，这些逐年的变化又是怎么发生的。

我们所说的流年置换牌，是指我们的生命牌在流年牌阵中占据了其他牌的位置，在人生牌阵这个位置上真正的主人就是我们的流年置换牌。在《生命之书》的 48 页对置换牌进行了说明。我们流年的置换牌就是我们的生命牌替换的那张牌，或者说生命牌置于它位置之上的那张牌。举例来说，如果你今年的置换牌是 4♣，你的生命牌就会待在大太阳牌阵 4♣原本的位置上。查看《生命之书》的 48 页你会发现，它处在人生牌阵的火星行/木星列（每一行或列的牌都标以统御该行列的行星）。

所以从本质上讲，这一年你置换了 4♣。在继续阅读这篇文章之前，请先看一下你今年的置换牌。要记得 3 张固定牌和 4 张半固定牌没有置换牌。如果你是 2♥、A♣、8♣、7♦、9♥、J♥或 K♠中的一张牌，在不是狮子座的情况下可以使用你行星守护牌的置换牌（关于这一点更多的内容请阅读《生命之书》的第 15 页，环境牌和置换牌的说明）。

现在这里要讲的就是事情的真相：当我们置换一张牌时，事实上就好像我们这一年在某种形式上成为了这张牌。一般来说，置换牌带来的是消极的影响，它代表这一年中我们必须为这张牌付出，《生命之书》对于置换牌的说明反应了这一点。当我们的牌在流年中坐落在牌阵的特定位置时，我们可能会发现我们吸引到一些平时不会吸引的人来到生命里，这些人是被我们置换的那张牌吸引来的。比如说，某一年你置换这张 4♣，你可能发现自己结识了2♦人和 6♥人，或者和这些人发生了某些关联，因为这两张牌在人生牌阵中位于 4♣的左右两边，它们和 4♣之间都有日月连结。你的生命牌也许和 2♦、6♥没有显著的连结，但由于你今年占据了 4♣的位置，你发现和这些牌的人会发展出重要的关系。同样的原则也适用于4♣的金星牌 J♠，由于是 4♣的金星牌，你可能会和生命牌或守护牌 J♠的人发展出金星关系。这个理论解释了一些关系的短暂性——人们如何在一起建立了重要的关系，这关系又如何在 1～2 年之内结束了。请你查看一下自己过去这些年的置换牌，看看当时是否与那些牌产生了重要的关联。

运用纸牌的同步性锁定流年中大事件的日期

每一年我们都会有流年长期牌、环境牌、置换牌或冥王星牌。单从这些位置来看，在当前年份还无法清晰地了解这些牌会对我们产生什么样的实际影响。当我们回看上一年的时候经常会说，"是的，那些牌完全描述了我一年的状况。"但事实上这一年是由很多的事件构成，这些事件发生在一些特定的月份、星期和日期。而有些特别的事件会更加让我们认识到这些统御全年的牌的影响力。问题是基于所有的可能性，我们如何预测这些统御全年的牌所代表的事件具体发生在一年中的什么时候，举例来说，在你的某个流年当中可能有一张 9♦作为你全年的长期牌，但这一年的什么时候你会经历 9♦代表的事件呢？我已经发现一种方法锁定这个时期，我称之为"纸牌的同步性"。

303

纸牌的同步性

这个现象的一个简单的例子是，你某个行星周期的牌与长期牌或其他统御全年的牌相同。因为长期牌来自于和流年牌阵完全不同的牌阵，所以行星周期的牌与长期牌一样的情况很常见。我们来看第一个例子。A♥作为长期牌时，它同时也是直接火星牌。一个生命牌 7♥的人很可能在火星时期建立一段强大的关系，这关系会成为他一整年的主题（长期牌）。这张牌也可能只是代表一个 7♣女性在这一年会生孩子。这种情况也可能出现在你的环境牌或置换牌。环境牌或置换牌可能和你的行星周期的某张牌一致。比如说，你的置换牌是 Q♥，同一年你的木星周期牌也是 Q♥。这个时候，你可能会经历和 Q♥相关的事件，诸如结婚、建立性关系，而且最有可能发生在木星周期中。由于这种同步性没有出现出每一个流年中，在没有同步性可参考的时候我们需要一些其他的方法。

纸牌同步性的例子

例 1

生命牌 7♥　年龄 40 岁

水	金	火	木	土	天	海	长期	冥/结果	环境	置换
J♠	10♦	A♥	K♠	8♠	A♣	6♣	A♥	7♣/J♣	5♦	6♠
2♣	3♥	K♣	Q♣	8♥	4♦					

例 2

生命牌 7♣　年龄 52 岁

水	金	火	木	土	天	海	长期	冥/结果	环境	置换
7♥	5♦	K♥	5♣	9♥	9♣	2♣	5♣	10♠/6♥	9♣	A♦
8♣	2♥	8♠	5♠	4♣	2♣					

生命牌 7♣　年龄 7 岁（7 年周期：49～55 岁）

水	金	火	木	土	天	海	长期	冥/结果	环境	置换
7♥	5♦	K♥	5♣	7♦	9♣	2♣	K♠	10♠/6♥	9♣	A♦
8♣	A♣	8♠	5♠	4♣	2♣					

生命牌 7♣的人，处在一年中的第 40 周，行星年是天王星年

关键之年——一个重要的纸牌同步性

另一个关于上述原则非常有说服力的例子出现在 52 岁。这个特殊的纸牌同步性是整个人生最重要的一次同步，这也是我为什么叫它关键之年的原因。在 52 岁这一年，我们全年的牌阵恰好和我们所在的 7 年周期牌阵相吻合。如果你把自己的 52 岁牌阵和 7 岁牌阵做比较，就会明白我的意思。也有些小的例外，比如半固定牌每过一年会两两交换位置，除了这个和长期牌，其他牌在两个牌阵中都是一致的。7 岁牌阵也是 49～55 岁的 7 年牌阵。阅读《生命之书》109 页的章节你会了解更多如何找到 7 年牌阵的内容。52 岁牌阵很可能是我们经历的最重要的流年牌阵了，一部分原因就是那一年牌的同步性。还有一个原因是，那是 7 年周期中的木星年，一整年都备受祝福。我研究的个案越多，越能确信到了这个年纪几乎可以说我们的生命达到了顶峰。在这个被祝福的年份，我们被加冕还是被声讨取决于这一年之前以及这一年之间我们做出的选择。

个人每日牌、每周牌和每 7 周牌

对个人每日牌、每周牌和每 7 周牌的探索为纸牌同步性研究开启了一个完全崭新的领域。这些公式可以计算出每日牌、每周牌和每 7 周牌。但这些公式对一般人来说都太复杂了，在没有外力帮助的情况下很难利用它们来计算。我们的软件"命运之路"和"生命之书专业版"，都能计算出较短周期的牌。当我们使用较短周期的牌阵时，纸牌同步性会出现得很频繁。而我们的一周牌阵或者 7 周牌阵与流年牌阵完全吻合的同步性则会时常出现，就像我们在关键之年经历的一样。

我曾经亲身体验过每周牌阵和流年牌阵一致的情况。我出生于 1953 年 7 月 3 日，当时 46 岁，正处于土星周期的第二周（2000 年 2 月 4 日～10 日）。在那个星期中，我经历了人生的重大转变。2000 年 2 月 8 日是我的土星日，我这一天的牌和流年牌阵中的土星牌一样。我的确度过了颇有挑战的一周，因为这个同步性发生的时候我已经注意到了，所以这一周我非常小心。不用说，我在这周真的经历了 J♥ 和 10♣ 所对应的土星课题，特别是在个人土星日那一天。

顺便说一句，由于这些牌阵的计算方式，每个人在同样的年纪都会遇到这样的情况。我的意思是当你处于 46 岁的 52 天土星时期的第二周时，你那一周的牌就和那一年流年牌阵的牌吻合，而我也一样，当我处在那个年纪的那个周期和日子时，我的周牌阵与流年牌阵的牌也同样吻合。

使用这些计算出来的每日牌阵、每周牌阵和每 7 周牌阵会产生很多同步性的情况。先前列举的是个很典型的例子，但其实还有很多每周牌阵、每 7 周牌阵与流年牌阵一致的例子。这很可能会锁定这些我们统御全年的牌所代表的事件发生的具体时间。

第二个例子从多方面例证了我们在此讨论的纸牌同步性。首先，展示了 7 年牌阵、流年牌阵和每周牌阵包含了完全相同的牌。我猜你能想象出 7♣人在 52 岁的第 40 周会非常重要。这正好落在他们的天王星时期。请注意每个牌阵中的长期牌是不一样的，还有半固定牌在两个牌阵中是如何交换位置的。下一步请注意，这两个牌阵的直接天王星牌和环境牌是相同的。9♣对一整年都有影响，而 9♣所统御特定时期的影响会显化得更强烈。最后再来看一下，长期牌 5♣也是直接木星牌，这又是一个流年长期牌和行星周期牌发生同步的情况。

如果你已经阅读到这里，并且对探索同步性很感兴趣，我就要对那些还没有使用我们的命运之路软件的人给出报价了，它一般卖 149 美元，但直到我们的 5 月新版推出，你都可以用 99 美元的价格得到它。当你订购的时候一定要提到这篇文章，这样就能享受折扣了。而且，如果你愿意的话，可以在我们的网站直接下载和快速安装。在你购买之前也许你想在我们的网站阅读一下它的相关内容，看看这个软件到底能做什么，探索一下它的各种特性。

跟随每年潜在牌

如果你能从流年中的每个行星周期获得更多的信息难道不是很棒吗？如果能以一种更详细的方式锁定这一年中特定的事情或人所扮演的角色不是很酷吗？如果你掌握了解读流年的方法，并且已经按照这个方法使用了一段时间，你就要准备为你的流年解读添加一个新的内容了，这个内容真的可以就每个周期发生的事打开你的视野。那就是查找和关注一年中每个行星周期的潜在牌。

潜在牌能做些什么

潜在牌能提供给你关于每个行星周期非常有价值的信息。它们通常代表影响你的能量背景，而且一般是你意识不到的那种影响。有时候当前周期的潜在牌会和你生命中一些重要之人的生命牌或行星守护牌一致。提前知晓这些潜在牌可以预测出全年的各个时期发生的重大事件涉及到相应的生命牌或行星守护牌的人。我曾经这样使用过很多次，在全年的重要时期中锁定在我生命中扮演关键角色的那个人。比如说有一年中，我土星位置上有一张 Q♣和一张 6♥（生命牌 J♦，38 岁）。我想知道这个在我生活中可能会创造一些挑战的 Q♣人是谁。

因为 Q♣可能是一位女性，也可能是生命牌或守护牌是 Q♣的人，还有可能指的是任何♣花色女性的身份牌，我想在那个时期到来之前把范围缩小。我留意到 Q♣在那一年的潜在牌是10♣。果然，当我进入土星时期我遇到了一位 10♣的女性，扮演了那个对我很重要的角色。

置换牌就像一张潜在牌

事实上你每一年的置换牌就是生命牌在那一年的潜在牌。其实我们有两张置换牌，但只用来自人生牌阵的那张。无论如何，来自人生牌阵的这张看起来都比灵性牌阵的效用更大。如果出于好奇，你想知道自己在当前年份的另一张置换牌是什么，只需要查看你置换牌的第一张业力牌。比如说你在今年置换 K♦，你的另一张置换牌来自灵性牌阵，那就是 3♣，3♣是 K♦的第一张业力牌。但当你置换 K♦时，很可能不会注意到 3♣对那一年的影响。你会留意到那一年 K♦的影响以及它连带的所有能量就像是土星位置上有一个 8♣。

这里要指出的重点是，你今年的置换牌展示出你的生命牌移动到了哪里，在《爱情之书》243 页的列表上可以看到。如果你置换 8♦，你的牌就会坐落在人生牌阵最顶部的中心位置，那个属于太阳的位置。如果你置换 Q♥，你的牌就会坐落在牌阵的左下角。今年的置换牌就是你生命牌在今年的潜在牌。换句话说，就是在人生牌阵中占据同样位置的牌。我们把牌在人生牌阵中原本的位置看的非常重要。从某意义上说，这些牌"拥有"它们占据的位置，它们对其他年份坐落于这个位置的牌也会产生影响。我经常这样教我的学生，当我们在某个年份置换一张牌时，从字面上讲我们是搬进了那张牌的家里，必须要付租金给那张牌。这解释了我们为什么每年要给予我们的置换牌。出于这样或那样的原因，我们必须投注自己的能量在那张牌上。

同样的道理，我们流年牌阵中的每一张牌都有潜在牌或置换牌。这些潜在牌也会给我们提供大量附加的信息，那些我们不清楚的情况下表现得不明显的信息。

如何找到这一年的潜在牌

尽管最初找到潜在牌需要使用一组大太阳牌阵，就像《亚特兰蒂斯预言手册》（Atlantean Oracle Workbook）或《古老的神秘符号》（Sacred Symbols of the Ancient）中记载的，但有一种简单的方法，你使用《生命之书》就能找到它们。

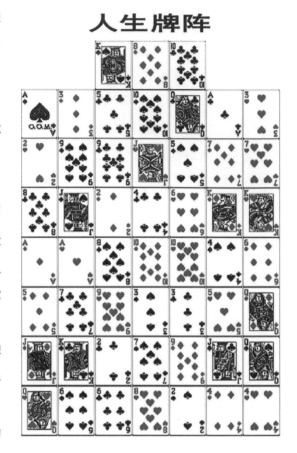

人生牌阵

从根本上说，你行星周期的每一张牌都有两张潜在牌。一张潜在牌来自于灵性牌阵，另一张来自于人生牌阵。人生牌阵图和灵性牌阵图可以在《爱情之书》的 242 页和 243 页找到。如果你认真研究这两个牌阵，特别是把它们和你 89 岁牌阵和零岁牌阵做比较，你会看到所有的流年牌阵来自哪里，或者说它们如何从大太阳牌阵推导出来。右边的图是大太阳牌阵中的人生牌阵图。你可以在研究这些牌阵的过程中学会查找自己的任意流年牌阵中的牌的潜在牌。但我们在这不会用这种方法，因为通过文字描述的话太复杂了。

为了让事情简单化我们可以使用《生命之书》。上面列出了我们所有流年中的潜在牌，非常容易锁定它们。下面我们讲一下如何操作：

要找到我们这一年的潜在牌，先查看零岁牌阵你今年的置换牌是什么。如果你今年置换 Q♣，翻到书的 274 页查看 Q♣的流年牌阵，零岁牌阵是你行星周期牌的第一组潜在牌。你在零岁牌阵的行星周期牌。举例来说，Q♣在零岁牌阵的水星位置是 10♠和 10♣。不管你在置换 Q♣那一年，你的水星周期是什么牌，10♠和 10♣这两张牌都会分别成为你水星周期直接牌和垂直牌的潜在牌。

每张行星周期牌的第二张潜在牌都是第一张潜在牌的第一张业力牌。在我们刚才的例子中你置换 Q♣那一年，在你的水星周期，你的第二组潜在牌就是 10♠和 10♣的第一张业力牌。在《爱情之书》的 320 页有一张业力牌速查表。找出 10♠和 10♣的第一张业力牌我们就得到了那个时期的全貌。假如你的生命牌是 4♦，今年 63 岁，水星周期的牌是 3♣和 Q♦。

直接水星牌 3♣ 的潜在牌是 10♠ 和 4♥（4♥ 是 10♠ 的第一张业力牌）。垂直水星牌 Q♦ 的潜在牌是 10♣ 和 J♠。用图式表示如下：

周期	水星
直接牌	3♣
直接牌的潜在牌	10♠/4♥
垂直牌	Q♦
垂直牌的潜在牌	10♣/J♠

你可以继续把一年中剩下的那几个周期的潜在牌列出来。用这些潜在牌你能发现许多新的信息，这些信息对于你做出明智的选择以便实现自己的预期贡献了关键的部分。

注意：潜在牌一般不适用于 3 张固定牌（K♠、J♥、8♣）和 4 张半固定牌（A♣/2♥，7♦/9♥）。3 张固定牌每年的潜在牌都是相同的，而半固定牌中的一对牌会在两组潜在牌之间转换，这些潜在牌来自于半固定牌的零岁牌阵和它的宇宙灵魂双生子的零岁牌阵。

潜在牌通常表示你生命中出现的人

就像前面提到的，潜在牌的一个很主要的用法就是找到谁会出现在你特定的周期中。你的牌阵中经常会出现一些重要的牌，如果有人出现，你会很想知道这张牌可能指的是谁，谁会和这张牌所指的事件或经历有关。潜在牌通常是这个问题的关键性答案。

举例来说，我在 2000 年 7 月的新闻通讯上预测，阿尔·戈尔（Al Gore）会在他的土星时期遭别人背叛，他土星时期的牌是 6♥ 和 Q♥。6♥ 的潜在牌是 J♣ 和 J♦，Q♥ 的潜在牌是 8♦ 和 Q♠。有趣的是希拉里·克林顿（Hillary Clinton）有一张行星守护牌就是 Q♠。而她的生命牌是 9♥，戈尔的土星牌 Q♥ 可能指的就是她的牌。那个时候希拉里在戈尔的生命中扮演了什么角色呢？戈尔在 2000 年 10 月 25 日进入了他的土星时期，正好在选举之前。当你读到这里的时候，这场竞选的结果应该已经揭晓了。

另一个例子是关于我的新配偶特瑞莎（Theresa），她的生命牌是 6♥，太阳星座是天蝎座。事实上我今年置换 6♥。今年我无论如何也不曾期待遇到一位 6♥ 人。在我的人生中很少遇到 6♥ 人，因为只有 3 个生日的人会拥有这张牌作为生命牌。但我们在一起的时候正是我的水星时期，我看了自己的牌，注意到接下来的火星时期我会有一张 4♠和 4♥。这两张牌的任意一张都意味着我会在一段亲密关系中安定下来，而我发现当人们为家庭购买房产的时候会出现 4♠。所以，我看到自己很有可能会买一套房子并且和某个人建立家庭。但是会和谁呢？看了潜在牌之后我找到了问题的答案。4♠的潜在牌是 J♠和 7♣。4♥的潜在牌是 10♣和 J♠，又是一张 J♠。因为特瑞莎的一张行星守护牌是 J♠。我知道潜在牌 J♠指的就是她。当我写出这件事的时候，我已经买好了房子并且打算下个星期我们一起搬进去。3 天之前我进入了自己的火星时期。这种确认是非常有价值的。

潜在牌的其他重要用途

有一些潜在牌的意义很重大，并且有强大的力量。紧跟它们的步伐，留心它们的现身非常重要。如果你使用命运之牌的软件已经有一段时间，很可能你已经意识到哪些牌有大把的权力。有些牌有很好的能量，有些则比较差。前者指的是那些吉利的位置，比如最受祝福的位置（10♦的位置）或者顶峰之位（8♦）。即便你的生命牌没有置换吉利位置的牌，你的行星守护牌也有机会拥有这些吉利牌作为潜在牌。举例来说，当你在流年中置换 4♣、2♦、J♠、6♦、4♠或 10♥这几张牌中的一张时，在你的行星周期中会有 10♦作为潜在牌。为什么会这样？因为这些牌的人生牌阵中都有 10♦这张牌。因此，在你的某个行星周期会有 10♦作为潜在牌。10♦始终如一地以愿望达成和财务成功的标志示人。再举个例子，当你置换 6♦时，不管你那一年的直接火星牌是什么，直接火星牌的潜在牌都会是 10♦和 Q♣（Q♣是10♦的业力牌）。不管你真正的火星周期牌是什么，它的潜在牌 10♦都会给你带来一些财务上的收获。皇冠行的三张牌 10♣、8♦和 K♠也是同理。在任何年份中当你置换 4♥、4♦、2♠、8♥、6♣、6♠或 Q♥时，这些强大的皇冠行牌就会成为你行星周期牌的潜在牌。事实上 K♠是固定牌之一，它没有潜在牌。如果你的行星周期有一张 K♠，它的能量是当下仅有的影响。

有一些例子是潜在牌带来非常好的影响的。那些你应该当心可能会引起负面影响的例子是什么样的呢？有两张牌立刻出现在我的脑海中，那就是当我们置换 7♥或 4♥的时候。为什么要强调这两张牌呢？因为它们都有极强大的土星牌，当你置换这两张牌时，它们的土星牌就会成为你行星周期的潜在牌。7♥的土星牌是 9♠/6♦，4♥的土星牌是 6♠/9♠。当你置换4♥或 7♥，你那一年的直接土星牌就会有这个强大的组合作为潜在牌。比如说，辛普森（O.J Simpson）输掉民事诉讼的那一年置换 4♥。除了这两张牌，还要注意 9 和 7 作为潜在牌的情况，特别是作为你土星周期牌的潜在牌。土星周期的 6 也同样要小心。

要留意黑桃花色的牌作为潜在牌的情况。记住黑桃花色是最强大的花色，不管好还是坏，它们总是以最有意义的方式影响我们的生活。

如果你开始查找并使用潜在牌，不管在个人层面还是专业层面，它们都会为你的解读提供一个崭新的维度。

人生牌阵中的模式

作者：特瑞莎·格林&罗伯特·李·坎普

在罗伯特老师上个月于纽波特海滩举办的工作坊中，我开始注意到每个数字的牌都有一种模式，这个模式是关于多张牌在人生牌阵中的牌是同样的数字。我仍然在观察和使用这个模式去深入理解每个数字的含义。这个模式大多涉及每张牌在人生牌阵的火星牌和木星牌。因此，当我们看到火星牌和木星牌的能量模式，就能了解它们有多大的益处，或者它们如何表现出积极正面或热情激昂的能量以及灵性上的天赋。火星掌管着我们的工作和职业，因为活力来自于我们的激情。火星是行动之神、战神、激情之神、性爱之神和竞争之神。我们的工作中会发现很多类似的元素。这样的话，这些模式通常会揭示出职业的选择。木星则昭示着我们今生会接收到的很多灵性和天赋。

从A开始，A♥、A♣和A♠都有数字5的牌作为火星牌，A♦的火星牌是3♣，顺便说一下，3♣的一张业力牌是5♦，又是一张数字5的牌。正如我们知道的，A的人非常不安分也没有多少耐心，所以3或5的牌在他们的人生牌阵中如此显要是非常说得通的。A的人喜欢在工作中拥有自由和创造空间，这些特质都是5的表现。另外，A♥、A♣和A♦在木星位置都有一个3，A♠的木星牌是一张固定牌J♥。因为木星给予我们这个位置的牌更多积极正向的表现，A的人天生就有许多创造性能量和多才多艺的特点。他们在自己的灵性生活中也喜欢多样性，比如同时信仰佛陀和基督。

再来看2，2♥、2♦和2♠都有数字6的牌做它们的火星牌，2♣的火星牌是数字4的牌。这可能是为什么数字2的人很擅长处理伙伴关系的重要原因，而且这可能是他们命中注定的功课。这也让他们能够长时间做一份他们不喜欢的工作，因为大部分的6需要在极度不舒适的情况下才会离开。而且2♥、2♣和2♦在木星位置上都有一个4，2♠木星位置的牌是Q♥。在人生牌阵如此强大而重要的位置上拥有两张偶数牌，使得数字2的人在他们的亲密关系和人生中稳定性和持续性都很强。他们是整副牌中拥有最丰厚物质财富的人群之一。

当我们来到数字3的时候事情变得有趣了，因为模式发生了一些变化，在四个花色的3中只有两个3有相同数字的火星牌。3♦和3♣都有一个数字7的牌作为火星牌。这意味着不管他们做任何工作都会遇到关于信仰的课题，有时候他们为了从事自己热爱的工作不得不放弃薪水带来的安全感。火星位置上的7会在工作上引发很多挑战，而且它对3的人也是一种警告，提醒他们在法律关系和其他竞争性的活动中要当心。3♥、3♦和3♣都有一个数字5的牌作为它们的木星牌，3♠的木星牌是 Q♠。这给了 3 的人一种对精神真谛的不满足感，需要去寻求内在的和平宁静。木星位置上的 5 也可以通过旅行或生意上的改变带来成功（你可能已经注意到，大部分奇数牌的人生牌阵会有一些奇数牌，而偶数牌的人生牌阵中会有更多的偶数牌）。

　　4♥、4♣和 4♠都有一个数字 8 的牌作为它们的火星牌；4♦的火星牌是 6♣。这可以说明为什么数字 4 的人在愤怒的时候容易控制和压制别人。他们在法律事务和竞争性活动中有一种不容忽视的力量。4♦人有一种倾向，当他们对别人说了什么，他对别人所言稍后就会返回到自己的身上。他们在法律活动中的力量不像其他花色的 4 那么强大。火星位置上的 8 让这些数字 4 的人工作努力勤奋，通常他们在自己的领域中都做的很成功。4♥、4♦和 4♣在木星位置都有一个数字 6 的牌，4♠的木星牌是 A♥。这说明数字 4 的人天生具有很强的直觉力，而且在灵性方面和财务方面都有很好的业力。这也暗示了他们的成功通常来自于在同一份工作或生意上坚持不懈的努力，在这份工作上深耕，而不是像 3 的人那样变换工作。

　　5♥、5♦和 5♠在火星位置上都有一个 9，5♣的火星牌是 7♥。这可能意味着数字 5 的人今生就是来学习放下对控制的需求，信任更高层次的力量。还有一点很有趣的是，四个花色的 5 在灵性牌阵的火星位置都有一个 8，这代表他们拥有从过去生世带来的权力，而人生牌阵的 9 则告诉他们需要放下对权力的执着。5♥、5♦和 5♣在木星位置上都有一个 7，这象征着他们需要与自己的灵性道路调和一致，使用自然而然来到他们身上的信念天赋。他们在灵性牌阵的木星位置都有一个数字 9 的牌。

　　所有数字 6 的牌在火星位置上都有一张强大的牌。6♦和 6♣的火星牌都是 10，6♥的火星牌是 J♠，6♠则有一个 8♦。这些火星牌给了 6 的人相当多的权力。由于灵性牌阵的火星位置上都是 9 的牌，他们需要释放在过去生世表现自己的方式，为着更高的意图恰当运用自己的权力。这也赋予了他们竞技能力，让他们极具竞争性。四个花色的 6 还有非常强大的木星牌。6♥、6♣和 6♦在木星位置上都有一个 8，6♠的木星牌是 K♠。这可能是 6 的牌在强大的直觉力和灵性的觉知力上拥有倍受祝福的天赋的重要原因之一。

　　7♥、7♣和 7♠都有一张杰克牌 J 作为它们的火星牌，7♦的火星牌是 9♣。火星杰克牌给数字 7 的人在工作中带来对自由和创造力的需求。这也意味着有朝一日他们会找到自己生命中的使命，迎来灵性上的觉醒。7♥、7♣和 7♦在木星位置上都有一个 9，7♠的木星牌是 4♥。这代表通过丢弃老旧陈腐的内在模式去经验灵性上的满足。

8 的牌有一些不同，因为只有两个花色的 8 在火星位置和木星位置上有同样的牌。8♠和8♥的火星牌都是皇后牌 Q，而 8♣的火星牌是 10♥，8♦的火星牌是 A♣（正如大多数人所了解的，10 和 A 具有很相似的表现）。它们普遍有强大的力量。8♥和 8♣在木星位置上有一个 10，8♦有一个 Q♣（Q♣的一张业力牌是 10♦），8♠的木星牌是 5♥。如我们所知，数字 10 的牌都非常强大，10 处在木星的位置上表明 8 的人有能力影响和领导团体中的其他人。

9♣、9♦和 9♠都有一张国王牌 K 作为它们的火星牌，9♥有一张强大的黑桃皇后 Q♠做火星牌。这赋予了 9 的人相当多的领导能力，他们作为优秀的商务人士可以展现出这能力。而 9♥人的力量是关于自我驾驭以及服务于这个世界。9 的牌阵中的木星牌也很强大。9♥和9♦在木星牌的位置上都有一张杰克牌 J，9♣的木星牌是 K♦，9♠的木星牌是 6♥。杰克牌可以代表在过去生世赢得的灵性天赋。

10♥、10♦和 10♠在火星位置上都有一个 A，10♣的火星牌是 3♥（3♥的一张业力牌是 A♥）。这意味着 10 的人是强大的创造者，他们喜欢独立工作并且有很多颇具创造性的点子。10♥和 10♦在木星位置也都有一个 A，10♠的木星牌是 7♥（7♥的一张业力牌是 A♠），10♦的木星牌是 Q♦。在灵性牌阵，所有花色的 10 都有一张 A 的木星牌。这表明他们今生灵性觉醒的新开始。他们在灵性世界就像小婴儿一样，有太多需要学习的东西，但也有非常多的热情和创造力可运用。火星位置上的 A 更加证实了数字 10 的人的野心，还伴随着强烈的自我为中心的导向。

J♥、J♦和 J♣在火星位置上都有一个数字 2 的牌，J♠的火星牌是 4♠。这意味着杰克牌 J 的人喜欢和他人一起工作（很可能他们和别人在一起是为了工作变得有趣，还能彼此交流新创意）。当他们与其他人协作时可能成为最有创造力的人。J♥和 J♣在木星位置都有一个国王牌 K，J♦有一个 8♥，J♠有一个 10♥。四个花色的杰克都有很强大的木星牌，如果他们选择走上灵性道路，这给予了他们相当多的灵性天赋。在灵性之路上他们会成为更高觉知的佼佼者。

Q♦和 Q♣在火星位置上都有一个数字 3 的牌，Q♥的火星牌是 K♠，Q♠的火星牌是7♠。对于 Q♣和 Q♦的女性来说，这可能成为她们与男性相处或者在亲密关系中遇到困难的原因之一。对于这些花色的男性皇后牌人，可能增加了他们关于阳性能量的不确定性。火星位置上的 3 会让他们想要同时做很多不同的工作。Q♥的火星位置上的 K♠会让他们选择一位强大的伴侣，Q♠则需要有信念去追寻他们真正的灵性功课。从他们的木星牌上看没有明显可识别的模式。

K♥和 K♣在火星位置都有一个数字 4 的牌，K♦的直接火星牌是 2♦，垂直火星牌是 4♦，K♠的火星牌是 Q♣。火星位置上强大的 4 展示了国王们在他们的家庭中很有权力，而且他们被强大的驱动力推动在工作中需求安全感。K♣和 K♥的木星牌都有一个 2，除此之外他们的木星牌没有特别明显的模式。K♣和 K♥的木星牌意味着他们通过找到自己的灵魂伴侣，有机会创造出以灵性为基础的亲密关系。

我只是刚刚开始关注到这些模式，尝试着去解读它们，但我知道这些模式中涉及的数字一定还有很多待发掘的东西。可以查看你自己的牌，看看每个数字的牌有哪些信息可以深挖。有意思的是，这些模式看起来都出现在火星和木星的位置上。我也留意到月亮牌和土星牌上展现的一些模式。那两个位置上的灵性牌阵的牌也会为人生牌阵添加很多注解。仅仅了解这些模式就给了我们很多视角和使用方法。关于这些模式在其他人身上是如何展现的，我非常想听到他们对这些牌的见解。

译者后记

如果说有什么帮我一下子打开生命的大门，让我瞥见智慧之光，使我得以知晓生命的精密设置，那么非纸牌莫属。

结识纸牌正值我人生遇到困难和挑战的重要时期。处在迷茫中的人总是会想方设法地找寻方向和指引，就在这个当口，多年的好友舜颖把纸牌介绍给我，我买了她推荐的中文版的《生命之书》和《爱情之书》。我无法形容这门我从未接触过的学科带给我的震撼。纸牌的载体就是最常见的扑克牌，然而它的真实身份并非大家所熟悉的娱乐工具，而是来自于亚特兰蒂斯的智慧瑰宝，是一套完整的宇宙历法。对于生活在地球上的我们来说，它是一部"地球指南"。

我反复研读两本书，对照着自己的牌和家人、朋友的牌，有一种拨开迷雾的开阔和了然。为什么我会有这样的个性、这样的经历，为什么我和家人之间、朋友之间的关系有如此呈现，为什么我在当下会有那样的境遇和感受。原来个人的人生道路早已在行星的交织影响下做好初始设置，之前看不到这条路的走向，只能如盲人摸象般触碰到有限的局部，跌跌撞撞也是因为偏离了灵魂设置的方向。借由纸牌，清晰的人生路径铺展在我眼前时，我才算是由原来的趴在地上摸索变成站在高处审视，一切都清楚了。

随着自学的深入，我感到纸牌系统不止于这两本书讲述的内容，于是我找到纸牌传承者罗伯特老师的高阶课程和对应此课程的书籍——《Exploring The Little Book Of The Seven Thunders》，通过进一步的学习我才发现原来纸牌系统是如此地庞大。正如罗伯特老师本人所说，"这本书涵盖了整个纸牌系统。"相信他撰写此书的目的是将目前所研究出的关于纸牌系统的一切总结和梳理在一本书中。从纸牌系统的底层逻辑——大太阳牌阵推导，到更精准的个人象征牌——出生小时牌的计算，再到各种场景中纸牌的实际应用，本书从理论到结合实例，深入浅出地为读者奉上一整个纸牌世界。它深深打动了我，因此并非专业翻译的我有一种巨大的冲动要把它翻译出来，希望让更多人看到纸牌的科学和精妙。经过几次邮件沟通，与罗伯特老师见面商谈细节，很快就敲定了翻译事宜。

罗伯特老师说，这是一本纸牌科学的高阶学习用书，能看完它、理解它的人并不在多数，他也一直在等待有缘人来认识它。与其说是我做出翻译此书的决定，不如说这本书有它自己的命运，纸牌有注定的安排。整个纸牌系统数十万年来被神秘力量守护，一个世纪以前

纸牌科学全探索

才被允许开放给大众，那么我想，现在到了更多人渴望深入理解生命、开启灵性的时机。地球旧有的矩阵正在崩塌瓦解，新的秩序呼之欲出，我们对真相的渴求越来越强烈。而纸牌就是通过了解自己的特性（本命牌阵），认识自己与他人的关系（亲密关系），自己与自然的关系（行星影响），由己及人，由人知天地。

罗伯特老师从事纸牌专业研究 30 余年，将自己的智慧和所得悉数融入本书中。在翻译本书的过程中，我愈加体会到他对纸牌研究的透彻。当你翻开这本书，那么要祝贺你，你拥有这个机缘去深入探究纸牌的奥秘，去精进自己的纸牌技术，与数万年前的智慧相遇。

国家图书馆出版品预行编目资料

纸牌科学全探索 / 羅伯特·李·坎普（Robert Lee
Camp）著；霖风译. 初版.-台中市：白象文化事业
有限公司，2022.4
　　面；　公分
正體題名：纸牌科學全探索
譯自：Exploring the little book Of the seven thunder
ISBN 978-986-5559-54-0（平装）
1.占卜
292.96　　　　　　　　　　　　109019647

纸牌科学全探索

作　　者	罗伯特·李·坎普（Robert Lee Camp）
译　　者	霖风
校　　对	李岩、夏芳
封面设计	北京知仪文化传媒
发 行 人	张辉潭
出版发行	白象文化事业有限公司

412台中市大里区科技路1号8楼之2（台中软件园区）
出版专线：（04）2496-5995　　传真：（04）2496-9901
401台中市东区和平街228巷44号（经销部）
购书专线：（04）2220-8589　　传真：（04）2220-8505

专案主编	黄丽颖
出版编印	林荣威、陈逸儒、黄丽颖、水边、陈嬅婷、李婕
设计创意	张礼南、何佳諠
经纪企划	张辉潭、徐锦淳、廖书湘
经销推广	李莉吟、庄博亚、刘育姗、李佩谕
行销宣传	黄姿虹、沈若瑜
营运管理	林金郎、曾千熏
印　　刷	基盛印刷工场
初版一刷	2022 年 4 月
定　　价	NT$1280

www.ElephantWhite.com.tw　自费出版的领导者　购书 白象文化生活馆
出版·经销·宣传·设计